JN222688

ジャン＝リュック・ゴダール

思考するイメージ、行動するイメージ

ニコル・ブルネーズ＝著　堀潤之＋須藤健太郎＝訳

Nicole Brenez

JEAN-LUC GODARD
Écrits politiques sur le cinéma
et autres arts filmiques, tome 2

Nicole BRENEZ
JEAN-LUC GODARD
écrits politiques sur le cinéma et autres arts filmiques, tome 2

This book is published in Japan by arrangement
with DE L'INCIDENCE ÉDITEUR,
through le Bureau des Copyrights Français, Tokyo.

ジャン=リュック・ゴダール —— 思考するイメージ、行動するイメージ　目次

Ⅲ　JLGのために仕事をする

凡例

- 本書はNicole Brenez, *Jean-Luc Godard : Écrits politiques sur le cinéma et autres arts filmiques*, tome 2, de l'incidence éditeur, 2023の全訳である。
- 原註は＊1 ＊2 ＊3……、訳註は［1］［2］［3］……で示し、いずれも脚註として掲げた。ただし、「ジャン＝リュック・ゴダールから送られてきたいくつかのメッセージ」のみ、解説と訳註を章末に一括して掲げた。
- 本文内にて〔　〕で括った箇所は訳者による補足である。
- 映画作品、書籍、テレビ番組等のタイトルは『　』で、論文名は「　」で、絵画、楽曲、展覧会等のタイトルは《　》で括った。（　）内に記されているのは、それらが公表された年である。
- 映画作品のタイトルは、原則として日本公開時の邦題をはじめとする一般的な表記に従い、未公開作については原題を直訳した。
- 各作品の原題および公開年については、巻末の映画作品名索引を参照されたい。

序

イメージの危険を冒した理論

イメージの世界に覚える喜びは、知に対する陰にこもった反抗心のなかから育まれてくるのではないだろうか？

ヴァルター・ベンヤミン「短い影II」(1933年)[1]

科学理論の領域においては、20世紀末に、私たちにとって自明であるがゆえにかえって問題提起を要請するようなある一つの次元が、極端なまでに高く評価されるようになった。その次元とは、発明＝発想〔invention〕の原理のことである。

> 法則という概念を批判する現在の潮流もある。さまざまな意味で「構成主義者」を自称する科学哲学者（スタンジェール、ル・モワーニュ）、および／あるいは、科学の意味論的側面に関心を持つ科学哲学者（ファン・フラーセン、ギエリ）、そして科学におけるモデルの構成に新たな重要性を付与する科学哲学者たちのことだ──その際、モデルはもはや単に理論を「正しく解釈したもの」ではなくなる。そうすると、発明は十全な意味を獲得することになる。というのも、モデルが目的に向かっていくものとなるからである──少なくとも、モデルが自ら選んだパラメータに対して、不変量や安定性の条件を探し求める限りにおいて。[*1]

こうした次第で、20世紀全体を通じて、いわゆる「ハード・サイエンス」は柔軟性の指令を送り、「法則」（特に自然法則）という概念

[1]『ベンヤミン・コレクション6　断片の力』浅井健二郎編訳、ちくま学芸文庫、2012年、254頁、訳文一部改変。

＊1　Anne-Françoise Schmid, article « Invention », in Dominique Lecourt (dir.) , *Dictionnaire d'histoire et philosophie des sciences*, Paris, PUF, 1999, p. 545.

を「構成」という概念に置き換えた。人文科学の領域では複雑なシステムというパラダイムが幅を利かせるようになったが、それはシネフィルであれば誰にとっても馴染みのある人物のおかげであった。映画という領域にも属するエドガール・モランのことだ（『ある夏の記録』の脚本家にして登場人物だが、『映画　あるいは想像的人間』（1956年）と『スター』（1957年）といった著作、そして映画論を纏めた『映画、複雑性の芸術〔Le Cinéma, un art de la complexité〕』（2018年〔未邦訳〕）で知られる観察者にして理論家である）。何千年も君臨したのちに20世紀を通じてずっと批判されてきた〈システム〉というモデル（科学であれ、神学であれ、哲学であれ）は、自らの起源が修辞学的、つまり戦略的なものであることを認めている。

> システム論的なモデル化に基づく科学は、古代ギリシアの思想家や戦略家が作り上げた修辞学や弁論術の論証の科学を継承していることをいまでは自覚している。システムの標準的な形態の現代における提示のうちには、一般に、〈発想〔inventio〕〉の諸問題を見て取れないだろうか——つまり、どのような機能とどのような変容があり、どのような文脈に置かれ、どのような企画のためなのか、不可分で、不可逆的で、再帰的な仕方なのか、といった問題である。[*2]

目的に向かう機械としての〈システム〉という古典的な考え方に対抗し、3組の命題が〈理論〉のための別のモデル化を展開している。

• バス・ファン・フラーセンが『科学的世界像』（1980年）で「構成的経験論」という言い方で提唱した命題。[*3]「科学的実在論」（手短に言えば、説明の主要な科学的基準は現象に対する関係が真であるかどうかにあるとする考え方）とは対照的に、構成的経験論は現象と真実の

＊2　Jean-Louis Le Moigne, article « Système », *id.*, p. 908.

＊3　Bas Van Fraassen, *The Scientific Image*, Clarendon Library of Logic and Philosophy, Oxford, Oxford University Press, 1980.〔B・C・ファン・フラーセン『科学的世界像』丹治信春訳、紀伊國屋書店、1986年〕

直接的な突き合わせを、変動に満ちた不確かな領域に変える。構成的経験論にとって、因果の問題は3つの基本要素からなる。前提(「なぜXか」、問題そのものの存在)、対照集合(なぜ「Y」や「Z」などではなく、「X」なのか)、妥当性の暗黙の基準の3つである。したがって、問題に対して科学が与える答えは、前提の説明を含み、対照クラスを練り上げ、他にも選択肢があるなかで最適なものを選択することを正当化しなければならない。言い換えると、〈真／偽〉の二項式は分配的モデルに変わる(ある一つの本命の答えがその他の代替案を背景にして引き出される)。

• 二つ目の「精神指導の原理」は、イザベル・スタンジェールが主導している領域横断的な研究、「普遍的な真理の解明」ではなく、「精神の冒険」としての科学という彼女の開かれた考え方である[*4]。論文集『科学から科学へ』(1987年)では、精密科学と人文科学の境界が取り払われ、人文科学がいかに「ハード」になることを使命としているか、精密科学がいかに「情熱」――「客観的認識の情熱」に加えて「意味の情熱」――から免れていないかが説明される。イザベル・スタンジェールによって同書に集められた研究は、複数のさまざまな研究分野で作動している諸概念――たとえば、秩序、有機体、振る舞い、規範、転移といった概念――がどのように普及しているのかに関する的確な事例を観察することで、類似性と差異を明確にする思弁的方法を生み出しながら、科学の領域一般における美学的なあれこれの関心事を突き合わせ、関連づけることを可能にしている。

• 第三に、ポール・ファイヤアーベントの思想はクロード・レヴィ＝ストロースが人文科学の領域で「ブリコラージュ」について主張したことをハードサイエンスの領域において補強しており、科学哲学の指標の一つになっている。エドガール・モランと同じく、科学史家ファイヤアーベントは複数の研究分野を横断する愛すべき人物である。というのも、彼はプロの歌手でも演劇人でもあり、ベルトルト・ブレヒトから助手にならないかと打診されたことさえあったか

＊4　Isabelle Stengers (dir.) , *D'une science à l'autre. Des concepts nomades*, Paris, Éditions du Seuil, 1987, p. 8.

らだ。『方法への挑戦』(1975年)[*5]で述べられているように、ファイヤアーベントによれば、合理性の固定的理論は存在しない。彼はこの公準から次の二つの主要なテーゼを主張する。第一のテーゼは、科学理論の歴史は創意工夫の歴史にして、観念と事実の関係の歴史である、というものだ。ここでは根本的な命題が定式化されている。ファイヤアーベントは、「事実」——「ありのままの事実」——は存在せず、実際にはつねに思弁的構成に属するということを証明しようとしている。科学の歴史が「複雑で、混乱しており、誤謬に満ち、また愉快なもの」であるのはそれゆえであると、彼は書いている[*6]。第二のテーゼは、そのような歴史に照らすと、方法の問題それ自体が考え直されなければならない、と主張する。古典的(デカルト的)な意味では、科学的方法は判明なる観念の明晰判明な理解を目的としており、その理解は観念の定式化、および制度による観念の表現に先行する、いや先行しなければならない。古典的な認識は、問題の存在、問題の解決、定式化と伝達という3つの段階を辿る。だが、ファイヤアーベントがいうには、科学の歴史はむしろこれら3つの段階がしばしば混同されてきたことを私たちに示している。たとえば、ガリレオについて、彼はこう書いている。

> 理論は、その首尾一貫しない部分が長きにわたって用いられた後に初めて、明晰かつ「合理的」なものとなる。こうした非合理な、ばかげた、非組織的な前戯が、明晰さと経験的成功との不可避な必要条件であることが明らかになる[*7]。

このようなファイヤアーベントによる確認事項からは数多くの帰結が引き出されるが、そのうち3つが〈発想〔inventio〕〉の性質を帯び

*5 Paul Feyerabend, *Contre la méthode. Esquisse d'une théorie anarchiste de la connaissance* [1975], tr. Baudouin Jurdant et Agnès Schlumberger, Paris, Éditions du Seuil, 1979.〔ポール・ファイヤアーベント『方法への挑戦 —— 科学的創造と知のアナーキズム』村上陽一郎・渡辺博訳、新曜社、1981年〕

*6 *Id.*, p. 15.〔同書、3頁〕

*7 *Id.*, p. 24.〔同書、16頁、訳文一部改変〕

ている。

(1) 複数主義的方法論——非整合的なものの働き

これは、「よく確証された理論、および／あるいは、よく確立された実験結果と矛盾する仮説を用いる」ことであり、「われわれは科学を反帰納的に推し進めることによって進歩せしめることができる[*8]」。ファイヤアーベントによれば、科学では実のところ、整合性の条件なるものが、新しい仮説に、受容されている理論と一致することを求め、結果的に、その条件が既存のパラダイムを保存している。ファイヤアーベントはそのため、矛盾する仮説を練り上げることを推奨するが、それは「よく確立された理論と矛盾する仮説は、他のどんな方法によっても得られない証拠をわれわれに提供する[*9]」からである。

映画をめぐる観念史（そこでは「観念」の語が同じ種類の思弁的組織化に関わるのではないにせよ）には、そのような逆説および逆説的反論の使用に相当するものがある。たとえば、エリック・ロメールの『ルイ・リュミエール』(1967–68) の中でアンリ・ラングロワが披露し、ゴダールがすぐさま『中国女』(1967) で再演出した、ルイ・リュミエールとジョルジュ・メリエスのあの名高い逆転がそれに該当する。リュミエールは「最後の印象派画家」で、メリエスは「ニュース映画の発明者」であるとするこの逆説は、創設的であると見なされてきたフィクションとドキュメンタリーの分割を疑い、再審に付すことを可能にしたが、それがもたらした利点は数え切れないほどだった。「逆転させせられたメリエス」という原則は、それがラングロワの考えではなかったにせよ、現実はそれ自体で完全に演出されていると考えることを可能にするが、それこそがルイ・デリュックの短いけれども洗練された記事「演技者」ですでに示されていたことだった——「かれこれ7年間、ポワンカレ氏〔1913年から20年までの大統領〕は毎週、誰も批評しない相当数の映画で役を演じている[*10]」。

＊8　*Id.*, p. 26.〔同書、19頁〕

＊9　*Id.*, p. 32.〔同書、27頁〕

＊10　« Un interprète », 5 janvier 1920, in *Écrits cinématographiques* II/2, éd. établie par Pierre Lherminier, Paris, Cinémathèque française / Cahiers du cinéma, 1990, p. 146.

(2) 観念史の汲み尽くし

ファイヤアーベントにとって、観念はどこからでも、あらゆる研究分野から、あらゆる時代からやってくる。

> いかに古くばかげたものであっても、われわれの知識を改良する能力をもたない観念は存在しない。思想史の全体が科学に吸収され、理論の一つ一つを改良するのに用いられる。[*11]

こういったダイナミックな複数主義の原則からすると、死んだ観念は存在しない。たとえば、映画を描写するにあたって、それを目と同じ部類に置いてみせるものより美しい描写があるだろうか。私たちはそのような描写を、アリストテレスと発光体に関する彼の理論に負っている。

> 見られうるものすべてが光のなかで見られうるというわけではない。事実、光のなかでは見られないのに闇のなかでは感覚知覚を生み出すものがいくつかある。たとえば、火のように明るくまた輝いて現れるものがそうであり（ただし、これらすべてを包括する一つの名称は存在しない）、例を挙げれば、菌類、角（つの）、魚の頭、鱗、目などである。[*12]

暗闇を必要とし、感覚知覚を生み出し、魚の鱗と同じく目にも似ているような、光り輝く物体——こうした描写の素材を出発点として、私たちはたとえばジョゼフ・フォン・スタンバーグの視覚的な筋書きにおける煌めきと儚さのエロス化を、映画の光学的諸特性を主題化したものとして研究し始めることができる。そうすれば、物質的装置としての映画は、なにより眼差しの性感化という途方もな

＊11　Paul Feyerabend, *Contre la méthode, op. cit.*, p. 48.〔『方法への挑戦』、前掲書、45頁〕

＊12　Aristote, *De l'Âme*, tr. Jules Tricot, Paris, Vrin, 1982, II, 7, 419a, pp. 109–110.〔「魂について」中畑正志訳、『アリストテレス全集7』岩波書店、2014年、97頁、訳文一部改変〕

い企てとしての姿を現すだろう。

(3) 理論的直感への信頼の原理

ファイヤアーベントが提案したもののうち、私たちの見るところでは最も強烈で有益な命題は、研究がその努力を捧げる対象としての「事実」の本性そのものにかかわる。

> どんな理論も決して、その領域内のすべての〈事実〉とは合致しないが、しかも常に理論の方が悪いわけではない。事実はより旧いイデオロギーによって構成されており、事実と理論との衝突は進歩の証明であり得る。[*13]

このような原則は暗黙のうちに、ルイ・アルチュセールによる分析を科学の領域に移し替えている（そして、多くの歴史的実例によってその正しさが立証されている）。アルチュセールは、科学について次のように書いている。

> 科学は、純粋で絶対的な「事実」の「所与」となるところの、客観的な、純粋な「所与」には働きかけない。反対に、科学の固有の仕事は、それ以前のイデオロギー的な理論的実践によって練りあげられた、**イデオロギーに属する**「**事実**」の批判を通じて、**科学的な固有の事実を練りあげること**に存する。[*14]

（もちろん両者とも、『純粋理性批判』序文で批判哲学の観点から科学史を要約したカントを着想源としている――「理性はひとり理性自身がじぶんの企図にしたがって産みだしたものだけを洞察する。

＊13　Paul Feyerabend, *Contre la méthode, op. cit.*, p. 55.〔『方法への挑戦』、前掲書、55頁〕

＊14　Louis Althusser, *Pour Marx*, Paris, Maspero, 1967, p. 187.〔ルイ・アルチュセール『マルクスのために』河野健二・田村俶・西川長夫訳、平凡社ライブラリー、1994年、3–8頁〕

理性は恒常的な法則にしたがうじぶんの判断原理を手に先に立って、みずからの問いに答えるよう自然を強制しなければならないのであって、じぶんの側が自然から、いわば歩み紐をつけられて、かろうじて歩まされるだけではならない」[*15])。

ファイヤアーベント、ファン・フラーセン、イザベル・スタンジェールの研究はそれぞれ異なるが（その違いは主に合理性との関係に関わる）、科学的な創意を思考し優遇しようという同じ思弁的エネルギーがいずれの研究にも備わっている。ジャン＝リュック・ゴダールの作品は幾度も科学的思考という様態とじかに向き合ってきた──1976年の『6×2』のエピソード5b「（男女の）ルネたち」の主人公ルネ・トムにはじまり、展覧会《ユートピアへの旅》で、ジャン・ラシーヌやジョルジュ・バタイユやジャン・タルデューらの引用と並んで壁に掲げられるローラン・シュヴァルツの公式に至るまで。この展覧会の準備中に、ゴダールは『アマチュアのルポルタージュ（展覧会のマケット）』（2006）で、当時は「人類」と名付けられていた展示室2の陳列作業について説明し、注釈を加えている。

> **展示室2──人類**
> 展示室「人類」の副題は「イメージ」で、人類のイメージということだ。この人類のイメージは二つの事柄によって与えられている。一つ目は文章だが、その文章は二つの〈ゼロ〉のようなものの中に反射する。眼鏡だと思う人もいるだろうが、まあ仕方ない。文章にはこうある──「曲線はあらゆる点において無限だが、ある一点においては例外であり、その点において曲線はゼロに等しい」。これは人類の美しいイメージであるように私には思われる。言葉で表された、詩のようなイメージだ。それから小さな文章があって、次のようなことだけが書かれている──「ローラン・シ

＊15　Emmanuel Kant, *Critique de la raison pure*, préface de la seconde édition [1787], tr. A. Tremesaygues et B. Pacaud, Paris, PUF, 1975, p. 17.〔イマヌエル・カント「第二版　序文」『純粋理性批判』熊野純彦訳、作品社、2012年、13頁〕

> ュヴァルツ、数学者、超関数理論の専門家」。そして、超関数〔＝配給 distribution〕は、投影〔＝上映 projection〕と関係があるわけだ。

ゴダールは、ルネ・トムからローラン・シュヴァルツに向かう途中で、ジャン゠ヴィクトル・ポンスレを経由する。ポンスレは、科学理論と抵抗状況とを結びつけたという点で、思弁的発明において大きな独創性を持った人物である。『映画史』（1998）の2A「映画だけが」の有名な箇所を思い出しておこう。

> モスクワの収容所で、ナポレオン軍の天才的将校ジャン゠ヴィクトル・ポンスレは、メモの助けをまったく借りずに、モンジュとカルノによる講義で習得した、幾何学の知識を復元する。1822年に出版された『図形の射影的性質の研究』は、円の諸特性を円錐にまで拡げるためにデザルグが用い、神秘的な六線星形についての証明のなかでパスカルが応用した、射影（プロジェクション）の原理を、一般的手法に仕立て上げている。つまり、図形をスクリーンに投影するという発想と欲求の機械的応用が映写技術（プロジェクション）の発明によって現実に飛び立つには、ロシアの壁を前にしてぐるぐると歩き回るフランス人の捕虜が必要だったわけだ。[2]

ジャン゠リュック・ゴダールの記述が依拠する『数学の歴史』（パリ、スイユ出版、1986年）の著者アミ・ダアン゠ダルメディコとジャンヌ・ペフェールは、同書に「道筋と迷路」という副題を付しており、科学的な発想における論理と合理性の作業とは別のパラメータの役割に同じく注意を促している。

以上のように、理論に関して言えば、ゴダール的発想がそこから浮かび上がる歴史的背景は、科学哲学の構成主義とその変種に対応している。といってもここで重要なのは、事実に基づく関連付けを見て取ることでも、水面下に隠れているものも含めて影響の効果が

[2]　『ゴダール　映画史　テクスト』堀潤之・橋本一径訳、愛育社、2000年、38–39頁。

確かにあると示すことでもなく、構成主義とゴダールの双方が、あたかも合同の形を取るかのように、思考における表象の役割の再考に関わっているのを確認することである。つまり、表象――「イメージ」――は現象の記録と二次的反映という地位から解放されて、一方では現象に対する唯一の証明可能な関係となり、他方ではあらゆる理論の実験場となるのである。イメージに関するジャン＝リュック・ゴダールの仕事がまったく正当にも理論の領域に属するのは、まさしくこのような意味においてであり、現象を解明し、さらには練り上げる際に表象が果たす実験的な役割をめぐるこのような考え方に基づいてのことである。そして同時に、今度はカール・マルクスとルイ・アルチュセールの明らかな影響の下に、理論が実践となることが正当化される。かくして、考察の焦点はイメージと行動の接合となるわけである。

イメージの能力、映画の潜勢力

CGT〔労働総同盟〕のカメラマンたちによる、ド・ゴール将軍の記者会見の妨害工作（サボタージュ）を呼びかけること〔本書「批判的思考とその対処法」を参照〕。クリス・マルケルとブリュノ・ミュエルとルネ・ヴォーティエと一緒に、ロディアセタの労働者にカメラの使い方を教えること。国営テレビのジャーナリストに自分が放送している情報について実は何も知らないと告白させること〔本書「ジャン＝リュック・ゴダールのプロ＝モーション」を参照〕。ル・ペンによって検閲され、企業のダルティによって放映を禁じられること。ジェノサイドに対して何の行動も取らない容疑でヨーロッパ議会を告訴すること（『サラエヴォ、あなたを讃えます』、1993年）。映画の中でジュリエット・ベルトに「私はいかにして、アントナン・アルトーの亡霊の命令に従って世界テレビニュースの幹部たちの服を脱がせ、歪曲省〔テレビ報道を管轄していた情報省のもじり〕の大臣どもにかまを掘らせたか。というのも、奴らはそれが好きだからだ」と言わせ、検閲によってカットされながらも本の中でその台詞を発表すること〔『たのしい知識』[3]〕。何人かの友人とともに、カンヌ映画祭を阻止すること。ニコライ・チェルヌイシェーフスキーとレーニンの後に「何をなすべきか？」と題した一文を書き、その問いに対し39通りの回答をすること〔本書「批判的思考とその対処法」を参照〕。ミシェル・セルヴェから名前を借りること〔本書「再構築中」を参照〕。アンナ・カリーナやアンヌ・ヴィアゼムスキーやジャン゠ピエール・レオーやラズロ・サボらを不朽のものとし、オマール・ディオップやトーマス・ワインガイやビリヤナ・ヴルホヴァッツのために撮影すること。アンヌ゠マリー・ミエヴィルとともに思考すること、固い主題をめぐる柔らかな会話（ソフト・トークス・アバウト・ハード・サブジェクツ）〔共同監督による1985年のヴィデオ作品『ソフト＆ハード』の副題〕。なぜあるショットが始まり、なぜそのショットが終わるのか、2つのイメージ、2つの音の間で何が起きているのか、なぜあるショットを作るべきか、または作らないべきか、一つのイメージが世界の中で何の役に立つのかを理解すること。ある映画が製作されうるのは、その映画がすでに社会によって容認されているからだと理解し、資本金を労働に移転することに映画製作を変え、その逆をしないこと。視覚的にけばけばしい安手の商品（予告篇、ミュージック・クリップ、広告、企業PR映画）を詩へのマニフェストに変容させること〔本書「ジャン゠リュック・ゴダールのプロ゠モーション」を参照〕。映画を芸術の場においてゆるぎないものとし、芸術という用語を、剰余価値をおとなしく格納するという、現にそうなってしまった忌まわしい企てへと引き下ろさないようにすること。つねに、映画だけではなく、芸術一般の前衛であること。自分自身の領域で、同時にレンブラントとセザンヌとハンス・ハーケであること。トロヤ人

[3]　『たのしい知識』はテレビ放映を拒否された。また、検閲機関は劇場公開を禁じたが、この作品がいつか上映されることを恐れてか、部分的な削除を命じもした。ゴダールは検閲に対し、二通りの抵抗を示した。一方で、台詞を削除するかわりに、そこにビップ音を入れることで検閲の跡を残し、他方で映画の台詞をそのまま出版した。詳細は、以下に詳しい。Cf. David Faroult, « Le Livre *Le Gai savoir*. La censure défiée », in Nicole Brenez, David Faroult, Michael Temple, James Williams, Michael Witt (éd.) , *Jean-Luc Godard. Documents*, Éd. du Centre Pompidou, 2006, p. 109–113. なお、本章「イメージの危険を冒した理論」のうち、「イメージの能力、映画の潜勢力」と「パリ、シャンゼリゼ91番、「ヌーヴェル・ヴァーグ」まで回答をお寄せください」と小見出しの付された箇所は、同書の序文の一部を書き改めたものである。

の、つまり敗者たちのホメロスになること。映画を映画がなりうるかもしれないものへと導くこと。生涯を通じて、映画がそうであるべき姿を敢然と主張すること。

「パリ、シャンゼリゼ91番、「ヌーヴェル・ヴァーグ」まで回答をお寄せください」

ゴダールの企ての起源そのものに、その後も決して弱まることのない反骨精神と異議申し立てのエネルギーがある――アンドレ・バザンが編集長を務める『カイエ・デュ・シネマ』誌のただ中でアメリカのジャンル映画を擁護することが、ゴダールの最初の武勲だったことを思い出しておきたい。統計社会学という装置一式――フランスではこうした方法が体系化され、この1950年代末には世論調査というかたちで一般に流布するほどだった――に対し、つまりそのような、人間の複雑さを一見議論の余地のないものに見える数字の多様性の中に溶かし込んでしまう規範的で単純化された表象、つまりいわゆる「正確な」イメージに対し（この形容詞は、「新しい波（ヌーヴェル・ヴァーグ）」――当時はまだ映画ではなく社会学的な旗印だった――の到来を告げた『レクスプレス』1957年10月3日号の質問票で用いられている[4]）、ジャン＝リュック・ゴダールはみずからの作り出す、局地的で論争的で多義的なイメージを差し出す。それらは、単独性の、異質なものの、不連続の、深さの、還元できないものの危険を冒したイメージである。「パリ、シャンゼリゼ91番、「ヌーヴェル・ヴァーグ」まで回答をお寄せください」――ある意味では、ゴダールの映画作品は『レクスプレス』誌のこの質問票への辛辣な回答の数々である。この質問票はゴダールが手がけた多くのシノプシスばかりではなく、とり

[4] 『レクスプレス』は戦後世代の若者たちの思考様式や価値観を知るべく、18歳から30歳までのすべてのフランス人に向けて24個の質問を用意した。たとえば1番目の質問は「将来について一番知りたいことは何ですか？」、2番目の質問は「あなたの世代は先行世代と違うものになると思いますか？それはどのような点においてですか？」などである。7番目の質問「幸せですか？」は、『ある夏の記録』（ジャン・ルーシュ、エドガール・モラン、1960年）で象徴的なかたちで使われることになる。Cf. Michael Uwemedimo, « Nouvelle Vague et questionnaire », in *Jean-Luc Godard. Documents, op. cit.*, p. 16–21.

わけ、調査や問題提起や移動に関するゴダールの形式的創意を規定したのであって、そのような創意は何よりも、探究の条項そのものを再審に付すことを求めるものなのである。[*16]『勝手にしやがれ』に署名しないことは、他にも様々なことを約束しているなかでも、「ご回答は厳密に匿名のものとして扱うこともできます」と注記するこの週刊誌の誘いに対するからかい気味で転覆的な服従の姿勢を示している。

人類学的な観点からは、こう言えるのではないか。世論――つまり集合的心像――の産業的な製作所が設置されると、社会はみずからその解毒剤を分泌しはじめる。当時はまだ大衆的だった〔映画という〕メディウムの中で、あらゆる形態のイメージ（リアリズム的、批判的、アレゴリー的、ドキュメンタリー的、等々のイメージ）を創造し、保存し、展開させるための解毒剤である。そして、この解毒剤がジャン＝リュック・ゴダールという名前だったのだ、と。

人文主義的な観点からは、こう言えるのではないか。コミュニケーションがそれに固有の、標準化された個体化のモデルを生み出す有害な隷属の企てとしてますます覇権を握る状況を前に、ゴダールを通じて、創造物の問題に関して何がしかを保護することが重要だったのだ、と。それも、見捨てられる途上にある信仰として、懐古趣味的に保護しようということではなく、〈主体〉の問題をめぐる開かれた問いかけとして保護するのである――その創作物が、1950年代や1960年代のように個人主義的で叙情的で情愛のこもったものであれ、もしくは作品群のもう一方の端において、『映画史』から『21世紀の起源』（2000）や『時間の闇の中で』（2002）に至るまでとめどなく湧き出てきた感嘆すべきエッセー映画のように、普遍主義的で叙事的で没個性化されたものであれ。さらに、作者自身に関わ

＊16　フランソワーズ・ジルーは著書『ヌーヴェル・ヴァーグ』に、『レクスプレス』誌に掲載された質問票の全体とそれに対して寄せられた回答を再録している。その総体は、ゴダール的なシナリオやモチーフやスローガンの驚くべき保管庫となっている。（Françoise Giroud, *La Nouvelle Vague. Portraits de la jeunesse,* Paris, Gallimard, collection « L'Air du temps », 1958)。統計社会学の歴史については、以下を参照すること。Alain Desrosières, *La Politique des grands nombres. Histoire de la raison statistique,* Paris, La Découverte, 1993.

ることで言えば、当初の基本方針としての匿名性（『勝手にしやがれ』は無署名であり、《ユートピアへの旅》の母体となった『新ドイツ零年』も同様である）、遊び場としてのクレジット場面、ダイナマイトとしての自画像がある。

美学的な観点からは、こう言えるのではないか。イメージの創造者にとって重要なのは、集合的なものとされている表象から送られてくる物象化の指令に抗って、みずからの批評的な発明を絶え間なく持ち出すことばかりではなく、何よりも、象徴的なものの領域を別の仕方で構想して取り囲むことである、と。鎖は解かれ、その猛威を奮うような状態が実践的な様態に至る――つまり、表象することが、いまや模倣し、有効にし、確認し、強固にすることにとどまらず、分析し、消散させ、修正し、破壊しようと努めることでもあるようにする、ということだ。そのような野心が頂点に達した1967年から1974年にかけての時期には、表象は「革命の中の小さなネジ釘」〔『毛沢東語録』〕として、武装闘争の妹として、世界を変えることに直接関与するはずだった。そしておそらく、実際に、表象は世界を変えた。西洋世界の至るところに反抗の精神を伝播することで、表象は世界を具体的に、闘争の歴史という領域において変えたのである。たとえば、1969年の『ブリティッシュ・サウンズ』に出演しているエセックスの学生の一部は、後に〈怒りの旅団〉という活動家集団を結成することになる。また表象は、おのれに固有の手段を用いて、表象の場において、より一般的に、より根底的に世界を変えた――この上なく産業的な芸術に、メソロンギのバイロンにふさわしいような形式的提案と要請と素晴らしき理想を雨あられと浴びせることによって〔1824年、イギリスのロマン派詩人バイロンは、ギリシア独立戦争に身を投じてメソロンギで死去した〕。その意味では、批判的な創造はたしかにいまだ場所のない、ユートピア的なものにとどまっている――なぜなら、それはこの世界にあらざるものに断固として由来しているからだ。だが同時に、至るところに見出されるものでもある――

なぜなら、権力と表象が石灰のように結びついてるところにはどこでも批判的な創造が注入されており、酸のようになってこの結びつきを腐食させようとしているからである。ユートピアへの旅、つまり映画の潜勢力の探検であるだけでなく、ユートピアの旅——支配に甘んじる大いなる社会的身体に、決して致死量にならない程度に植え付けられているユートピアが旅をして回っているのだ。

ゴダールにおいては、あらゆる身振り、あらゆる実践、構想から公共空間での流通に至るまでの創造のあらゆる局面が、芸術をめぐる命題に姿を変える。「芸術」という語がここで指し示すのは、構成された原則と制定された象徴回路ではなく、表象にまつわる信仰と規則の総体——表象のパラメータと道具と形態と機能と神話——に関する批判的で、ときに暴力的な、絶え間のない探究である。ゴダールのおかげで、「芸術」は創造的不服従という前代未聞の実践の通称でありつづけている。『映画史』の作者はその点において、20世紀と21世紀にふさわしい芸術の概念を生み出した——フランシスコ・デ・ゴヤ、フリードリヒ・シラー、あるいはアルチュール・ランボーがそれぞれの時代において芸術の概念を生み出したのとまったく同様に。

I
聖像崇敬、機知、実践

「入れ子状に破損した」映画
ジャン＝リュック・ゴダールとイメージをめぐるビザンティン哲学

ドイツの観念論とロマン主義、フッサールとフランスの現象学、またそれ自体が多くの参照に富んだモーリス・ブランショの著作は、ジャン＝リュック・ゴダールの仕事を絶えずあからさまなかたちで貫いている。しかし、ゴダールの映画の仕事とイメージをめぐるビザンティン哲学のいくつかの側面を突き合わせるときに想定されるのは、認識論にも、認識論が要求する入念な歴史的作業にも、フーコーに類する考古学的な問いかけにももはや属すことのない手続きである。ゴダールとビザンティウムとの関係については、両者を関連づけることで何が問題となるのかという点だけでなく、それがどのような性質の関係なのかという点が明確にされなければならない。なぜなら両者の関係の性質は、対話や系統関係（それが想定する断絶も含めて）や何らかの姻戚関係という様態で築かれるわけではないからである。それは思弁的な出会いであって、きわめて限定的なものではあるが、イメージに関わるゴダールの発明をある展望のもとに置くのに役立つだろう。

また別の興味深い困難は方法論に関するものである。私たちはテクスト（ビザンティン哲学）とゴダールの近作〔本章の初出は1993年〕からとられたショットとを突き合わせていくが、そのような事態が可能であったり、少なくとも考えうるということは、もっぱら次のような最初の接続点を確認することになる。つまり、8世紀から9世紀の神学者たちにとっても、ゴダールにとっても、イメージとはたしかに視覚的特性を備えた造形的な総体ではあるが（その点でイメージは秩序立てられ、意味をなす。つまり、実り多いものになりうる）、それはまず知的行為を、思考を、より正確には何らかの命題を表象する限りにおいてなのである（その点でイメージは命令を下し、法をなす。つまり、危険なものになりうる）。しかしながら、書かれた教義の集成から取ったいくつかの抜粋とゴダール的モンタージュのいくつかの瞬間とをこうして比較することは、次のような私たちの意図から正当化されるにすぎない。あるいくつかの分析道具を練りあげ、試してみよう、という意図である。というのも、〈聖像論争〉〔Querelle des Images〕の際にビザンティウムで著された著作群には、ゴダールが映画において再発明した形象的問題を説き明かしうる多くの考えが概念や問いや分類学やアポリアといったかたちで見出せるからである。

あらゆるイメージは戦争行為である

ゴダールにおいても、9世紀頃のビザンティウムにおいても、イメージとは行為遂行的なものに属し、なにより戦争行為を、ときに軍事と政治と宗教とが渾然一体となった戦争を表している。アンドレ・グラバールは聖像破壊論（イコノクラスム）の起源を辿りながら、次のように論じている。「イコンは〈聖像論争〉以降ことあるごとに言及されるようになるが、イコンがビザンティンの歴史に姿を現したのは、歴代の皇帝たちがペルシアに対する勝利を確認するためにそれを利用しようと思いついたときだった[*1]」。象徴的な武器（軍旗、旗、櫃）だったイコンは、すでに8世紀から戦争の争点にして原因になり、それゆえ論争の解決はイメージの傍らでなされるのではなく、イメージに対抗して、イメージによってなされるようになる[*2]。ここからイメージの破壊に関する明確で断固たる実践の数々が生じたが、毀損、世俗化、置き換え、代用[*3]によって行われたイメージの破壊は、1968年か

*1　André Grabar, *L'Iconoclasme byzantin*, Paris, Flammarion, 1984, p. 33.

*2　アンドレ・グラバールによるミリオン〔ビザンティウムの幹線道路の起点に建立されたモニュメント〕の装飾についての報告を参照。*Id.*, pp. 65–66.

*3　これら4つは以下の文献で挙げられている実践である。David E. Freeberg, « The Structure of Byzantine and European Iconoclasme », in *Iconoclasme,* éd. A. Bryer et J. Herrin, Birmingham, 1977, pp. 169–173.

ら70年にかけてのゴダールのいくつかの宣言と類似していなくもない（たとえば有名な「ブルジョワジーは自分の姿に似せて〔à son image〕世界を作った。同志よ、まずはこの似姿（イメージ）から破壊しようではないか」、『ブリティッシュ・サウンズ』、1969年）。特に、『メイド・イン・USA』（1966）を皮切りに練りあげられていくばらばらに切り刻む編集形態の中に、ビザンティウムに見られた実践の映画的な反響を見出すことができる。『メイド・イン・USA』では、いずれのショットも、それが反論や批判を加える別のショットという地から浮き上がるように見えるのだが、その別のショットはあるときはエンブレムというかたちで（ハリウッドのネオンサイン）、あるときは断片というかたちで（あの破られた、ほとんどずたぼろに引き裂かれたポスター類の前では、〔2人の登場人物が同時に発する〕談話どうしが自らを理解させることはできなくても、互いに関連することができている）、画面内になお姿を見せている。こうした残余の造形術が主張し始めているのは、ゴダールにおいてますます切迫し、構造的なものになっていく事柄である。すなわち、1本の映画とはまず〈討論〉、〈ディスプタティオ〉であり、そこには『パッション』（1982）における（ドラクロワの）天使との闘いの場面が示すように、自分自身との討論も含まれる、ということである。

潜勢力の働き

聖像破壊論（イコノクラスム）という危機は、最も根本的な問題のうち、表象に関する諸問題を再提起することを可能にするものだった。すなわち、イメージはいかに正統なものとなり、用いられ、流通するのか、文化は集団的に、そして私的にどう秩序立てられるのか、図像学（イコノグラフィー）はどうコード化され、造形的図式はどう再利用されるのか、そしてなかんずく、イコン——かくも独特で、形象の問題をその根源性にまで至らせるイメージ——に関して、どのように〈ミメーシス〉の相反する定義がなされるのか、といった問題である。人間の形態の出現はイメージの観点から何を意味するか。原型（プロトタイプ）（表象されるもの）のうちで、何がイメージの中を通過するのか。身体のうちで、何が形象化可能なのか（キリストの二重の性質の問題）。身体の類似的イメージ（たとえばイコン）と非類似的イメージ（たとえば聖体[*4]）とを区別するもの、もしくは同定するものは何か。聖像崇敬論（イコノドゥリー）と聖像破壊論（イコノクラスム）とともに、「私たちはイメージをめぐるまったく対立する2つの考え方を相手にしている。前者は象徴の哲学と名付けうるもので、後者は記号の哲学と名付けうるものである[*5]」。この対立関係を単純化してみるなら、そして、聖像破壊論が何よりもまず一つの実践であって、その教義集には聖像破壊論に対して勝利を収めた敵対者たちによる痕跡しか残っていないことを考慮の上で、いささか強引に対比するなら、聖像擁護論（イコノフィリー）は関係を作り出す力においてイメージを思考しており（境界画定可能な人間の形態——肉体——と、イコンがいわば接近を許す、境界画定不可能な神との関係）、聖像破壊論はイメージを断絶の力において思考し、イコンに原型（アーキタイプ）との同一実体性をいっさい認めず、祈る主体と祈りの対象との間を仲介する可能性もまったく認めない、と言ってもいいだろう。聖像崇敬論はイメージを媒介として構想し、聖像破壊論は限界として、**不在の思考**[*6]として構想するわけである。

ゴダールは聖像破壊に関する思想を再び見出し、それを延長したり超え出ようとする際、どのような親和性をその思想と取り持っているのか。私たちはその親和性のうちのいくつかを取り上げていくことにする。しかし、そうした一致や出会いが意味をなすのは、ひとえにより広大な枠組み、イメージの潜勢力による開かれた創意という枠組みにおいてのことである。その創意は理論へのいかなる信

＊4　聖体については以下を参照。Cf. Samuel Gero, « The Eucharistic Doctrine of the Byzantine Iconoclasts and its Sources », in *Byzantinische Zeitschrift*, München, C. H. Beck'sche Verlagsbunchhandlung, mars 1975, pp. 4–22.

＊5　Marie-José Baudinet-Mondzain, « Autour de quelques concepts philosophiques de l'iconoclasme et de l'iconodoulie », in *Nicée II : 787–1987*, sous la direction de François Bœspflug et Nicolas Lossky, Paris, éd du Cerf, 1987, p. 136.

＊6　*Id.*, p. 140.

奉に従わせることもできず、その反対に、モデルとして構成されうるものだ。私たちがこれから描こうとしている並行関係の余白には、ゴダールが俎上に載せる、極限的なイメージの2つの事例がそびえ立っている。最初の事例として、キリストの顔を保存した、人の手によらない〔achiropiite〕刻印[*7]があり、それははやくも『男の子の名前はみんなパトリックっていうの』(1957) から視覚的なギャグとして、ヴェロニカの布というかたちで姿を見せていて、ニコル・ベルジェ(ヴェロニク) はなんでもないただのバスタオルを顔の前に2回掲げ、現れては消えてみせる。この愉快な寸劇は、30年後に『映画というささやかな商売の栄華と衰退』(1986) のガスパール・バザン (ジャン゠ピエール・レオー) が次のように指摘するときに、遡及的に穏やかな古典的幸福へと転じる――「古典派の大原則とは布切れを広げることだ。そう、なぜなら彼らは何かがそこに刻印されに来るのを待っているのだから」[*8]。〔本物であると〕保証されたこのイメージ、正統的で、さらには法制定的でもあるこのイメージは、ゴダールの文章とサウンドトラックが聖パウロの言葉 (の注釈) を引きつつますます頻繁に召喚するイメージ、つまり「イメージは復活の時に到来するだろう」[*9]というときのイメージと対をなしている。原型(アーキタイプ)を現前化させた奇跡のイメージと私たちに身体を与え直すことになる来たるべきイメージの間に、その他すべてのイメージが、問題や批評や近

*7　もしくは「アケイロポイエトン〔acheiropoïeton〕」(人の手によらないの意) と呼ばれる。

*8　早くも1959年の記事「傑出した――ジョルジュ・フランジュ『壁に頭をぶつける』」にみられる次のような用例も参照のこと。「だからこそ、われわれはクロースアップのたびに、ヴェロニカの布切れが「聖なる顔」をぬぐったのと同様、カメラが人物たちの顔をぬぐっているという印象を受けるのである。そしてそれは、フランジュがロマン主義の背後に古典主義をさがし求め、それを見つけ出しているからである」(*Arts* n° 715, 25 mars 1959, in *Jean-Luc Godard par Jean-Luc Godard*, édition établie par Alain Bergala, éd. de l'Étoile, Paris, 1985, p. 179)〔『ゴダール全評論・全発言 I』奥村昭夫訳、筑摩書房、1998年、394頁〕。ゴダールは『「パッション」のためのシナリオ』(1982) でこのイメージをさらに拡散している。「いまや記憶の中に書き込むことはないのだ。なぜなら記憶はそこにあるから。真っ白いところに、白いスクリーンに、白い画布に、ヴェロニカの布のような白い布に。人々は「映画の身体」と言っていた。ヴェロニカは「キリストの身体」と言っていた」(ジュリエット・ダセーとカトリーヌ・シャピラによる採録。*L'Avant-Scène Cinéma*, n° 323/324, mars 1984, p. 89)。

*9　『コリントの信者への手紙1』15:48–56。「わたしたちは、土からできたその人の似姿となっているように、天に属するその人の似姿にもなるのです」(15:49、新共同訳)。

似や純粋な戦争行為として、もしくは、検証を受け付けないだけによりいっそう強く、仮説として、生じてくることになる。この2つの確証されたイメージの形象（実践不可能なものに形態を与えることに、実際のイメージを相対化することにその方法の効力がある）の間に、ゴダールの創意は自らの場を見出している。

私たちはいくつかの命題を順番に提示するために、ダマスコスのヨアンネスによる聖像擁護の文書『聖像破壊論者への第三の論駁』（8世紀）[1]を選んだ——その重要性、その分類の才（不可視のものは形象化不可能のままであるべきと考える聖像破壊論者に対し、ダマスコスのヨアンネスはイメージがもつ形象としての潜勢力を調査する）、そして問いかけによって進んでいく構造がもたらす美しさゆえに。第三論駁の14節では次のように問いかけが纏められている。

> 第一に、イメージとは何か。
> 第二に、なにゆえにイメージはあるのか。
> 第三に、さまざまな種類のイメージとは何か。
> 第四に、イメージの対象は何であり、何でないのか。
> 第五に、イメージを最初に実現したのは誰だったのか。*10

ヨアンネスの論では〔先行する教父文書などから〕引用するという方針が貫かれており、ゴダールが作品を撮るごとにますます大規模かつ精緻に練り上げていく撰文集という形式と響き合わずにはいない

[1]『第一の論駁』と『第二の論駁』の翻訳は、菅原裕文「ダマスコスのヨアンニス『聖像破壊論者への三つの論駁』(一) —第一論駁・第二論駁—」(『エクフラシス別冊：ヨーロッパ文化研究』1号、2014年、3–54頁）で読むことができる。また、ダマスコスのヨアンネスの主著『知識の泉』の翻訳と解説は、上智大学中世思想研究所（編訳・監修）『中世思想原典集成　精選Ｉ　ギリシア教父・ビザンティン思想』（平凡社ライブラリー、2018年）に収録されている。また、ダマスコスのヨアンネス（ダマスクスのヨハネ）による聖像崇敬論については、若林啓史『聖像画論争とイスラーム』（知泉書館、2003年）の概説も参考になる（特に55–58、79–81頁）。

*10　Damascène, *Contra Imaginum Calumniatores Orationes Tres, Patrologie Grecque*, 94, col. 1337. フィリップ＝アラン・ミショーによる未発表翻訳による。以下、1337行（第三論駁16節）から1345行（第三論駁26節）までを断片的に引用する。

*11　*Patrologie Grecque*, Paris, Migne, 94, 524C.

(「私は自分自身の精神の産物であることは何も口にしない」と、ヨアンネスは書く[*11])。しかし、そこに展開するのは、ある本質的な転倒の産物である。伝統的には、イコンを正統なものとする図式として〈受肉〉が現れるのに対して、ヨアンネスにおいては、〈受肉〉を担保するものとしてイコンが到来するのだ[*12]。原型の真実が複製の中に痕跡を残すというばかりでなく、イメージが〈受肉〉の働きの証拠となる。それゆえに、たとえば〔総主教〕ニケフォロス1世が（ヨアンネスが引用するカイサリアのバシレイオスを引き継ぐかたちで）次のように言うことが可能になる。彼は文字とイメージを、「書字による刻印」と「神の肖像の刻印」を同一視して、「イコンはしたがってある種の福音書となるだろう」[*13]と言うのである。このような考え方は（崇拝の）道具を（理論的）大義に変えるのに寄与する。イメージが魅力的なのは、ただ単にイメージが真実だから――〈父〉の真のイメージとしての〈子〉、〈子〉の真のイメージとしての〈聖体〉――ではなく、イメージが真にイメージとなるからである。イメージはヨアンネスにおいて、最終的に近代人のもとでそうなるような肯定的能力になり始めている。ゴダールがたえず問いただし、批判し、移動させ、なにより変容させていくことになるのも、この肯定的能力である。

イメージとその距離

> 第一に、イメージとは何か。
>
> イメージとは、表象されるものを自身のうちに指し示す何かの類似（omoiôma）であり、模範（パラディグム）（paradeigma）であり、刻印（ektupôma）である。しかし、原型（プロトタイプ）に、つまり表象されるものにすべての点においてすっかり類似するのではなく――というのも、一方はイメージ、一方は表象されるものなのだから――、両者の

*12　Cf. Christophe von Schönborn, « La sainteté de l'icône selon saint Jean Damascène », in *Studia Patristica* XVII (1), Oxford, New York, 1982, pp. 188–193.

*13　Nicéphore, *Antirrhétique*, III, 384 B, in *Discours contre les iconoclastes*, traduit et présenté par Marie-José Baudinet-Mondzain, Paris, Klincksieck, 1989, p. 190.

> 間にある違いは明瞭に見てとれる。さもなければ、両者は区別できなくなってしまうからである。例を挙げよう。人間のイメージは、たとえそれが身体の刻印を復元していても、魂の力を備えていない。なぜなら、それは生きておらず、考えず、話さず、感じず、四肢を動かさないからである。そして、もし〈子〉が〈父〉の本性に基づくイメージであるとしても、〈子〉は〈父〉と区別される。なぜならそれは子であり、父ではないからである。[*14]

分析的に言えば、ヨアンネスはイメージとそのモデルとの距離の性質と統辞法(シンタクス)について考えることをここで可能にしている。モデルとの関係が本来的に理解されるときの様態は、充満したものたるべきなのか、それとも、偶然的で、隔たりや疑問の余地のあるものたるべきなのか。イメージが範列(パラディグム)だとすると、つまりその他多数の例の中の一つの例を意味しうるものだとすると、イメージは一つの開かれとして、原型(アーキタイプ)に関するいくつもの仮説装置に開かれたものとしても現れる。そして時間においては、この関係は恒常的なものとして現れるのか、それとも可変的なものとして現れるのか。これはたとえば『フレディ・ビュアシュへの手紙』(1982)で開陳されているような現代のドキュメンタリーの問題である。つまり、世界との関係に備わる偶発性を維持し、世界との関係を友愛的な趣味判断というかたちで――最終的に、束の間性をもって――生じさせるために、世界との関係の可能性の諸条件を多様に変化させることが重要なのだ(ゴダールの声は次のように締め括っている。都市は「それゆえに美しくなることができるが、そこに住みつく人々は……しばしば素晴らしい人々で、悲壮な人々である。たとえ……この地方のようにきわめて豊かな地方であったとしても」[*15])。

このような命題がどう使われうるかを、あるシークエンス＝ショットに関して詳しく見てみよう。例に挙げるのは、『映画というささやかな商売の栄華と衰退』の最初の3分の1までの部分に見られる、

＊14　Damascène, III, 16.
＊15　ブリュノ・コロンによる採録。*L'Avant-Scène Cinéma* n° 323/324, mars 1984, p. 75.

ガスパール・バザンがエキストラをキャスティングする場面のシークエンス＝ショットである。エキストラ〔figurant〕とはスタイルに関わる被造物であり、イメージへの身体の出現の問題をじかに扱うことを可能にする。『気狂いピエロ』に「エテ・アンドレです。現在、映画のエキストラをしています」という素晴らしいくだりがあったことが思い出されようが、彼は映画的再臨に関するすべてのパラドクスをたった一人で要約している。舞台空間を構成する形態としてみれば、エキストラの使い方には伝統的に3つの体制がある。まず、イコノグラム、もしくは物語の単位としてのエキストラは、主体と集合性のあらゆる弁証法の手前にとどまり、身に付けるものによってしか意味をなさないかかしのように、アクションの場所と時間を保証するかかしのように働きかけられ、揺り動かされる。また、たとえば群衆のような、ある集合の基本的部分としてのエキストラは、あるときは単位の欠如という様態で現れ、またあるときは多様性の肯定として――それが不定形の多数性という様態で提示されるときには――現れる。しかし、群衆があくまでそこで人々が行き交うという作用によって重要であるのだとすれば、エキストラは動体に、ある流れの中の粒子に、あるいは、潜在的な張力において、大衆という第三の出現の体制に向かわせることのできるような粒子になる。大衆とは、誰が多を一に還元しているのかを告げ知らせる一つの方向に沿って組織された群衆の謂いである。エキストラはそこでは細胞や中性子となり（なぜならエキストラはその単一性においては消滅させられるので）、もはやある集合の凝集体でしかなくなるのである。『映画というささやかな商売の栄華と衰退』は殺風景な映画であり、根絶と退行という味気ない作業と引き換えに、映画における形象〔figure〕の最小単位である、エキストラ〔figurant〕の情動的身体への回帰を果たしている。イコノグラム（かかし）の前に、作業中の身体がある。群衆の前に、人類がある。つまり一緒にいることの可能性がある（「あなたをテスト撮影したい」と、ガスパール・バザンは俳優を目指している女性〔プロデューサーのジャン・アルメレイダの妻ユリディス〕に応じる。「しかしその前に、私は人類とテスト撮影をしなければならない」)。大衆の前に、身体が意味に対して、したがって言葉に対してもつ関係の問題がある。理論があればこそ、行列が生じることになるのだ〔フランス語の「théorie」には理論のほか、古代ギリシアで競技会に列席する代表団、その行列の意味がある〕。

『映画というささやかな商売の栄華と衰退』で二度目に出てくる人々の列[*16]はスローモーションで終わる。そのスローモーションは、「彼は私が愛した唯一の男だったが、死んでしまった」と叫ぶエキストラの女性の悲痛な顔を映しつつ、イメージを追い詰め、絵画のモチーフを狩り出し、〈叫び〉を見出し、それをメドゥーサへと加工する。この崇高なモチーフがひとたび見出されると、映像は止まり、その状態のまま一瞬熟視の対象となり、そしてシークエンス＝ショットが終わる。なぜこのような古代的なイメージを追い求めるのか――絵画の歴史でも絵画の理論の歴史においても数えきれぬほどに取り上げられ、ゴダール自身がすでに何度も俎上に載せたことが

＊16　3分続き、アルヴォ・ペルトの曲(「カントゥス―ベンジャミン・ブリテンの思い出に」、1984年)が流れる。

＊17　『勝手に逃げろ／人生』ではジョルジアーナという人物〔「私は選ばない」と繰り返す女性〕を介して登場し、『こんにちは、マリア』では叫びのイメージはジョゼフとマリーの対決の中で二枚折の絵のように挿入される。一度目は、プッサンの《幼児虐殺》から借用した叫びの有名なポーズをとったマリーの姿がつなぎ間違いのように挿入され、二度目はカラヴァッジョの《メドゥーサ》と化したマリーが差し挟まれる。また、〈叫び〉の出現を論じたジャン・エプシュタインの文章を同時に思い出しておきたい。そこでは叫びが表現性そのものと同一視されている――「ある一つの表情から顔が解放されていくのをスローモーションで見ること以上に絶対的に感動的なものを私は何も知らない。まず準備過程の全体があり、ゆっくりと興奮が高まっていくが、それを病気が潜伏していることとか、だんだんと成熟していくこととか、または乱暴に言ってしまえば妊娠と比較すべきかどうかはわからない。最後には、こうしたいっさいの力が溢れ出て、筋肉の固さを断ち切る。運動の感染が顔を活気付ける。まつげという羽も、あごという房も、同じように脈打っている。そして上唇と下唇が叫びを示すべく離される時、私たちは長時間にわたる素晴らしい叫びの曙に立ち会ったのだ。機械的・光学的な超＝眼によるこのような分離の力は、時間の相対性を火を見るよりも明らかにする。したがって、一瞬が何時間も続くというのは本当なのである！　ドラマは通常の時間の外側に位置付けられる。純粋に心理的な新しい遠近法が獲得されている。私はますますそう思うようになっている。ある日、シネマトグラフは人間の天使を写真に撮る初めてのものになるだろう」(Jean Epstein, « L'âme au ralenti », 11 mai 1928, in *Écrits 1*, Paris, Seghers, 1974, p. 191)。

あるイメージだというのに。[*17] プリニウスからレッシング、フロイトからドゥルーズに至るまで、絵画における叫びの扱いは表象に関する理論的問題のおそらく最も重大な伝統と関わり、とりわけ区別するのに役立つモチーフとして——良い画家と悪い画家を（プリニウス）、絵画と詩を（レッシング）、具象的なものと形象的なものを（フランシス・ベーコンと後にそれを取り上げるドゥルーズ）、男性と女性を（フロイト）——、しばしば同じ仕方で召喚されてきた。

ここでは、最も切れ味がよく、最も識別可能なイメージ、読解可能にしてなにより〔私たちを〕読むようなイメージ（この最後の点はフロイトの貢献である。このイメージは私たちを種に結びつけることで、私たちを読んでいる）を探し求め、求職中のエキストラの特異で匿名である具体的な身体の中にそうしたイメージを見出すことは、形象に関わる心配りが絶え間なくなされていることを立証することではなく、作品が自らの無効を、本質的な未完成を造作なく認める行為を成し遂げるということである。「われわれは今ではもはや、苦悩と死の永遠性のなかで途方に暮れる身体の運動というものを提示するすべを知らないのである」[*18]。昔日の偉大な試みを召喚するのは、形象的探究における私たちの無力さをまず描くためなのである。

——じゃあ映像〔イメージ〕ですが、映像はどのようなタイプの事物なのでしょう？
ゴダール　映像というのはなにものでもないもの、ないに等しいものだ。考えられないもの、言葉では表わすことのできない〔inavouable〕ものだ。[*19]

*18　« *Passion*, introduction à un scénario », in *Jean-Luc Godard par Jean-Luc Godard, op. cit.*, p. 495.〔「『パッション』——シナリオのための序説」、『ゴダール全評論・全発言 II』奥村昭夫訳、筑摩書房、1998年、388–389頁。訳文一部改変。ブルネーズは「生と死の永遠性のなかで」を「苦悩と死の永遠性のなかで」と誤記している〕

*19　« Le chemin vers la parole », entretien avec Jean-Luc Godard réalisé par Alain Bergala, Serge Daney et Serge Toubiana, *Cahiers du cinéma* n° 336, mai 1982, repris dans *Godard par Godard, op. cit.*, p. 508.〔「言葉への道」、『ゴダール全評論・全発言 II』、417頁〕

では、何を打ち明ける〔avouer〕ことができるのか、人が「自分のものとして認める」ものは何なのか。語源的に言えば、人が認める〔avouer〕のは息子であり、兄弟であり、親子関係である。先ほどから話題にしているゴダールによる行列の中でメドゥーサの直前に来るのは、〔テストを受けるエキストラの列に〕迷い込んだ、ちょっとした人物だが、ガスパール・バザンに「君は何をしているんだ」と聞かれると、直前のエキストラを指しておとなしくこう答えていた──「彼女は私の妹です〔実際は「私は彼女の兄です」と言っている〕」。視覚的に言えば、ショットが連続していくなかに四種類のモンタージュの働きがある。まず、またたくような二重写し。次に、複数の身体のフレーム内への断続的な移行（パサージュ）。第三に、スローモーションもしくはフリーズフレームによる、映像の推移（パサージュ）。そして第四に、既知のイメージが見知らぬ身体を通過（パサージュ）するという事態がある。その見知らぬ身体は文化的アイコン（メドゥーサ）によって豊かなものとされており、エキストラの殺風景さと対比され、寄る辺なく登場しては、理解することなく発する言葉によって孤立させられながらも、世界においてどんな身体がどのように交わっても生じるような、見知らぬ者の共通の経験のうちにとどまっているのだ。兄弟であることの滑稽で場違いな告白（「彼女は私の妹です」）を除けば、ヴィデオカメラがマルタ十字のように作用して、この行列は共同体をもたない人びとの共同体[*20]の経験を身体から身体へと延長しつつ際立たせている。メドゥーサと失業者たちは対峙させられ、普遍性と匿名性とを、識別可能なもの（私が身を任せるもの、普遍的イメージ）と知られざるもの（領有できないもの、私の隣人）とをモンタージュしている。

したがって、最後にもう一種類のモンタージュが切断のうちにこの一連の断続性を完成させる。メドゥーサという過剰なまでに充満し重層決定されたこのイメージは、スペクタクルの経済の中では同時に最も破壊的なものである。というのも、それは対比によって他

＊20　Maurice Blanchot, *La Communauté inavouable*, Paris, Éditions de Minuit, 1983の冒頭の引用句、その他随所で引かれているジョルジュ・バタイユの言葉〔モーリス・ブランショ『明かしえぬ共同体』西谷修訳、ちくま学芸文庫、1997年、9頁ほか〕。

の諸々の身体に再び徴を付け、先行する行列にその具体的な無意味さを告げるからだ。メドゥーサは人間の身体から身ぐるみをはがし、その存在をくり抜いてシルエットにしてしまう。その素晴らしい象徴的な重みでもって、エキストラたち〔figurants〕の単なる身体を予示〔pré-figuration〕に転じさせる。メドゥーサのせいで、人間の身体はまだほとんど存在していないことになり、身体がフレーム内に移行するのを記録する純化されたイメージ、形象に関わる経済についてのドキュメンタリーである『映画というささやかな商売の栄華と衰退』を構造化する、この禁欲的でミニマルなイメージは、不可能性の係数を付与されることになる。メドゥーサが体現するイメージの過剰は、生じることのない形象化可能なものの領域に具体的な身体を差し向けており、このイメージは世界を遠ざけている。まさに、ヨアンネスがそう考えることを促していたように――もちろん、彼が擁護すべきだったことに反して――、イメージ、それも範列的な仮説〔hypothèse〕のイメージは、恐るべき抵当〔hypothèque〕装置となるのである。このような否定的なものの発明は、ゴダールの主要な図式の典型である。

必要性について

> 第二に、なにゆえにイメージはあるのか。
> あらゆるイメージは隠されたものを暴露し、それを明らかにする。例を挙げよう。魂は身体によって覆われているがゆえに、人間は不可視のものに関するありのままの知識を持っておらず、また人間は空間と時間に限定されているため、自分の後に生じる物事や、空間的に離れ、遠くにある物事に関する知識も持ち合わせていない。それゆえ、イメージは知識への案内役として、隠された物事を明らかにし、啓示するものとして構想された。私たちが公然と見せられている物事の中から隠されたままになっている

ものを識別し、私たちが善を求め、善の方を向き、その反対に嫌悪をもって悪から目を逸らすように、イメージは有用なものと有益なものに完全に捧げられ、救済へと向けられている。[*21]

ヨアンネスはイメージを知識への案内役として制定する。しかし、私たちはイメージそれ自体について何を知っているだろうか。イメージの必要性は何か、何でありうるか。「映画の映像〔イメージ〕はぼくにとっては地図なんだ、羅針盤なんだ、処方箋なんだ（ぼくの父は医者だった）」[*22]。最初の、悲痛な仮説は次のようなものであり、それを背景として実際のショットが浮かび上がり、引き剝がされる。ゴダールの思考にとって考えられないその仮説とは、結局のところ、イメージなどまったく必要ない、ということだ。

（現代のイメージがどのようにして、歴史的な悪を認めることによってのみ、おのれをイメージとして受け入れているのか、それは『映画史』が『ドイツ零年』と強制収容所に関する映画群を検討することを通じて向かい合う問題の一つである。「映像〔イメージ〕はそれ自体としては今でもまだ、苦しみを保持しうる唯一の可能性であるはずだ」[*23]。）

イメージの生成

第三に、さまざまな種類のイメージとは何か。

さまざまなイメージがある。第一にあるのは本性に基づくイメージである。なぜなら、それぞれの事物はまず その本性にしたがって、次に制度と模倣にしたがって存在するはずであり、それゆえに人間はまず本性によって、次に模倣による制度によって存在することになるはずだからである。したがって、不可視の〈父〉

＊21　Damascène, III, 17.

＊22　« La chance de repartir pour un tour », 30 mai 1980, in *Godard par Godard, op.cit.*, p. 408.〔「一周めざして再出発することができるという幸運」、『ゴダール全評論・全発言Ⅱ』、前掲書、224頁〕

＊23　« Dans Marie il y a aimer », janvier 1985, in *Godard par Godard, op. cit.*, p. 608.〔「マリアMARIEのなかには愛AIMERがある」、『ゴダール全評論・全発言Ⅱ』、前掲書、643頁〕

> の本性に基づく不変の第一のイメージは、父の子である。子は自身のうちに父を指し示している。なぜならいまだかつて、神〔父〕を見た者はいないからである〔『ヨハネによる福音書』1:18からの引用。新共同訳〕。(……)〈子〉は〈父〉のイメージ〔似姿〕であり、本性に基づく不変のイメージであり、生み出されたものではないことと父親であることの2点を除けばあらゆる点で父に似ている。なぜなら〈父〉とは生む人であって生み出されたものではないが、〈子〉は生み出されたものであって、〈父〉はそうではないからである。そして、精霊は〈子〉のイメージ〔似姿〕である。(……)そして、どちらの父の場合も、子は父の本性に基づくイメージである。このように、イメージの第一の様態は、本性に基づくイメージである。*24

引用だけではなく、間テクストだけではなく、ゴダールの仕事はイメージのある一つの特性を現働化してやまない。その特性とは、イメージのもつ生成の能力、つまり(同じ作品の中で、もしくは作品や表象の総体に対して)別のイメージを可能にする、または不可能にするという、イメージに備わる力のことである。ゴダールにおいてイメージとは多産な有機体であり、決して究極のショットではなく、ましてや消尽や枯渇のプロセスでもない。欠如するイメージに備わる特有の多産性についてはのちに検討する。

プログラムの問題

> イメージの第二の様態は、神によってもたらされる事物についての神のうちにある観念である。つまり、神の永遠で変わることのない意志である。(……)神によってもたらされる事物のイメージもしくは模範(パラディグム)とは、ディオニュシオス・アレオパギテスがそう名付けるように、それぞれの事物の観念もしくは前もっての定め(proorismoi)にほかならない。なぜなら、神の意志の中には、あら

*24　Damascène, III, 18.

> かじめ定められ、抗しがたいかたちでもたらされる事物の痕跡やイメージが、その事物が生み出される前に存在するからである。[*25]

何がイメージを決定付けるのか。イメージは図像や物語に関する計画（プログラム）から演繹されるモチーフとして生じるのか。自身に先立つ映像と音響と記号によってもたらされる前兆に反対する、ひいてはそれを撤廃するために現れるのか。イメージは計画作成の原理までをも廃止してしまうのか（「でたらめに放り出された瓦礫の山――世界の最も美しい秩序[*26]」）。

『新ドイツ零年』はこのモチーフをめぐる思考の稠密なネットワークを舞台に乗せている。それが現前と不在を担っていることについて、それがいまでも意味を示していることについて、このモチーフにおいて何が可知的なものを、分有を、歴史を避けているかについての思考を紡いでいる。

「西洋の没落」と題された第6変奏の冒頭、西側を探していたスパイのレミー・コーション（エディ・コンスタンティーヌ）はベルリンに戻ってくる。マブゼ博士の亡霊に伴われ、ベンヤミンの遊歩者のごとく夜の街を徘徊する彼は、クリスマス用に飾られたショーウインドウを皮肉に満ちた眼差しで見つめ、車の販売店に入り、そこに若いカップルが座ってハンドルを握るのを見ると、ハンスとゾフィー・ショルの姿を2人の中に見出す。すると突然、夜が昼になり、声が音楽になり、都市のモチーフの数々は花のモチーフへと変わる。白いバラの光に満ちたショットが、非連続性の中で、スパイの帰還を完成させるのだ。この白いバラのポートレートには、多くの意味の層が重ね合わされている。

• 歴史的な層。その層は、映像を通して、ミュンヘンの若き抵抗者のグループ、ハンスとゾフィー・ショルの名前を持ち出す。彼らは「白バラ」の名の下にヒトラーに反抗するよう同国人に呼びかけ、自

*25　Damascène, III, 19.

*26　Héraclite, fr. 124, traduit par Roger Munier in *Les Fragments d'Héraclite*, éd. Fata Morgana, 1991, p. 175. 別の翻訳によれば――「でたらめにまき散らされたもののなかで最も美しいもの――宇宙」。

分たちの命を犠牲にした。幻視者であるこの2人は1943年1月、ミュンヘンの街角にとりわけ次のような言葉を掲示してみせた。「いま我々の目を塞いでいる目隠し布が落ち、これらの犯罪の甚だしい残酷さがあらわになったときに、どれほどの恥辱が我々と我々の子供たちに重くのしかかることになるのか、我々のうちの誰が予感しているだろうか」。

• 造形的な層。それは夜という状況と対比的な、このモチーフの絶対的な明るさである。

• 思弁的な層。ここには詩的な連関のきわめて複雑な働きがあり、「色の中の色」である白がその一つのモデルを提供している。ゴダール自身がルイ・セガン宛の書簡で説明するとおりである。この層を「思弁的」と名付けることができるのは、ここでは哲学的な考察と歴史的な想起が幅広く、かつ緻密に組み合わされているからである。しかしそればかりではなく、哲学的な考察と歴史的な想起を把握し、それを反響させる可能性について、つまりさまざまな性質の精神的イメージや心的プロセス――文化的反射、記憶、類似の力、帰納、仮説、推定、驚き、問い、放棄、めまい、〔感覚の〕残存など――についての思弁がそこでは繰り広げられているからである。言ってみれば、このようなショットは、精神をその最も些細な能力や細かな心的ニュアンスにおいてまで刺激し、警告し、奮い立たせる。

> 恐縮ですが（……）話を面白くするために、一点だけ反論させてください。あなたは引用がどんどん逸脱していくと書いています。そのヴァージニア・ウルフのような言い回しには賛成です。それから、あなたはそれに続けて、引用群には羅針盤も目印もないと言う。ならば、具体的な例を挙げましょう。ゲーテが夏を過ごす家屋の横に木があります。この家屋は現実のもので、現地で撮られたもの、しかるべき場所で撮られたものです。現実という言葉にまだ意味があるとすれば、ですが。それからブーヘンヴァルト

> の中心にある木については、言い伝えによれば、標識に明記されているようにヴァイマールから40キロ離れたこの場所に、色彩論の著者は本を読みに来るのが好きだったようです。こういったすべてがヘーゲルのいう歴史の白いページによって混ぜ合わされ、その白いページが強制収容所を経由して、ウェルテルのモデル〔シャルロッテ〕の白いドレスとの仲介になります。というのも、ヴィトゲンシュタインによれば、ゲーテは白が中間色とは考えていなかったのです〔ヴィトゲンシュタインの『色彩について』第I部断章72を参照。この断章は、第2変奏「ヴァイマールのシャルロッテ」におけるゲーテの家の場面で引用されるが、その場面でシャルロッテは白いドレスを着ている〕。そしてさらに先に進むと、白バラが出てきます。唯一リルケが知らなかったバラです。「波の物語」よ、永遠なれ。[*27]

このように、ベンヤミンにおいてもそうであるように、それぞれのモチーフは、強く結びつけられた連関によって多数の星座へと送り返されている。

• 問題提起的な層。こうした連関の中でも、リルケに関するものは際立って綿密に織り上げられている。というのも、モーリス・ブランショによる『ドゥイノの悲歌』の分析が前提とされているからである（「Von Weinem und Klagen」、つまり「嘆きと悲しみの声」〔『マタイによる福音書』2:18〕という、『新ドイツ零年』の第6変奏冒頭に区切りをつける字幕画面は、悲しみという形をとる悲歌の原則そのものを定義づけるものである）。ブランショは『文学空間』の「死の変質」と題した箇所で、リルケが練り上げた時間的形象を注釈し、バラがその象徴（エンブレム）であるような、最もはかない存在たちが持つ力、すなわち自分たちより長く持続するものを救うという力を描写している。人間の特権は、私たちが姿を消すという天賦に恵まれている点にある。なぜなら、消滅の中では「保持する能力」[*28]もまた明白になるからである。「保持

＊27　Jean-Luc Godard, « Lettre à Louis Seguin », *La Quinzaine littéraire* n° 591, 16 décembre 1991.

すること」は記録における保存の役割に等しく、この役割はとりわけ『映画というささやかな商売の栄華と衰退』以来、ゴダールにとって根本的なものとなっている。死を思考することは、3つの転換を必要とする。不在を現前に変えること。不可視のものを可視のものに変えること。死ぬことを歌うことに変えること。したがって、私たちは——

> 過ぎゆくことに同意し、消滅にしかりを言う者、消滅が、その内部で、おのれを語らしめている者、おのれを言葉と歌とに化している者となるだろう。かくして、死とは、われわれのなかでの、死ぬことの純粋性だ、なぜなら、死は、あの、死が歌う地点に到達し得るからであり、われわれのなかに、歌のなかで明示される「あの……不在と現前との同一性」を見出すからだ。砕けつつ反響し、反響が純粋に砕け散るまで震えてゆく、もろさの極点を見出すからだ。〔邦訳205頁、訳文一部改変〕

「死の変質」とは、「常により一層死ぬこと」〔邦訳219頁〕であり、止むべくもないあの変形の運動、「過剰の夜」〔邦訳219頁〕を死のただなかで可能にすることである。ブランショはカフカとリルケの命題を組み合わせ、主体に必要な変容が何かを明確にしている。

> 私は、死ぬために書く、死に対して、その本質的な可能性を、それによって死が本質的に死となり、不可視性の源泉となるような可能性を与えるために書く、だが同時に、私は、死が、私のなかで書き、私を、非人格的なものが自らを断言する空虚な地点とする場合にのみ、書くことが出来るのだ。〔邦訳206頁〕

ここで明らかになるのは、レミー・コーションという馴染みのあ

＊28　Maurice Blanchot, *L'Espace littéraire* (1955), Paris, Gallimard, 1973, pp. 190–211.〔モーリス・ブランショ『文学空間』粟津則雄・出口裕弘訳、現代思潮社、1983年、201–223頁〕以下の引用も同じ箇所による。

る愛すべき人物の形而上学的な妥当性である。スパイとは、まさしく主観的なものを拒む視線を持つ者である。その視線は没個性化された非人格的な視線であり、ある集団の視線ではなく、人類そのものの視線である。レミー・コーションとそれを演じるエディ・コンスタンティーヌはこうした普遍性へのアクセスを保証している。フランスに適応したアメリカ人のスパイであり、高尚な寓話(『アルファヴィル』、『新ドイツ零年』)を横断する大衆のヒーローだが、ドキュメンタリーとフィクションを結びつけもする——というのも、『私は黒人』の主人公のうちの一人は「エディ・コンスタンティーヌ」という渾名を自分につけていたのだから。過ぎゆく彼のうちで、西側を見つけられない彼のうちで、実際、「消滅へのしかりがおのれを語らしめている」。「かくして、ばらは、リルケにとって、詩的行為の象徴となると同時に、死の象徴となる。その時、ばらはなにびとの眠りでもない眠りなのだ」〔邦訳219頁〕。

「白バラ」とは(政治的行為としては)滅んだものであり、最もはかないものであり(若さ、花)、したがって保持し、転換し、救う能力を持つことになっただろうものである。

• そして最後に、行為遂行的な層。この〔白バラの〕ショットは、ある一つの身振りとして現れる。墓の上に花を置くように、イメージを倫理的行動に変える美学的行為として。その意味で、これは現実態のイメージであり、行為遂行的なショットであり、表象の潜勢力の絶頂へと至らされた象徴的なものによる、表象の完成と超越である。

白バラのショットは、『映画史』と『映画史特別編 選ばれた瞬間』(2004)の末尾で、ジャン゠リュック・ゴダールのポートレートと「私がその男だった」の文句によって署名がなされる箇所の直前に、黄色いバラの似たようなショットが現れるとき、リゾーム的な複雑さの中に回帰する。夢の中で楽園を散歩した際に摘み、奇跡的に残っているバラ。それはもちろんノヴァーリスの青い花を参照したもので、イメージをめぐるゴダールの考察の記念碑的な総体を完成させるものだが、そのバラは『新ドイツ零年』で入念に練り上げられたものだったのである。かくしてこのバラはきわめて単純なショットであると同時に、完全なイメージとして到来している。完全というのは、それが現実的なものと象徴的なものとの創設的な弁証法から現れた先端であるという意味で。また、完全に開かれたイメージという意味で。最後のモンタージュとして、複雑さを清澄なワンショットに集約するに至っている。[*29]『映画史』と『映画史特別編 選ばれた瞬間』で再び取り上げられた「わが友ピエロ」という文章では、「カットをどこでなぜ始め、そのカットをどこでなぜ終わらせるのか」[*30]と問いかけられていた。『映画史』と『映画史特別編 選ばれた瞬間』の答えはこうだ。なぜならショットはつねにすでに始まっているから。なぜならショットは終わることがないから。モンタージュは無限の反響で成り立っており、こうした反響を通して、それぞれのイメージであるところのリゾームが、それぞれのショットであるところのゾーンを横断する。薄暗く肥沃に循環していくようにして。

模倣の縁とそこから溢れ出るもの

> イメージの第三の様態は、神によって模倣として生み出された様態、つまり人間である。というのも、模倣によらなければ、いかにして被造物が創造されざるものと同じ本性を有するだろうか。思考（父）と言葉（子）と精霊とが一つの神であるように、思

＊29　アレゴリー的なバラのショットは、以前も単純なイメージに到達するためのモチーフとして使われている。ゴダールは『プラウダ』（1969）についてこう書いていた──「単純なイメージを引き出すこと（それは単純なことではない。それこそが政治的になすべきことである）、たとえばここではバラのショット＝チェコおよびスロヴァキアの労働者階級（……）。単純なイメージを引き出すこと、それは世界の完璧すぎるイメージを作るのを拒むこと。同じイメージ（もしくは音）を闘争のイメージに、闘争状態にあるイメージにすること（……）」。In *L'Avant-Scène Cinéma* n° 171/172, Spécial Godard : les films « invisibles » (dossier réuni par Abraham Segal), juillet/septembre 1976, p. 64. バラ〔フランス語では「ローズ」〕はローザ・ルクセンブルクとも関わる。彼女のことも『新ドイツ零年』に登場する。

＊30　« Pierrot mon ami » (1965), in *Jean-Luc Godard par Jean-Luc Godard, op. cit.*, p. 262.〔「わが友ピエロ」、『ゴダール全評論・全発言 I』、前掲書、598頁〕

> 考と言葉と精霊も一人の人間である。自由と決定についても同様である。というのも、神は次のように言っているからである。「我々にかたどり、我々に似せて〔我々のイメージに〕、人を造ろう」。そしてすぐさま次のように付け加えている。「そして海の魚、空の鳥、地の獣を支配させよう」〔『創世記』1:26〕[*31]。

現代のイメージは、〈主体〉が決してアプリオリには与えられない仮説、さらには抵当としてあるため、それがおのれに対して重要となるのは、もっぱら、人間的なものを問いただし、破壊し、放棄するものを引き受けるときに限られる。しかもそれは、ミメーシスのうちで最も極小のものにおいてもそうなのだ（『映画というささやかな商売の栄華と衰退』）。ところで、形象の練り上げが破壊と提案のどちらに至るとしても、それは断言法、条件法、希求法といったさまざまな体制に従って行われうることである。倫理的な提案と同じくらい、それを到来せしめる叙法も重要なのである。

『ヌーヴェルヴァーグ』の冒頭では、ラディカルな脱中心化の原則によって動かされているかにみえる、形象の枠組みが作り出されている。しかも、脱中心化を施されるのは単に身体だけでなく、よりいっそう根底的に、人間のパラダイムなのである。そのことは、途方もないエネルギーに満ちた覆い尽くしを経由するのだが、まず最初に、『ノスタルジア』（アンドレイ・タルコフスキー、1983年）のシークエンス＝ショットによる幕開けが、『ヌーヴェルヴァーグ』の最初のシークエンスによって覆い尽くされる。後者は前者のモチーフ群――風景、速く走る車の登場、木、男、そして女（両作ともドミニツィアーナ・ジョルダーノ）――を燃え盛るような様態で再び取り上げ、再分配しているのだ。しかしとりわけ重要なのは、物語（エレナ・トルラート＝ファヴリーニとロジェ・レノックス／アラン・ドロンとの出会い）を描写によって、この出会いが生じる場である木の描写によって覆い尽くしていることである。象徴の錨を下ろすことで（この知

＊31　Damascène, III, 20.

恵の木が『ヌーヴェルヴァーグ』の神学的パラダイムの幕開けとなる)、そのような覆い尽くしは許容できるものとなっているが、描写それ自体は逆説を孕んでいることが分かる。ここでは描写が木のモチーフを増大させるが、同時に木のかたちの全体を決して見せないのである。不明確な断片としての細部に見られる〔木の幹の〕瘤は、最初に登場するときにはかくも強烈なので(黒くてほとんど特定できない塊としての木の幹の周囲でショットが動き、絶えず旋回することになる)、ひょっとしたらこの木を、大雑把でしかないにせよ、カントが構築したような崇高の概念の視覚的な出現と考えることもできるかもしれない。つまり、それは形式を欠いたものであると同時に、すべてがその周囲をめくるめくように巡る表象の暗い底であり、自己自身の認識を可能にする抵抗の試練である[*32]。しかし、ここに第三の覆い尽くしが先に挙げた2つと重なり合ってくる。思惟が知覚によって覆い尽くされるのである。『ヌーヴェルヴァーグ』という映画は、その外れで、体系的に、諸事物の知覚可能性の閾と視覚の不足と剰余に働きかけている。ここではほとんど知覚できない出来事が続き(筋の展開としては、ロジェ・レノックスが現れて事故に遭う)、木が視覚的に誇示され、諸々の出来事が過剰に扱われる。

それに含まれるのは、つなぎ間違いによって合わさる2つの手であり、一方は男性、もう一方は女性の手であるとはいえ、それでもやはり、すぐれて現象学的な模範、すなわち身体が存在することの触覚による証明を思い起こさせる(このイメージは映画の中でその後、何度も繰り返され、ついには出来事が起こるか起こらないかすれすれのところで、出来事の**戸口**でカットされるに至る〔映画のラスト付近で、アラン・ドロン演じる男が靴紐を結んでくれているエレナへと手を伸ばすが、2人の手が重な

*32　一点目に関し、カントのテクストを想起しておこう──「崇高なものは、これに対して、形式を欠いた対象についても見いだされうるのであって、それは、当の対象において、あるいはその対象を機縁として、**境界づけられていないありかた**が表象され、しかもそのありかたの全体性が〔問題の対象に〕付けくわえて思考されるかぎりにおいてのことである」(*Critique de la Faculté de juger*, 1790, § 23, trad. Alexis Philonenko, Paris, Vrin, 1979, p. 84)〔カント『判断力批判』熊野純彦訳、作品社、2015年、179–180頁〕

る直前でショットが終わる箇所がある〕。ショットの持続に関する複雑な作業を完成させるようなカットの仕方である[*33])。また、エレナ・トルラート＝ファヴリーニがサングラス――それは太陽と死の両方を正面から見ることを可能にする――を外しては掛ける身振りの繰り返しも同様に過剰に扱われている。かくして、視覚的な感覚作用は、さまざまな試練のうちに召喚される。欠如、逃走、はかなさとして、充溢（形を欠いたものと全体性との崇高なつながり）として、そして余剰（反射するサングラス）として。

とすれば、ここでは非人間的な形象化を練り上げることが問題になっていると言いうるかもしれない。その形象化は、同時に以下の2つの手法を取り入れている。一つは古典的な脱フレーム化〔décadrage〕の手法であり、それこそがロジェ・レノックスが最初に登場するショットで問題となっている。彼はそこに、視野の中〔画面の右端〕にいて、隠されたり遮られたりしていないにもかかわらず、断固として知覚できないものとなっている――彼は皮肉なことに里程標と一体となっているが、視野の中にあるその人間的な標識はもはや目印の役割を果たしていない。そしてもう一つは、〈風景〉をその絵画のジャンルから引き剝がし、〈自然〉の状態へと復元するという処置を行うきわめて新しい手法である。〈自然〉の状態というのは、すなわち宇宙への溢れ出しのことであり、それが表象をして、有機的な流れと、定義上私たちと関係のない壮麗さと張り合うように仕向けるのである。イメージが今後、非人間的な感覚と直面しなければならないということ――そのことは風景に関する形象の問いを包含しつつ、それを大幅に超え出るものだが――、そのような問題が解決を見出すのは、モンタージュにおいてのみ、つまり、全体とその部分――いや、もはや部分ならぬ、一部だけのもの――、全体性の境界確定と断片の不定性の間に最大限の不調和を作り出すこと

＊33 『ヌーヴェルヴァーグ』における持続の現象については以下を参照。Cf. Jean-Luc Godard, « Vague Nouvelle : Genèse », in *Cahiers du cinéma* n° 431/432, mai 1990, p. 43.〔「創生」、『ゴダール全評論・全発言III』奥村昭夫訳、筑摩書房、2004年、297頁〕

においてのみである。[*34] ゴダールは『ヌーヴェルヴァーグ』において、木のモチーフから始めることで部分と総体と全体の間に矛盾した関係を導入している。その矛盾した関係はつなぎにはよらない描写の手続きに由来するものであり、たとえば「新＝提喩（ネオ・シネクドキ）」という形を取る。つまり断片が、事物の想定される全体とは対応しないような、他なる総体を指し示すのである。別の言い方をすると、『ヌーヴェルヴァーグ』はかつてない有機体論のエコノミーを打ち立て、ミメーシスとそれに賭けられているものをずらすような、人間的パラダイムの脱中心化を引き起こしているのである。

聖像破壊論（イコノクラスム）における論争とは、イメージが〈位格（ペルソナ）〉の教義と取り結ぶ関係を根本的に扱うものだった、ということになるだろう。聖像崇敬論（イコノドゥリー）はイメージとオリジナルのつながりを連続した様態のもとで思考し、原型（プロトタイプ）がイメージの中に、実体としてではないにしても本性において移行するがゆえに、イコンに注がれる崇拝は原型と関わりを持つのに対して、聖像破壊論――ただし、そのさまざまな定式化は必ずしも互いに両立しない――は、イメージと原型（アーキタイプ）の間に、キリストの〈位格〉の2つの本性（境界画定できる人間と境界画定できない神）の間に、イコンと祈祷者の間に切断を設ける。[*35] ヨアンネスはこうした断絶の思考に対する返答として、ディオニュシオス・アレオパギテスとプラトン主義に着想を得た啓示の階梯を作り上げる。

＊34　リルケは切り取りや切り抜く行為がいかに思考しているかについて、芸術上の総体と事物の全体とを区別し、すでに次のように書いていた――そこでは、木が表象の問題提起的なモチーフとして果たす役割が見出されている。「そんなに昔のことではないが、（……）印象主義の画家たちの、画面の縁で切り落とされた樹木に対して反対の声がおきたが、人々はこうした印象に素早く慣れてしまったのであった。芸術上の総体は必ずしも通常の事物の全体と符合しなくてもよいことを、また事物とは無関係に、絵の内部には新しい統一が、新しい総体が、新しい情況が、新しい均衡が生まれるものであることを、すくなくとも画家に対して、洞察し信ずることが学ばれたのであった」« Auguste Rodin », 1903, traduit par Paul de Man, in *Prose — œuvres 1*, Paris, Éditions du Seuil, 1966, p. 406〔ライナー・マリーア・リルケ『オーギュスト・ロダン　論説・講演・書簡』塚越敏訳、未知谷、2004年、29–30頁、訳文一部改変〕（この形象的操作の中で、リルケがわずかに指し示している信仰の行為を強調しておきたい。）

＊35　例えば以下を参照。Edward James Martin, *A History of the Iconoclastic Controversy*, Londres, New York et Toronto, The McMillan, 1930. とりわけ第7章と第10章を参照。

それは神の恩寵の絶え間ない循環を打ち立てるもので、そこではイメージという概念がさまざまな状況や同義語を含めて捉えられ、特権的な道具となっている。〔総主教〕ニケフォロス1世——彼もまた聖像崇敬の偉大な神学者だ——は、こう定式化するだろう。「境界画定やイメージがなくなって消滅するのは、キリストではなく、世界全体である」[*36]。ゴダールにおいては、イメージはやはり世界のエコノミーの中心にあるものの、ビザンティウムの論者たちとは違って、イメージが絶えずそのさまざまな様態と特性へと開かれていく、と言いうるだろう。というのも、イメージはまだ、その存在自体が保証されていないような何らかのモデルとは関係がないからである。もし原型(プロトタイプ)があるとしても、それは試験や素案のような現代的・産業的な意味においてであり、それはロジェ／リシャール・レノックスという人物像があれほど明確な形でさまざまに示しているとおりである。この人物像は、何度も繰り返し、あらゆる個体化を、あらゆる割り当てを、同と他の、存在と非＝存在のあらゆる弁証法を逃れていくうちに堅固さを帯びていくのだ（「交換は交換された」と、『ヌーヴェルヴァーグ』の最後でレノックスは言う）。そのとき、〈位格〉が無限定であることによって、人間的なものの溢れ出し、すなわち一方では〈自然〉とその不可解な崇高さ、次いで非人間的なものの文体論が、自由に作動するようになる。『ヌーヴェルヴァーグ』では、後者のような文体論は、人間の形態を取り囲みつつ、それを照らし出すことのない、さまざまな肖像、操り人形、小像、活人画のおかげで姿を現している——逆に『軽蔑』（1963）では、身体とそのイメージの間に確立されたつながりが体系をなすということが起こっていた。『ヌーヴェルヴァーグ』では、小像が悲劇的にも人間と同等であり（湖と性愛のポーズを交互に示すトラヴェリング撮影における活人画を思い起こしてほしい）、〔後に飛行場のシーンに出てくる〕ゴヤの肖像画の

＊36　Nicéphore, *Antirrhétiques*, I, 244 D, in M.-J. Baudinet-Mondzain, Nicée II, *op. cit.*, p. 138 et in Nicéphore, *Discours contre les iconoclastes, op. cit.*, p. 86.ここではマリ＝ジョゼ・ボーディネ＝モンザンは、次のように訳している。「境界画定の可能性とイコンがなくなって消滅するのは、キリストではなく世界全体である」。

方が、レノックスという人物――不十分な充実性しか持たない形象[*37]――よりもずっと多くの存在の神秘と留保を備えているのである。[*38]

『こんにちは、マリア』(1985) は、こうした人間的なものからの溢れ出しを別様に、優しく控えめな調子で扱っていた。犬たちの奇妙な到来が断続的に生じるときに、福音のメタファーはその限界に行き当たっていたのである。この予定外の犬はSF小説の表紙に見られたり (クリフォード・D・シマックの『都市』〔仏題は「明日は犬たちが」〕)、ゴダールが聖書の一場面を再解釈してみせるなかに場違いなクロースアップで映されたり、あるいはジョゼフが連れていたりするが、この最後の点はジョゼフを形容するための適切な基準を提供していた。「あいつはダメだ。犬を連れ歩くこともできない」(キューピッドはガブリエルにそう言う)。『こんにちは、マリア』は生命の起源についての仮説をさまざまに提示する。神、光、地球外生物……。また別の仮説によれば、生命はまだ始まっていない。明日は犬たちが、と言われるように。

モデルの危機としてのイメージ

> イメージの第四の様態は、不可視にして無形のものを有形のものとして表す形象、形態、記号 (tupous) を復元するような聖書〔の言葉〕を指す。そのようなことをするのは、神と天使たちを概念的に捉えることの困難を和らげるためである。それが困難なのは、私たちは対応する形象がなければ、無形のものを観想することができないからである。神に関する事柄の専門家ディオニュシオス・アレオパギテスは次のように語っている。形なきものの形態と形象化できないものの形象が設けられたのは理由のないことではない。その唯一の原因は、私たちの本性に基づく類似である

*37　ナタリー・ブルジョワによるデクパージュでは、ショット58からショット63までにあたる。*L'Avant-Scène Cinéma* nº 396/397, novembre/décembre 1990, pp. 36–45.

*38　「レノックス――しかし、他人から二重の人生のように見られる充実して完全な人生を送るだけの勇気がなく、半分の人生しか送らない人はどれほどいるのだろうか」。ショット189。*Id*, p. 93.

とは言えない。私たちは媒介なくしては自らの観想を可知的なものに向けられないし、通常の自然な経路を介して自らを高めていく必要があるからである。したがって、もし神の言葉が私たちの前もっての定めと類似の関係にあり、至るところに超越的なものを見させ、単純で形なき身体に記号を割り当てるなら、通常の本性に沿った形象によって形を与えられた事物を表象しないなどということがどうしてあるだろうか。また、それらの事物が不在でありながら、それらを見ることを望むときにも、どうして表象してはならないことがあろうか。[*39]

このような命題は、イメージの本質的な不適切さと虚偽性を理由に、境界画定できないものは形象化せずにおくべきであるとする聖像破壊論者の議論に対して、予防線を張ろうとするものだ。「把握することも、言い表すことも、理解することも、語ることもできないもの、モーセが正面から見ることができなかった者」[*40]を、いかに表象すべきか。ゴダールにあって問題なのは、もはや、イメージが作り物であることの批判でも、イメージの造形面での純然たる忠実さへの回帰でもなく、〔モデルとイメージをめぐる〕逆向きのプロセス、すなわち、類似がいかにして既知のものの中にある未知のものを明るみに出すのか、ということである。といっても、何らかの復元をするということでも、可視的なものの不可視の四肢（メルロ＝ポンティ）を陶酔しながら発見するということでもなく、最も忠実な痕跡である写真的類似がモデルの危機になるように努めながら、いかにしてそうするのかが問われているのである。実際いくつかの場面では、モデル――しかも、この上なく馴染み深いモデル――を謎の領域へと送り返すような、不完全な類似の原則がきわめて凝縮されたかたちで表現されている。

＊39　Damascène, III, 21.

＊40　Épiphane, cité par Pierre Maraval, « Épiphane, Docteur des Iconoclastes », in *Nicée II, op. cit.*, p. 60.

たとえば『ヌーヴェルヴァーグ』における《裸のマハ》の扱い——それについては先ほどさり気なく言及した——がそうである。ゴヤの絵画が文字通り闇取引されるところを途中に含むシークエンス（それが売られたのか、交換されたのか、保護されたのか、それともただその存在を確かめただけなのかは分からない）は飛行場で展開しており、飛行場という場所が空間性（開かれると同時に閉じられており、際限がないと同時に過剰にフレームに囚われており、暗いと同時に明るい空間）と（政治的・金融的・神学的な）〈エコノミー〉双方の繊細な全体性を可能にしている。こうした過剰な装置の中心に、ゴヤの裸婦という肖像画のイメージがある。そしてこの中心が焦点を形成するのは、その周囲との断絶を打ち立てる限りにおいてである。肖像画が画集のように正面から映されるのに対し、その周りにいる男たちは側面から撮られ、切り取られ、避けられていて、薄暗いシルエットをなしており、両者は激しく対照をなしている。ところで、この視覚性の焦点は注釈の声に覆われ、徐々に遠ざかり、理解できないものになっていく。

社長（オフで）　実に不思議だね、デラ。《裸のマハ》がベイルートの地下蔵で見つかるなんて……。

レノックス　イスラームは私たちの文明のような疑いの文明ではありません。確実さの文明なのです！

社長　ああ、アラベスク、快楽のない裸体……。彼女はまるで贈り物のようだ。両胸がこんなに離れていたのを忘れていた……。そう、要するに、これ見よがしなところがある。

レノックス　むしろ胸の内に秘めています。もう語るのはやめましょう！

社長　でも、彼女は誰かを見ているじゃないか。そう、実に贈り物（オフェルト）めいている！

レノックス　供給（オッフル）と需要！[*41]

＊41　ショット225。*L'Avant-Scène Cinéma, op. cit.*, p. 109.

（軍事的・経済的・政治的な）世俗の恐怖の中心に女性の身体が置かれたこの装置には、『カメラ・アイ』（『ベトナムから遠く離れて』、1967年）で検討されつつも、その後、拒否された演出が痕跡をとどめているだろう。ゴダールはそこで自分がどのようにして「この上なく暖かく、生き生きとした」女性の裸体を選び、汎用爆弾がそれに与える効果を「ロブ＝グリエ風もしくはフローベール風（ロブ＝グリエはそれほど好きではないので、どちらかと言えばフローベール風）の描写」でもって示そうと考えたかを語っている。『ヌーヴェルヴァーグ』の《裸のマハ》には、作者によれば撮るべきではなかった『カメラ・アイ』の刻印が姿を現しているだろう。『ヌーヴェルヴァーグ』において、謎は身体という捧げ物、つまり身体がいまなお正面から視覚に供されることが可能である、ということだ。そこからは、解釈が難しく、再現できない、絶望的な痕跡と証言しかもう残っていない（それは部分的に『パッション』の意図だった。《裸のマハ》の再現はすでに同作で演出されていた）。こうして、表象はそのモデルを判読不可能なものにするのだが、その形象の力によって表象を呼び出し、照らし出していたのはまさにこのモデルであった。残るのは、復元するのではなく食い尽くしてしまうような、あの悲壮なる贈与の力である。

予兆

> イメージの第五の様態は、前もって示すこと、もしくは来たるべき事物の素描を示すことである。[*42]

その通り、そして到来するものについては何も分からないだろう。素描が完成に至るものではない、ということも。私たちの考えでは、ゴダールの美学は素描という形式に沿って秩序立てられる。しかし

＊42 Damascène, III, 22.

この点は別の機会に検討することにしよう〔本書「素描の力学（ディナミック）」を参照〕。

その通り、「海がない。だったら作ってしまえばいいのではないか。君は波を作り出す。私は波を起こしてみる。君も波を一つ作ってみてくれ。これはささやきにすぎない……。これは波（ヴァーグ）だ。君の考えはまだ漠然（ヴァーグ）としたものでしかないが、それはすでに運動なんだ。そう、それは運動だ[*43]」。

イメージのどのような記憶か？

> イメージの第六の様態は、完了した出来事や奇跡や徳の高い行為を記憶しようとする様態である。つまり、美徳によって輝いた人々、もしくは悪人の悪意や下劣さに打ち勝ち、後世の人々を保護すべく視線に身をさらした人々の偉業を称賛し、尊び、銘記するためのものである。そうして私たちが悪を逃れ、美徳を追い求めるようにさせるのである。ところでこの様態は、それ自体が二重である。一方に、本の中に書かれた言葉がある。なぜなら言葉は文字によって表されているからである。かくして神は書板上に法を刻み、神の友たちの人生が書かれ、保存されるように命じたのである。そしてもう一方に、感覚に基づく観想がある[*44]。

『右側に気をつけろ（地上にひとつの場所を）』（1987）の最後のシークエンスは予兆の大いなる装置の様相を呈している。新参のプロデューサー夫妻（ミシェル・ガラブリュとドミニク・ラヴァナン）はレッカー車に引かれて上映場所にやって来て（もちろん、スポーツカーの映画作家においては大きな欠陥だ）、〈白痴〉（ジャン＝リュック・ゴダール）から10ドルで買い戻したばかりの映画を待ちながら腰を下ろしている。私たちも同じようにこの映画を待っている。『右側に気をつけろ』の冒頭で予告され、どうやら飛行中に奇跡的に撮られたら

＊43　*Scénario du film Passion* in *L'Avant-Scène Cinéma*, n° 323/324, *op. cit.*, p. 81.

＊44　Damascène, III, 23.

しいのだが（「虚空の中では最もささやかな創造さえ奇跡となる」〔劇中、飛行機の場面に聞かれるナレーションの言葉〕）、そのクレジット「ザナドゥ・フィルム ── 地上にひとつの場所を」が奇妙にも、上映が始まりもしないうちに登場する。フィルムが飛んだりずれたりすることがあるように、私たちは二重のずれに立ち会っている。まず第一に、上映室が本来あるべき場所からずらされているということである。上映室とは世界のことであり、とすれば『右側に気をつけろ』でおそらく最も創意に満ちたショット ── もっとも、この映画は造形面で実に見事なところばかりなのだが ── は、プロデューサー夫妻が視線を向け、挨拶を送るショットに続く、「現実」への最後の切り返しショットであろう。そのショットは、当然予期される出来上がった映画を見せる代わりに、上方への短く鋭いパンで ── その始まりの部分しか出てこないのだが ──、かなり判別しがたい風景の一端（街、川岸、道路、さまざまな間隔と境界が一緒くたになっている）と空の一端を示している。この素早く、期待外れで、失望をもたらすショットは穴であり、欠落である。これは足りていない、あるいはモーリス・ブランショが語ったような貧しく無能で押し黙ったイメージ[*45]、形象に関わる表象の死骸的な次元が私たちの方に向かい始めるきっかけとなるイメージである。そして第二に、元の映画〔『右側に気をつけろ』〕は次の二点において、脱時間化されている。一点目に、上映行為の描写には、捉えがたいとはいえ完全なる無秩序が行き渡っているからである（待ち望んでいた映画はすでに始まっているのに、上映技師 ── フランソワ・ペリエ ── がフィルム缶を持って映写室への階段を上っていくし、映画が画面外で展開しているのを彼は見ているのに、フィルムはまだ映写機に掛けられていない……。「無秩序に託されたイメージの古い情熱」[*46]とレーモン・ベルールは書いていた）。二点目に、観客とこの待ち望まれている映画との間のクロスカッティングを引き剝がすような気まぐれや断裂による脱時間化がある。映画はすでにそ

＊45　« Le Musée, l'Art et le Temps », in *L'Amitié*, Paris, Gallimard, 1971, p. 51.

＊46　Raymond Bellour, *Oubli*, Paris, Éditions de la Différence, 1992, p. 7.

こにあるのだが、映画が到着するかどうかではなく、映画が到着しないだろうということはまだ知られていないのである。それゆえ、待つことの中にこの映画が飲み込まれ、次に待つことそのものがこの映画をきちんと特定できないことの中に飲み込まれるという事態が生じる。この映画はあらゆるショットに素描されては、その切り返しショットのそれぞれでは不在にさせられ、〔クレジットという〕書かれた言葉の疑いようのない存在によって予告されては、繋ぎの総体によって消散させられているのである。

したがって、このシークエンスは二重の分解（デモンタージュ）を組織している。現前化されるが不可視の、入れ子状に嵌め込まれた映画〔『地上にひとつの場所を』〕の分解と、自分とは別の映画を待っている、元の映画〔『右側に気をつけろ』〕の分解である。ところで、入れ子状に嵌め込まれた映画をきちんと特定できないことは、それを受け入れる側の映画、すなわち先見の明を失い、視線を必要としないものの方に狂おしく向けられるようになった映画に深く影響を及ぼしている。受け入れ側の映画は不可視のものとあまりに強く関係を結ぶことによって、取り憑かれ、前もって＝形象化し〔予兆し〕、盲目となり、解消させられるようになる。つまり、入れ子状に破損させられている〔abymé = abîmé（破損した）とabyme（入れ子状の）を合わせた造語〕のだ。一方、入れ子の映画は潜在的で、前もって形象化され、待ち受ける世界と分身の関係を結ぶことによって散乱している。それはドン・シーゲルのボディ・スナッチャーたちがしまいには受け入れ側を吸血し、それと一体化してしまうのと似ている。つまり、入れ子の映画はキマイラ（モンタージュによる怪物）と化し、イメージをおのれの分身の夢へと、幻影へと変容させる（しかし、提督にしてプロデューサーの人物は「昨夜何の夢を見たのかさえわからない」と言う）。ところで、このように全面的に潜在化されたショット群は、自らの存在様態の説明をテクストの中に見出している。『右側に気をつけろ（地上にひとつの場所を）』の最後の文句が、それらのイメージによって確立された形象的システムの簡易な仕様書を提供しているのである。「まずはきわめてひそやかに、あたかも彼をおびえさせまいとでもいうかのように、ささやきが、〈人間〉が久しい前から、おお、存在するより遙か以前からの長きにわたりすでに感じ取っていたささやきが再び始まる」[*47]。私たちに語られていたのは「ほとんど」の存在論であり、「それ〔沈黙〕を見るほとんどその直前に、彼はすでにもうそれを見ていないのだった」の存在論、すなわち形象可能性の閾の存在論である。ある意味では、このような作業によって、『中国女』(1967)の登場人物の一人キリーロフの「現実はひょっとしたら、まだ誰の目にも現れていないのかもしれない」という命題が成し遂げられている。そして、このような前=形象化の作業は、とりわけ力強い現前の効果を生み出す。というのも、死への移行を象徴する(そう説明されていた)両開きの窓のショットでもって乱暴に断ち切られ、この映画は私たちを置き去りにするからである。まだ見てはいなかったけれども、約束されていたもの(『地上にひとつの場所を』)をもう見ることはないという事態に私たちは茫然とし、上映の〈いま・ここ〉で、現実という砂浜にすっかり打ち上げられてしまうのである。

この魅惑的な装置の中で、ここでは最も控えめで物質的な教訓だけを取り出しておくことにする。聖像崇敬論者は(図形的・形象的)イメージの中に記念碑的な記憶を見ていたが、私たちはゴダールに引き続いて、映画のイメージに特有の知覚的脆弱さから生まれる問題しかもう検討することができない、ということである。というのも、映画のイメージに備わる不可侵の根本的な性質は、それが存在しないということであるからだ。フィルムのコマにも、スクリーンにも、観念における全体化にも、そのプロセスの総体にも(どれか一

*47　ゴダールはここでヘルマン・ブロッホに着想を得ている。「まずはきわめてひそやかに、あたかも彼をおびえさせまいとでもいうかのように、彼がすでに一度耳にしたことのあるささやきが、耳の奥で、魂の深奥で、心の深奥で再び始まった(……)」。*La Mort de Virgile*, 1945, tr. Albert Kohn, Paris, Gallimard, 1980, p. 205.〔訳文は仏訳によるが、邦訳の該当箇所は以下。ブロッホ『ウェルギリウスの死』川村二郎訳、集英社、1977年、179頁〕しかし、〔「存在する以前から」を付け加えるという〕矛盾の荒々しさはゴダールによるものである。

つの環が欠けたところで、イメージはいっさい妨げられない)、映画のイメージを帰することはできない。それはどこにでもありながら、どこにもない。果てしなく繰り返される点滅の中に、物質的かつ知覚的な点滅の中に、出現と消滅の間に、残像と回復の間にある。『右側に気をつけろ』の反省性はこうした出発点をなす現象についていくらか描いているものの、それはなによりゴダールのエクリチュールを構造化する分析的作業を指し示している。この新しい作業はショットの来歴と造形と統辞法に関する基本的な問題群に形を与えるものであり、イメージの生々しさと執拗さと不安定さの諸形態を対象とするものである。イメージが脆弱であること、それこそがシナリオをなしている。

ショット内のイメージの選択性

四点目は、何を表象することができ、何を表象することができないか、それぞれの事物がいかにして表象されるかに関わっている。

身体をそれが所有する身体的な境界画定と色彩によって表象するのは正統である。(……) 単純に言えば、私たちは目にするすべての形象のイメージを再現することができる。そして私たちはそれらが見られたとおりに、それらを自分のために心の中で表象する。なぜなら、もし私たちが論説にしたがって形象の知識へと至るのであれば、私たちが見るものにしたがって同じ知識へと至ることを妨げるものは何もないからである(……)[＊48]。

したがって、神も、天使も、魂も、悪魔も、それらの本性においては観想されえず、一種の変容において観想されうることを私たちは知っている。神の摂理は、形や形象のないものが身体的な形

＊48　Damascène, III, 24.

> 象化可能性を持たないときに、それらに素描や形象を割り当てた。私たちがそれらの密度（pachumerê）と構成（meriken）の知識へと御手によって導かれるように、そしてまた、神の事物と無形のものの創造に関して、私たちが絶対的な無知のなかにとどまらないように。(……) したがって、神は私たちが無形なものの完全な無知の中に留まることを望まず、私たちの本性との類似にしたがって、それら〔天使や魂や悪魔〕に素描と形象とイメージを、私たちの精神の非物質的な視覚において見ることのできる身体的な形象を割り当てた。私たちはそれを形象化し、表象している。智天使（ケルビム）もある意味では形象化され、表象されてきたからである。そして聖書にも神の形象とイメージが含まれている。[*49]

ゴダールが講じる手続きのいくつかを見出すためには、ヨアンネスの諸命題を反転させるだけでここではおそらく十分だろう。すべてが表象可能であるわけではないからこそ、この上なく困難な場合も含めて、イメージを作ることが今なお重要なのだし（『こんにちは、マリア』はその苦悩を物語化していた）、『ヌーヴェルヴァーグ』では、私たちの本性──ヨアンネスが用いた言葉を再び取り上げるなら──はその掟をもはや類似に押し付けることがないし、ショット内では、あらゆるものがイメージとして構成されるわけではなく、まだ構成されていないこともあれば、もうすでに構成されなくなっていることもある。『パッション』が絵画の再構成を通して描いていたのは、間隙の中に、絵画の奥と縁に、「うまく配置されていない空間」〔『パッション』冒頭付近の台詞〕の中に、いかにして最も強力な係留点のいくつかを探せばよいかということだった──諸々の形象がそれを介してひとまとまりになり、一体化し、あるいは物語のうちで合わさるような係留点、しかも造形的細部への着目ではまったくなく、イメージの可能性のトポロジーを作り出すことでそうするような係留点のことである（1963年、パゾリーニは『ラ・リコッタ』でその

*49 Damascène, III, 25.

ジャン＝リュック・ゴダール、機知、形式的創意
（批評と象徴的権力の関係についての予備的な覚書）

この論考の発端は、かなり以前——およそ20年前——にフリードリヒ・シュレーゲルのある文句を読んだことにある〔本章の初出は2004年〕。それは、アルベール・ベガンが1949年に編纂した『カイエ・デュ・シュッド』誌のドイツ・ロマン主義特集号でロジェ・カイヨワが引用していた、「自然学（フュジーク）の内奥に分け入りたいならば、文学（ポエジー）の秘儀を伝授してもらうがよい」という文句である[*1]。そのような寸言は、ジャン＝リュック・ゴダールの寸言とも共鳴するものだった。彼はたとえば恋人の「アルベルティーヌ」に、「詩人たちがつねに科学の前衛に立ち、また科学者たちがつねに詩の前衛に立つのは、穏やかで慰めとなることだ」と説明したり、後には、X線写真を正しく考えれば映画は癌を癒やすことができるだろうと述べたり、あるいはさらに、CNRSに自分の会社——JLGフィルム——を参与させてほしいと申し入れたと語ったりしているのである[*2]。

うわべしか見ないと逆説的にも映るこうした思考は、どこに由来

＊1　Roger Caillois, « L'Alternative », in « Le Romantisme allemand », Albert Béguin (dir.), *Les Cahiers du Sud*, 1949, p. 112.〔シュレーゲル『着想集（イデーン）』の断章99。フィリップ・ラクー＝ラバルト／ジャン＝リュック・ナンシー『文学的絶対——ドイツ・ロマン主義の文学理論』柿並良佑・大久保歩・加藤健司訳、法政大学出版局、2023年、355頁。以下、シュレーゲルをはじめとするドイツ・ロマン主義の著者からの引用に際して、同書に翻訳が収録されている文献については同書を参照し、その該当ページを掲げる〕

＊2　「ぼくはかつてCNRSに、ぼくの会社を参与させてほしい、そして一年契約で給料を支払ってほしいと申し入れたことがあるんだが、連中は返事をよこしさえしなかった。(……) ぼくはいませっせと、ぼくらが来年文化省に渡すことになっている企画のためのメモをとっている。そしてこの企画は、ぼくが《ひな型（モデル）としての映画》と呼んでいるものについてのもの、専門家（エクスパート）システムとみなされた映画についてのものだ」。« Dans Marie il y a aimer » (1985), in *Jean-Luc Godard par Jean-Luc Godard*, édition établie par Alain Bergala, Paris, éd. de l'Étoile, 1985, p. 601.〔「マリアMARIEのなかには愛AIMERがある」、『ゴダール全評論・全発言II』奥村昭夫訳、筑摩書房、1998年、620–621頁〕「アルベルティーヌ」との対話は、以下に見出せる。« Trois mille heures de cinéma » (1966), *id*, p. 292.〔「映画の三千時間」、『ゴダール全評論・全発言I』奥村昭夫訳、筑摩書房、1998年、705頁〕

するのか？　一見したところ途方もない特権が詩学に付与されているのはなぜなのか？

これらの問いに答える前に、ドイツ・ロマン主義が作品内に――たとえば1967年の『中国女』のある瞬間のうちに――明白な痕跡をとどめていることを確認しておこう。同作でジャン゠ピエール・レオがギヨーム・メステル〔ヴィルヘルム・マイスターのフランス語読み〕と名付けられていることを思い出そう[*3]。彼はマルクス・レーニン主義を学ぶ俳優を演じ、しまいには「真の社会主義演劇」の可能性と、理論的反省から武力闘争の実践への移行（それが映画の中で生じる重大な事件であり、アデン・アラビア細胞はテロを実行するグループへと変容する）について同時に自問するに至る。

そのような次第で、私たちはギヨーム・メステル――ゲーテの『ヴィルヘルム・マイスター』（1795–96年）をレーニン主義的に解釈した人物――がノヴァーリスの肖像画に向かって弓を構えるのを見る。29歳で歿したこのドイツの詩人が未完のまま遺した『ハインリヒ・フォン・オフターディンゲン』（1801年）と題された小説〔邦題は『青い花』〕は、発端をなすゲーテの小説『ヴィルヘルム・マイスターの修行時代』に対するロマン主義からの5年後の応答だった。ノヴァーリスはゲーテのこの小説を隅々まで知り尽くしており、生涯をかけて唯一の小説を書くことでそれに応答したがっていた。小説のタイトルは『ある国民の修行時代』となる予定だったが、そのことは、ゴダールがモザンビークで『ある国民の（映像の）創生』を撮ろうとしたことを思い起こさせないでもないし[*4]、『新ドイツ零年』（1991）で、個人の孤独についてのテレビ番組を作るという注文を、ある国民の

＊3　ヴィルヘルム・マイスターという登場人物は早くも1958年に、『にがい勝利』を扱った記事で参照されている。本作のクルト・ユルゲンスは、「1958年のヴィルヘルム・マイスターのような男なのだろうか？　いや、これは大して重要なことではない。それに、『にがい勝利』は映画のなかで最もゲーテ的な映画だと言ってみたところで、大したことを言ったことにはならない」。« Au-delà des étoiles », in *Jean-Luc Godard par Jean-Luc Godard*, *op. cit.*, p. 120.〔「星のかなたに」、『ゴダール全評論・全発言 I』、前掲書、233頁〕

＊4　Cf. Jean-Luc Godard, « Nord contre Sud ou naissance de l'image d'une nation », in *Cahiers du cinéma* nº 300, mai 1979, pp. 69–129.

孤独と歴史の孤独をめぐる省察に変えてしまったこととも非常に似通っている。ギヨームの身振りは称賛(オマージュ)であると同時に批判でもある。ノヴァーリスが「〔民衆の〕敵たち」を貼り付けた掲示板に登場するのは、おそらく彼がマルクス・レーニン主義者ではないから、デカルト、カントをはじめ、ブルジョワ的思考を残らず除去しなければならないからである。とはいえ、ノヴァーリスの肖像画が最後にフレームいっぱいのショットで物悲しく存在していることは、一つの強調であって、ゲーテへの参照をそのロマン主義的読解へと引き寄せている。私はギヨームが『夜の讃歌』の著者に矢を射ることがないのはもっともであることを示したい〔当該のシーンで、吸盤の矢はデカルトの肖像に当たる〕。なぜなら、フリードリヒとアウグスト・シュレーゲル、ノヴァーリス、そしてイエナ派がなかったら、マルクスの思想はあれほどただちに説得力のあるものにならなかっただろうから。というのも、これらすべての人物像、つまり初期ドイツ・ロマン主義者たち、マルクス、ギヨーム、そしてそれら全員を束にするゴダールを矢のように貫通するものは何なのか？　それはラディカルで、必要不可欠で、創意に満ちた、〈批評〉〔Critique〕のある根本的な構想にほかならない。

内在的批評の発明

「内在的批評」の観念は、1798年から1800年にかけて、イエナ派によって練り上げられた。イエナ派とは、フランス革命に熱狂し、フリードリヒ・シュレーゲルが創刊した『アテネーウム』という雑誌を中心に集まった若者たちの集団を指す[*5]。「内在的批評」の原則は、まず、注解の活動を芸術の列にまで高め、したがってその文学的諸形態を絶え間なく刷新することにある。

＊5　関連するさまざまな詩人たちの政治的立場については、以下を参照。Ricarda Huch, « Politique romantique », in *Les Romantiques allemands* (1899), t. 2, tr. Jean Brejoux, Aix-en-Provence, Pandora/Essais, 1979, pp. 247–277.

> 詩(ポエジー)を批評できるのは、詩(ポエジー)のみである。素材において、その生成における必然的な印象の描出として、あるいは、美しい形式によってそして古代ローマの風刺精神と同じ自由(リベラル)な調子によって、それ自体が芸術作品でないような芸術判断は、芸術の王国においてなんら市民権を持っていない。[*6]

ここには、映画批評家としてのゴダールの活動を司り、ロベルト・ロッセリーニとの「創作された対談」[*7]で頂点に達する諸々の要請のうちの3つが認められる。〔その活動においては〕あらゆる伝統的なカテゴリーが再検討に付されている——筆頭に挙げられるのは散文と詩の区別であり[*8]、ゴダールはその鋳直しの作業をフィクションとドキュメンタリーという用語で再び取り上げることになるだろう。芸術と注解の融合は、「おのれ自身を批評する」——語の職業的な意味において——ことのできる作品の偉大さに敬意を表することへとおのずと行き着く。シュレーゲルはゲーテの『ヴィルヘルム・マイスター』に即して、その原則をこう言い表している。「幸いにもこれは、まさに、己れ自身について価値判断を下している書物のひとつである」[*9]。なるほど、ゲーテの小説——当初は『ヴィルヘルム・マイスターの演劇的任務』と題されていた——は、(感情に関わる) 筋(アクション)を

*6　Friedrich Schlegel, *Fragments critiques* nº 117, in *Fragments*, tr. Charles Le Blanc, Paris, José Corti, p. 122.〔シュレーゲル『批評断章』117、『文学的絶対』、前掲書、148頁〕

*7　« Un cinéaste c'est aussi un missionnaire. Jean-Luc Godard fait parler Roberto Rossellini » (1959), in *Jean-Luc Godard par Jean-Luc Godard*, *op. cit.*, pp. 187–190.〔「映画作家は宣教師でもある——ジャン=リュック・ゴダールがロベルト・ロッセリーニに語らせる」、『ゴダール全評論・全発言Ⅰ』、前掲書、414–420頁〕作品と注釈の融合は、ここでは、「ジャーナリスト」の発言を、幸福感に満ちた仕方で「演出家」の発言によって置き換えることによって示されている(「このインタビューはジャン=リュック・ゴダールによって創作されたものである」)。その置き換えは、映画の分析を伝統的な対談へと技術的に置き換えることによって可能となっている。

*8　この点については以下を参照のこと。Jean-Marie Schaeffer, *La Naissance de la littérature. La théorie esthétique du romantisme allemand*, Paris, Presses de l'École Normale Supérieure, 1983.

*9　以下に引用。Walter Benjamin, *Le Concept de critique esthétique dans le Romantisme allemand* (1919), tr. Philippe Lacoue-Labarthe et Anne-Marie Lang, Paris, Flammarion, 1986, p. 108.〔ヴァルター・ベンヤミン『ドイツ・ロマン主義における芸術批評の概念』浅井健二郎訳、ちくま学芸文庫、2001年、133頁〕

展開する章と、芸術や、その形態と機能をめぐる対話からなる章の交替モンタージュに近いかたちで進んでいく。この小説にはたとえば、ヴィルヘルムが自分の書いた草稿を1枚ずつ燃やしながら、詩人たちの芸術的妙技と叡智について論じるという、すぐれて現代的な情景が含まれているし、分散的かつ強迫的な仕方で、「あらゆる作家のうちで最も非凡で、最も驚くべき者」[*10]たるシェイクスピアの『ハムレット』と彼の戯曲全般の分析も登場する。『ヴィルヘルム・マイスター』という、良心についての、世界への政治参加（アンガージュマン）の修行についての小説は、（なかんずく）美学的な分析を演出したものとして読めるのだ。ゲーテのこの小説は、おのれ自身の芸術的な評価基準を含み、明示し、討議しており、試論（エッセー）のエネルギーを取り入れているので、実際、内在的批評の原則を絶えず主題化していると言ってよい。だが、その原則は、反省性の諸形態——たとえ拡張されたものであれ——に還元されることはない。ノヴァーリスはたとえばこう書いている。「批評（レツェンズィオーン）は書物の補足物である。批評を必要とはせず、ただ刊行予告だけを必要とするような書物も、少なからずある。それらの書物はすでに批評を含んでいるのだ」[*11]。ではどのような様相の下で、どのような手段によって？

というのも、文学のジャンルとしての批評〔critique〕には、カント的な〈批判〉〔Kritik〕の概念、この世代にとって思弁的活動の成就そのものだった概念が付け加わるからである。「私たちの時代はほんらい批判の時代であって、すべては批判のもとに置かれなければならない」[*12]という、カントの見事な脚註が思い出される。カントにおける〈批判〉が、歴史的に言って、宗教的テクストの合理的な吟味と

＊10　Johann Wolfgang von Goethe, *Les Années d'apprentissage de Wilhelm Meister* (1795), tr. André Meyer, Paris, Bordas, 1949, p. 149.〔ゲーテ『ヴィルヘルム・マイスターの修行時代（上）』山崎章甫訳、岩波文庫、2000年、300頁、訳文一部改変〕

＊11　以下に引用。Walter Benjamin, *Le Concept de critique esthétique*, *id.*〔ベンヤミン『ドイツ・ロマン主義における芸術批評の概念』、前掲書、134頁〕

＊12　Emmanuel Kant, *Critique de la raison pure*, préface de la première édition (1781), tr. A. Tremesaygues et B. Pacaud, Paris, PUF, 1975, note, p. 6.〔カント『純粋理性批判』熊野純彦訳、作品社、2011年、3頁〕

いう局面で、啓蒙主義者にとって大きな役割を果たしていた文献学的考証〔la critique philologique〕から生まれてくるのだとしても、この概念はカントとともにもちろん、あらゆる認識の手段と限界の分析、あらゆる経験の先験的な条件の理論という超越論的な意味合いを帯びる。カントの批判哲学とは、「形而上学の普遍的根拠がわれわれの認識能力の本質的条件において洞察される以前には、形而上学のすべての綜合命題に対して一般的に信じないという格率である[*13]」。

したがって、批判の活動とは、「自己の主張ないし異論の源泉、ならびにそうした主張や異論が基づく根拠を探究するような方法〔……〕、確実性へと達する希望を与えるような方法」のことである[*14]。

そういうわけで、美学という特定の領域に関して言えば、カントは二種類の批判を区別する。**経験的な批判**は、諸々の個別事例を考察し、それらに心理学の規則を適用する（つまり、それらを感覚の法則と結びつける）だけにとどめるのに対して、**超越論的な批判**は、諸々の作品ではなく判断それ自体から出発し、作品のうちに諸能力が機能しているのを見て取る。前者は技巧〔art〕でしかない状態にとどまり、後者は学〔science〕としての地位に至るわけである。

> 趣味の批判そのものは、私たちに客観が与えられる表象にかかわり、ひとえに主観的なものにすぎない。すなわち、この批判は技巧であるか学であるかのいずれかであるけれども、そのどちらであれ、（先行する感覚や概念との関係をもたずに）与えられた表象における悟性と構想力との相互的な連関を、したがってこの両者の調和もしくは不調和を規則のもとにもたらし、かくてその双方をそれぞれの条件にかんして規定するものなのである。批判が**技巧**であるのは、それがこの件をたんにさまざまな実例にそくして

＊13　Emmanuel Kant, *Sur une découverte* (1790), cité par Rudolf Eisler, *Kant Lexicon*, tr. Anne-Dominique Balmès et Pierre Osmo, Paris, Gallimard, 1994, p. 217.〔「純粋理性批判の無用論」、『カント全集』第12巻『批判期論集』門脇卓爾訳、理想社、1966年、128頁〕

＊14　Kant, *Logique* (1800), Introduction, X, *id.*〔『論理学』湯浅正彦・井上義彦訳、『カント全集17』、岩波書店、2001年、118頁〕

> 示すときである。たほう批判が学となるのは、そういった判定の可能性を、認識能力一般としてのこのふたつの能力の本性から導出する場合にほかならない。超越論的な批判である後者のみを、私たちはここではひたすら問題としている。(……) 批判が技巧である場合、それは、趣味がじっさいにそれにしたがってはたらく、ひたすら生理学的な（ここでは心理学的な)、かくてまた経験的な諸規則を（それらの規則の可能性にかんしては考察することなく）趣味の対象の判定に適用することをこころみて、さらに芸術の産物を批判する。これは、前者［学としての批判］が、そうした産物を判定する能力そのものを批判するのと同様なのである。[*15]

『アテネーウム』のメンバーたちは、カント的な権威と激しく格闘しながら[*16]、自分たちならではのやり方で、〈批判〉の概念を美学の領域に再び持ち込むことになる。フィヒテの『知識学』の影響下で[*17]、彼らは以下の3つの操作を実施することになるのだ。

• 第一に、まったく無理もない理論的横滑りによって、カントが美学の分野に合わせて調整していた「超越論的な批判」の概念にこだわらずに、おのれ自身の批評の概念を〈批判〉の一般概念と直接結

*15　Kant, *Critique de la faculté de juger* (1790), tr. Alexis Philonenko, Paris, Vrin, 1979, §34, p. 121.〔カント『判断力批判』熊野純彦訳、作品社、2015年、245頁〕

*16　カントについては、『リュツェーウム』断章80、『アテネーウム』断章21、41を参照すること。主な攻撃の矢は、「正統派のカント主義者たち」に向けられている。cf.『アテネーウム』断章47、61、104、107、298、322。カントとその追随者(エピゴーネン)の違いについて、つまりカントの称賛については、断章220と387、カントとフィヒテの関係については断章281を参照すること。最も優しく父殺しを行っているのは、断章387である。「批判哲学は、まるで天から降ってきたものであるかのようにいつも考えられている。カントがいなくても批判哲学はドイツに生まれたに違いなく、しかもさまざまな仕方でそれは可能だったのだろう。しかし、そのほうがよいのである」(*Fragments, op. cit.*, p. 197〔『文学的絶対』、前掲書、265頁〕)。

*17　カントからロマン主義者たちへの理論的な移行におけるフィヒテの役割については、以下の論考〔「ロマン主義美学におけるフィヒテの役割」〕を参照のこと。Camille Schuwer, « La part de Fichte dans l'esthétique romantique », in *Les Cahiers du Sud*, Albert Béguin (dir.) , 1949, pp. 118–127. 私たちはこの点には踏み込まない。というのも、フィヒテの影響はとりわけ〈自我〉と天才の諸問題に関連するからだ。そうはいっても、論考の著者カミーユ・シュヴェールが書いているように、『知識学』は「他のどんな理論にも増して、純粋哲学の美学の言語への都合のよい翻訳を可能にし、それ〔『知識学』〕が提起した問題やそれによってもたらされた解決法と、その影響下に発展した詩人たちの切望との間の並行性をしばしば示した」(pp. 120–121)。

びつけること。

• 第二に、大きな質的跳躍を果たして、この概念を、もはや作品に下される判断のためにではなく、作品それ自体のために機能させること。

• 第三に、私たちの現代性にとって決定的に重要であることが判明する総合的なブリコラージュの効果として、〈批判〉という理論的概念を、文学のジャンルとしての批評という具体的な活動と重ね合わせること。カントにとって美学的な批判とは、感性的な認識の領域を吟味し、悟性と構想力の関係を観察することだったが、ロマン主義者たちはカント的な規則を作品それ自体の領域に移し替え、作品のうちに、カントが認識一般の活動に関して引き出していたあらゆる論理を見出していくことになる。

そういう次第で、私たちはカントからシュレーゲルへ、制約的で主観的な美学——趣味の活動の範囲（「判断力」）——から、拡張的で客観的な美学——作品の領域——へと移行する。手短に言えば、カントが諸能力の作業に関して練り上げてきたもののすべて（三批判書）が、芸術作品の諸々の適性のために役立てられることになる。このように移し替えられることで、カント的な〈批判〉は、作品がどのようにおのれ自身の確実性、おのれ自身の必然性へと遡ろうと努めているのかを検討することを可能にする。シュレーゲルは、そうした企てをこう予告している。「近現代の詩の歴史全体は、あらゆる芸術は学問であるべし、あらゆる学問は芸術であるべし、詩と哲学は合一しているべし、という哲学の短い文言への絶え間ない注釈である」[*18]。さらに、『アテネーウム』のある断章は、「来たるべき詩を予告し、それに「描写のそれぞれにおいておのれ自身を描写し、至るところで詩であると同時に詩の詩である」という力を付与している」[*19]。ここには、シネフィルであれば誰もが、ジャン゠リュック・ゴ

＊18　Friedrich Schlegel, *Fragments critiques* n° 115, in Philippe Lacoue-Labarthe et Jean-Luc Nancy, *L'Absolu littéraire. Théorie de la littérature du romantisme allemand*, Paris, Seuil, 1978, p. 95.〔シュレーゲル『批評断章』断章115、『文学的絶対』、前掲書、148頁〕

＊19　以下で引用され、注釈されている。Roger Ayrault, *La Genèse du romantisme allemand. 1797–1804*, I, 3, Paris, Aubier, 1969, p. 177.〔引用されているのは『アテネーウム』断章238の一節〕

ダールが自身の教えの多くを溶かし込んできた鋳型を認めることだろう――その筆頭に挙げられるのは、「芸術であると同時に芸術についての理論であり、美であると同時に美の秘密であり、映画であると同時に映画であることの理由の説明」[*20]という、根本的な重要性をもつ教えである。だからこそ、ヴェロニクは『中国女』で、文化大革命の良き信奉者であるギヨームが肖像画(イコン)を引き裂こうとするのに、正当にも異議を唱えることができる。「ノヴァーリスは駄目！　彼は詩人ではなく、学者なんです！　詩(ポエジー)の学者。演劇におけるあなたのブレヒトと同じ」、と。実際、シュレーゲルとノヴァーリスは、いわば18世紀のブレヒトだった。ちょうどゴダールが20世紀と21世紀のゲーテとなるのと同じように。

表象の象徴的諸特性の拡張

芸術と哲学の弁証法を体系的に展開し、芸術による哲学の止揚という結論を下すことになったのは、シェリングである。『超越論的観念論の体系』は、実際、次のような命題で終わりを告げる。

> 美的＝感性的(エステーティッシュ)直観が、たんに客観的になった超越論的直観であるとするならば、おのずから明らかなのは、芸術が哲学の真にして永遠なる唯一の機関であると同時に記録文書であることである。これによってつねにたえまなく新たに明らかにされるのは、哲学が外に呈示(ダールシュテルン)することのできないもの、すなわち、行為や産出における無意識と、この無意識と意識との根源的な同一性である。まさにこうした理由から、芸術は、哲学者にとって至高のものである。[*21]

＊20　« Jean Renoir » (1957), in *Jean-Luc Godard par Jean-Luc Godard, op. cit.*, p. 118.〔『ゴダール全評論・全発言 I』、前掲書、227頁〕ドイツ・ロマン主義のフランスにおける受容に関しては、モーリス・ブランショの研究の導入部を参照。Maurice Blanchot, « L'Athenaeum », in *L'Entretien infini*, Paris, Gallimard, 1969, pp. 515–527.〔モーリス・ブランショ「アテネーウム」安原伸一朗訳、『終わりなき対話　III　書物の不在（中性的なもの、断片的なもの）』湯浅博雄・岩野卓司・郷原佳以・西山達也・安原伸一朗訳、筑摩書房、2017年、127–141頁〕

歴史を顧みるならば、18世紀以降の美学的思想の歴史の有力な傾向の一つは、超越論的哲学の学識をますます大がかりに芸術の領域のうちに取り込むことにあったという仮説を立てることもできるかもしれない。だが、起源の段階にとどまるならば、カント的な〈批判〉の移し替えの操作を経て、それをジャンルとしての批評と二重写しにすることが、2つの可能性の条件となって、「内在的批評」という用語によってまとめられる資源を解放していくことになる。内在的批評が浮かび上がる哲学的な背景をなすのは、カントが人間の理性の領域のために練り上げてきたものの、芸術作品の領域への転置である。すなわち、意志の自律に到達するための絶対的な自己意識を、ロマン主義者たちは自己決定における完全なる自由に転写することになるのだ。

それ以来、私たちは表象に付与された批判の諸力の拡張に立ち会っている。その拡張は、映画の象徴的諸特性とその実践的な諸力への止揚をめぐるゴダールの省察の考古学をなすものである。

そのような拡張から、最も重要なもののうちの3つを取り上げよう。

1　批評は諸々の形態を解放する。

2　批評は象徴的な領域そのものをずらす。

3　批評は行為遂行的（パフォーマティヴ）なものへの到達を許す。

1　批評は諸々の形態を解放する。

内在的批評は芸術の諸形態と注解の諸形態を同時に解放するため、両者の区別はもはや、地位ではなくジャンルの区別にすぎなくなる。批評は、特異性へのこだわりをみせることで、論理的な性向に従って、唯一無二の構造、複雑かつ異種混交的で他律的な構造に特権を

＊21　F. W. J. Schelling, *Le Système de l'idéalisme transcendantal* (1800), tr. Christian Dubois, Louvain, Bibliothèque philosophique de Louvain, 1978, p. 259.〔久保陽一・小田部胤久編『〈新装版〉シェリング著作集 第2巻 超越論的観念論の体系』久保陽一・深谷太清・前田義郎・竹花洋佑・守津隆・植野公稔・小田部胤久訳、文屋秋栄、2022年、365頁。ここでは『文学的絶対』、前掲書、359頁の訳文を借用した〕

与える。全体性や全体化という古典的なモデルは、構造に関する創意がもたらすさまざまな潜在性を前にして溶解し、それぞれの部分がはたして全体に属しているのかどうか議論するように促される。シュレーゲルは、次のようなすばらしい政治的な隠喩を用いている。「詩（ポエジー）とは、共和国的な語りである。それ自体の法、それ自体の目的であるような語りであり、あらゆる部分が自由市民であり、投票も許されている[*22]」。こうして、詩的なものとは何かが定義づけられる。もはや構成の規則に従う作品ではなく、その逆に、おのれを組織化する際の特殊な様態を展開する作品こそが詩的なのである。まさにその理由でロマン主義者たちが特権視した探究領域である小説は、どの瞬間においても、みずからの合法性を展開することができ、そのことが非連続の作業を特権的なものとする。「小説の書き方（シュライプアルト）は、連続体ではなくて、各々のペリオーデに分節された構造体（バウ）でなくてはならない。どの小さな部分も、切り離されたもの、局限されたもの、それ自身でひとつの全体をなすものでなければならない[*23]」。これはまさしくゴダールにも当てはまることになるだろう。それぞれの映画はその組織化に関するおのれに固有の形態を提示し、特異な構造を発明し、しばしばその構成を番号や文字――首尾一貫していないこともある――によって強調しているのだから。古典的美学の大いなる秩序立てとはまったく反対に、ロマン主義の展望は、形態の多様性や、全体化に至ることも成就することもない、果てしない多彩さ〔variété〕を奨励する。まさにそのような見通しを、『アテネーウム』の最後の断章が示している。「普遍性とは、あらゆる形式とあらゆる素材が嫌になるほど多彩であるということ〔variation〕である」。なぜこうした多様性の作業が必要なのか？　なぜなら（同じ断章の続き）、「普遍的な精神の生は、内なる革命の途切れることのな

＊22　Friedrich Schlegel, *Fragments critiques* n° 65, in *L'Absolu littéraire, op. cit.*, p. 88.〔シュレーゲル『批評断章』65、『文学的絶対』、前掲書、135頁〕

＊23　Novalis, cité par Walter Benjamin, *Le Concept de critique esthétique dans le Romantisme allemand, op. cit.*, p. 148.〔ベンヤミン『ドイツ・ロマン主義における芸術批評の概念』、前掲書、207頁、訳文一部改変〕

い連鎖である」[*24]からだ。文学（ポエジー）はそのような現象を報告することを任務としているのである。ところで、ロマン主義者たちがやがて早逝してしまったり（ノヴァーリスは29歳で歿する）、神秘主義の傾向をたどったりするときに、別のドイツの偉大な著述家がイエナ派の命題を立て直し、前述の「内なる革命の途切れることのない連鎖」を司る法則を探し求めていくことになる。その著述家とはカール・マルクスであり、彼こそが批評の原則を具体的な歴史の中に再投資するのである。

2　批評は象徴的な領域そのものをずらす。

ヘルベルト・マルクーゼは、カントの企てにおいて、何が史的唯物論の理論的な基盤になっているのかと問いかけた。

> そのような批判に備わっているかもしれない傾向がどれほど革命的なものなのかに留意しよう。超越論的方法の中心的な観念としての可能性の観念は、結局のところ、現実を検討の対象にすることもありうるのだ。具体的な意味に取るならば、その観念は現実の固定した諸カテゴリーの解体につながりうるし、さらには現存する現実という意味での現実を揺るがすこともありうるだろう。[*25]

マルクス的な枠組みにおいては、内在的批評〔＝批判〕とは、ある特定の時期に理性であるかのように振る舞っているものの規定や限界を引き出し、それが場合によっては独断的で戦略的な性格を持つことを明るみに出すことである。マルクスはその点を、ルーゲへの手紙で説明している。

＊24　Friedrich Schlegel, *Fragments de l'Athenaeum* n° 451, in *L'Absolu littéraire, op. cit.*, p. 177.〔『アテネーウム』断章451、『文学的絶対』、前掲書、289頁、訳文一部改変〕

＊25　Herbert Marcuse, « Marxisme transcendantal ? » (1930), tr. Cornélius Heim, in *Philosophie et révolution*, Paris, Denoël/Gonthier, 1969, p. 8–9.

> 理性はいつでも存在していたのであって、ただかならずしも理性的な形態では存在しなかっただけです。ですから批判者は、理論的および実践的な意識のどの形態をも引きあいに出して、現存する現実の固有な形態からその当為と究極目的としての真の現実を展開できるわけです。[*26]

ここには、『アテネーウム』が芸術作品に対して実践したのと同じ操作を見出せる。つまり、ある現象の形式的な構造を引き出し、次いでその構造を配分や比較のために用いるということだ。これは文学的な側面では、ロマン主義者たちが実行に移していたのと同じ、構成上の創意がなければならないという要請を引き起こす。アウグスト・シュレーゲルが書物のタイトルだけに言及してその書物の批判を行うように勧めることができたのと同様に、マルクスもラサールに対して、資本主義によって設けられた社会的関係を内在的に批判するには、「〔ブルジョワ経済学の体系の〕提示と、提示を通じたその体系の批判」[*27]をすれば足りる、と説明することができるのだ。マルクスにおける批判の概念に賭けられているものは根本的である。重要なのは、世界の秩序を論駁することであり、したがって、その世界のただ中にあって、知の組織化それ自体、および言説の組織化を論駁することなのだ。とするなら、批判とそれが批判するものとの関係についても再考しなければならない。

• 第一に、説明の仕方について言えば、言説による批判がその概念を成就するのは、説明の形式それ自体のうちにその概念を組み入れる限りにおいてである。分析には創意がなければならないという要請は、ロマン主義者たちによる要請と同じであり、マルクスは論争

*26　Karl Marx, « Lettre à Ruge », septembre 1843, in *Œuvres III: Philosophie*, éd. Maximilien Rubel, Paris, Gallimard, La Pléiade, 1982, p. 344. 強調原文。〔カール・マルクス「アルノルト・ルーゲへの手紙」村岡晋一訳、『マルクス・コレクションⅦ——時局論（下）／芸術・文学論／手紙』村岡晋一・小須田健・吉田達・瀬嶋貞徳・今村仁司訳、筑摩書房、2007年、377頁〕

*27　Karl Marx, « Lettre à Lassalle », 22 février 1858, citée par Dick Howard, *Marx. Aux origines de la pensée critique*, Paris, Michalon, 2001, p. 79.〔「マルクスからフェルディナント・ラサールへ」杉本俊朗訳、『マルクス＝エンゲルス全集』第29巻、大月書店、1972年、429頁〕

の形式に関して同時代で最も創意に富んだ人物の一人である――今日、ゴダールが映像（イメージ）の領域でそうであるように。

• 第二に、批評の活動はもはや文学・哲学のジャンルにとどまらず、その宛先も、もはや文章（テクスト）でもなければ、イデオロギーの構成要素としての、書かれたものではないテクストですらなく、具体的な現実のありとあらゆる現象である。内在的批評は、ある特定の社会において作動している衝突、アポリア、矛盾や、その社会が一定数の規定的な行動やイデオロギー素――アイデンティティ、個人、主体、権力、義務、規範に関わるものを筆頭に――を生み出す仕方を暴き出すことに専心する。

• そして第三に、エネルギーとしての批評〔＝批判〕の活動は、実践に変わらなければならない。マルクスが書くように、批判的理論は「物理的な力」[*28]になる、あるいは『中国女』のアンリが繰り返すように、「戦闘的な真理」になる。

こうした理由から、20世紀においてその名に値するあらゆる著述家や芸術家にとって、芸術は象徴的なものの限界を拒否し、疑問視し、粉砕しない限り意味を持たない。その観点からすれば、ヴァルター・ベンヤミンは「内在的批評」の最初の歴史家にして理論家であるだけでなく（1919年に執筆され、1920年に口頭審査を受けた博士論文『ドイツ・ロマン主義における芸術批評の概念』）、その最も熱心で綱領に沿った実践者にして発明者でもある。ベンヤミンは、分析の権限の及ぶ領域を、感性的経験それ自体にまで拡張した。「知覚するとは読むことである」と彼は1917年に記している[*29]。注釈という形式でしか書かないと決めた（もちろん、必ずしもそうではなかったのだが）ベンヤミンは、それぞれの注解を新たな形式の分析作業に変えることで、テクストに接近する通路の中に新たな道具、新たな

＊28　Karl Marx, *Pour une critique de la Philosophie du Droit de Hegel* (1844), in *Œuvres III: Philosophie, op. cit.*, p. 390.〔『ヘーゲル法哲学批判序説』三島憲一訳、『マルクス・コレクションI――学位論文・ヘーゲル法哲学批判序説』、筑摩書房、2005年、169頁〕

＊29　Walter Benjamin, *Fragments (1916–1938)*, tr. Christophe Jouanlanne et Jean-François Poirier, Paris, PUF, 2002, p. 33.

概念、特定の手続きを構築するとともに、研究対象のそれぞれに賭けられているものを新たに指し示そうとする。ベンヤミンの著作は、(とりわけ) 批判の一つの美学である。芸術作品が生み出す思弁的な非連続性に気を配る彼の著作は、それ自体、一般的な (決して統一的なものではない) 方法論としての、系統的な非連続性の実践である。そのような立場の最も明確な要約の一つは、「セントラルパーク」に見出せる。

> 過去の作品についての〈判断〉、すなわち擁護は、歴史過程のなかにある革命的瞬間を覆い隠そうと努める。連続性を作り出すことがその関心事である。それが重視するのは、作品がもつ諸要素のうち、すでに後世に影響を及ぼしてしまっているものだけである。絶壁や岩角は無視されてしまう。だがそうした絶壁や岩角こそが、乗り越えようとする者に足場を提供してくれるのである。[*30]

ベンヤミンはいわば、唯物論のただ中に内在的な手続きを注入しているのだ。彼はこれを「演繹的美学」[*31]と名づけている。それは何によって成立しているのか？　「内在主義的」で唯物論的な諸過程を、自身が「実験的なマルクス主義」[*32]と形容する企図に従って絡み合わせることによって、である。その諸過程の階層を再構築してみよう。それは以下の要素から成り立っている。

1) 芸術の非自律的な性格を認めること (唯物論的な公準)。

(「作品の死後の生をめぐる教義は、自律した領域としての「芸術」とい

*30　Walter Benjamin, « Zentralpark. Fragments sur Baudelaire », in *Charles Baudelaire. Un poète lyrique à l'apogée du capitalisme* (1938–39), tr. Jean Lacoste, Paris, Payot, 1975, pp. 212–13.〔『ベンヤミン・コレクション1 近代の意味』浅井健二郎編訳・久保哲司訳、ちくま学芸文庫、1995年、361頁、仏訳に合わせて訳文一部改変〕

*31　Walter Benjamin, *Fragments, op. cit.*, p. 219.

*32　「[ベンヤミンは] 自分のマルクス主義は依然として教条的な性格のものではなく、発見的で実験的な性格のものであると言うのである」。Gershom Scholem, *Walter Benjamin. Histoire d'une amitié* (1975), tr. Paul Kessler, Paris, Calmann-Lévy, 1981, p. 230.〔ゲルショム・ショーレム『わが友ベンヤミン』野村修訳、晶文社、1978年、252頁、訳文一部改変〕

う錯覚をその死後の生が暴き出すという考えに支配されている」[*33])。

2)「作品の中に入り込むこと」、「作品が包み隠している真実と連帯すること」、「作品そのものに隠された諸々の関係と出会うこと」(内在的伝統の典型的な決まり文句)。

3) 作品にとって内的な批評的次元を明示すること(内在的批評)。

(「それに加えて、批評は作品にとって内的である」)。

4) 作品がどのように芸術の段階を乗り越えるのかを示すこと(唯物論的批評による観念論的伝統の乗り越え)。

(「芸術とは偉大な作品群の過渡的な段階にすぎない。それらの作品群は何か別のものになったし(生成の状態において)、何か別のものになるだろう(批評の状態において)」)。

5)「魔術的批評」の存在を理想として提起すること(批評の内在主義と批評の唯物論の総合、すなわち作品にその展開の広がりのうちで付き添い、ベンヤミンにとっては解体の歴史であるような批評)。

(「批評がその最も高い次元で現れる形式としての魔術的批評。同次元でそれと差し向かいになるのは、科学的な(文学史の)論文である」)。

6) 作品によって包み隠された「秘密」を保つこと(内在主義的批評による唯物論的伝統の乗り越え)。

(「唯物論的な文芸批評の批判は、もっぱら、判断を下すことのないあの魔術のような側面がそこには欠けていること、そしてその側面がつねに(あるいはほぼつねに)秘密を嗅ぎつけることをめぐって展開する」)。

7) 美学を乗り越えること(あらゆる弁証法の伝統的な動き)。

(「非の打ち所のない批評は、美学の空間を貫いて進む」)。

8) 最後に、ベンヤミンは知識人の社会的な機能を実践的に再考し、ある任務――転換という任務――を割り当てる(実践への最終的な乗り越え)。

(「知識人の特殊な任務としての機能転換。知識人の共産主義への道は、一番の近道であるどころか、最も遠回りの道である。専門家の任務とし

＊33　Walter Benjamin, *Fragments, op. cit.*, p. 215. これに続く引用はすべて、同書の「文芸批評について」の章(pp. 213–224)による。

ての機能転換。内側からの破壊。文化的ボルシェヴィズム」)。

ベンヤミンの著作が示す分析的エネルギーに対しては、彼の最初期の研究対象の一人だったフリードリヒ・シュレーゲルの主張を投げ返すことができるかもしれない。シュレーゲルは、カントを素材にするフィヒテの批評活動の分析を、「そもそも批判的であるというのは、これで十分だということが決してないものだろう」[*34]と締め括っていた。

どうすれば「美学の空間を貫いて進む」ことを実践できるのか？　どうすれば映像を行動する力に転じることができるのか？　どのようにして映像を行為に変えること、すなわち映像の行為遂行的(パフォーマティヴ)な力能を解放することができるのか？　それこそが、ロマン主義者たちが機知〔Witz〕という言葉の下で提起し始めた問いである。

機知と行為遂行的(パフォーマティヴ)な芸術

機知とは何か？　ロジェ・エローはまさしく、フリードリヒ・シュレーゲルが「発明」した、翻訳不可能だとみなされているこの観念の歴史をたどっている[*35]。今度は私たちがそれを要約してみよう。機知が意味するのは、以下の事柄である。

- 友人どうしの会話から生まれる言葉遊び。才気、即興、喜び。
- そのため、エスプリに富んだ言葉の組み合わせは、奔放かつ正しいものとなる（『アテネーウム断章』37には「機知に富んだ着想の多くは、仲のよい2つの考えが、長い別離のあと、思いがけず再会するのに似ている」とあるが、ゴダールが『映画史』で引用するロベール・ブレッソンの以下の寸言はそれに近しい。「映像と音、あたかも道中ふと知り合い、以後もう別れられなくなってしまう人々のような」[1])。
- 次いで、機知は「電流を走らせるような力」、「自由な社交性」、「凝

＊34　Friedrich Schlegel, *Fragments critiques* n° 281, in *L'Absolu littéraire, op. cit.*, p. 139.〔『批評断章』281、『文学的絶対』、前掲書、226頁〕

＊35　Roger Ayrault, *La Genèse du romantisme allemand. 1797–1804, op. cit.*, p. 138–162.

[1]　それぞれ、『文学的絶対』、前掲書、161頁および『シネマトグラフ覚書』松浦寿輝訳、筑摩書房、1987年、56頁を参照。

縮された精神(エスプリ)の爆発」を意味する。

• 最後に、機知の前提となっているのは、無限の感覚に取り憑かれること、したがって神秘の感覚を保つすべを知っていることであり、それは絶望との関係に通じている。「理解不可能性〔難解さ〕について」と題された『アテネーウム』最終号の末尾の論文で、シュレーゲルは、「この無限の世界は、それ自体、不可解さと混沌に基づく悟性によって形成されているのではないか」と問いかける。〔ドゥニ・トゥアールによれば〕「シュレーゲルは晦渋さの必要性を提起し、それはただちにあらゆる解釈学的な企てを相対化する。存在物の混沌として矛盾に満ちた性格を考慮すれば、完全な理解など不可能なのである」[*36]。これはとりわけ、ゴダールの寸言(カンヌ映画祭、2004年)——「もしあなたが私をよく理解したのであれば、それは私が自分の考えをうまく表明しなかったということだ」——と響き合う。ゴダールの才気は一つの思弁的世界の先端を構成し、シュレーゲルの実践的な寸言——「理解されないための、さらには誤解されるための一番確実な方法は、言葉をそのもともとの意味で使うことである」[*37]——の密度を高めてもいる。

そのような次第で、機知には3つの次元がある。機知とは組み合わせの能力であり、詩的な命題であり、神秘への通路である。

だからこそ、モンタージュの作業としての機知は、世界の解放という性質を帯びる。解釈学の専門家であるドゥニ・トゥアールは、そのような思弁的な出来事を非常にうまく要約している。

> 「すべてが言い尽くされている」と人々が思い込んでいる閉じられた世界において、機知の操作は、諸要素に立ち戻ることで新たな関係の数々を解き放つ。シュレーゲルは論考「レッシングについて」の冒頭で、「すべてが言い尽くされている」——彼はこの文

＊36 Denis Thouard, « Critique et herméneutique », in *Critique et herméneutique dans le premier romantisme allemand*, Lille, Presses Universitaires du Septentrion, 1996, p. 35.

＊37 Friedrich Schlegel, *Fragments de l'Athenaeum* n° 19, in *Fragments, op. cit.*, p. 129.〔『アテネーウム』断章19、『文学的絶対』、前掲書、156頁〕

句をラ・ブリュイエールではなくヴォルテールに帰している――の矛盾した構造に注意を促す。というのも、そのような言表は、彼が言うにはすでにテレンティウス〔古代ローマの劇作家〕にも見出せるため、それ自体にもたちまち有効であるからだ。したがって、むしろ反対の寸言――「まだ本当には何も言われていない」(KA II, 101)――を選んだほうがよいのだ。[*38]

ゴダールにおいても、同様の思弁的な叛逆が至るところで見出される。たとえば、『中国女』でキリーロフという登場人物が表明する感嘆すべき仮説――「現実はひょっとしたら、まだ誰の目にも現れていないのかもしれない」――であったり、総括的な注解的主張としての「映画は見られたことがない」のように。

結局のところ、機知とはモンタージュとしての、そして精神の爆発としての思考の実践であり、ノヴァーリスが書くように「あらゆる種類の生の飽和状態にまで満たされた」[*39]生産的な想像力である。言葉によるうまい表現から視覚的コラージュまで、爆発的な断片化から創造的な過剰まで、機知の原則がゴダールの形式的創意に血を通わせている。機知のおかげで、あらゆるものが思考し始める、欠けているものを筆頭にあらゆるものが思考する、と言ってもいいだろう。シュレーゲルは、究極的な機知である「建築的機知」を定義しながら、実際、「どれほど完全であっても、まるで引き剝がされたかのように何かが欠けて見えなければならない」[*40]ということを奨励する。これこそが、映像のゴダール的な構成（エコノミー）における根本的な弁証法であるように思われる。つまり、欠けているもの――作られなかった、ないし見られなかった映像、完成しなかった映画、覆い隠さ

＊38　Denis Thouard, « Qu'est-ce que les Lumières pour le premier romantisme ? Chimie, *Witz*, maximes et fragments : Friedrich Schlegel et Chamfort », http://www.revue-texto.net/Inedits/Thouard_Lumieres.html.

＊39　Roger Ayrault, *La Genèse du romantisme allemand. 1797–1804*, *op. cit.*, p. 161.

＊40　Friedrich Schlegel, *Fragments de l'Athenaeum* n° 383, in *L'Absolu littéraire, op. cit.*, p. 161.〔『アテネーウム』断章383、『文学的絶対』、前掲書、263頁〕

れた身振り、ノヴァーリスの人生や『最後の言葉』(1988) でオマージュが捧げられているジャン・カヴァイエスの人生のように、あまりにも早く中断させられた人生——から出発して熟考する、ということである。『時間の闇の中で』(2002) と題された最近の試みで、ある見事な一節〔元々は『フォーエヴァー・モーツアルト』の作中の映画監督ヴィッキーの台詞〕がその原則を要約している。「星々の間に広がる空を見るとき、私に見えるのは消え去ったものだけだ」。

それでは、機知の実践に主として何が賭けられているのかについて、大きく2つの指摘をしよう。まずは、機知がその一環をなしている思弁的な伝統をめぐって、次いで、機知が解放する形式的創意をめぐって。

A　何よりもまず、ドイツ語の (シュレーゲルの言う) 機知は、それ自体が弁証法の妙技と政治的挑発の伝統の一環をなしている。機知〔Witz〕に対応するものをラテン語ではインゲニウム〔ingenium〕という語句のうちに見出せるが、その語句は16世紀末から17世紀前半にかけて数多く書かれたイタリア語とスペイン語による概論の対象となっている。「フアルテ・デ・サン・フアンの『諸学問のための機知の検討〔Examen de ingenios, para las sciencias〕』(1575年)、ペレグリーニの『明察、あるいは精神、機敏さ、綺想と一般に称されるものについて〔Delle acutezze, che altrimenti spirite, vivezze e concetti, volgarmente si appellano〕』(1630年) と『芸術に還元される機知の源泉〔I fonti dell'ingegno ridotti ad arte〕』(1650年)、テサウロの『アリストテレスの望遠鏡、あるいは神聖なるアリストテレスの原則に基づいて検討される弁論術、宝石細工、象徴芸術のすべてに役立つ才気煥発で機知に富んだ雄弁術の理念〔Il Cannocchiale aristotelico, o sia Idea dell'arguta et ingeniosa elocutione che serve à tutta l' Arte oratoria, lapidaria, et simbolica esaminata co' Principij del divino Aristotele〕』(1654年)、バルタサル・グラシアンの『明察と機知の術〔Agudeza y arte de ingenio〕』(1648年)、(……) ヴィーコの『学問の方法』(1708年) と

『イタリア人の太古の知恵』(1710年)」。今日でもなお最も名高い人物の一人はグラシアンであり、彼は『賢人論〔El discreto〕』(1646年)において、

> 「見識のある人間」を描き出しつつ、機知〔ingenio〕が「悟性の領域」に属することを強調し、それをまさしく「悟性の勇ましさ」と定義している。その所産は綺想〔concepto〕であり、それが互いに懸け離れた現象どうしの相関をただちに打ち立てるのである。かくして、機知は「神的な光」を広めつつ、それ抜きでは黙して知られざるままにとどまってしまうような「世界」を人間が「解読」することを可能にする。[*41]

だが、この輝かしい伝統の出発点は、ギリシアの犬儒(キュニコス)派にまで遡る。シュレーゲルは、自分に霊感を与えたシャンフォールの文体について注釈するとき、犬儒派に言及している。「箴言として、賢者は運命に対してつねに「警句の立場」であるべきだという考えは、美しくかつ真に犬儒(キュニコス)派的〔=冷笑的 cynique〕である[*42]」。これはしばしば単なる形容詞だと思われてきたが、ここには紀元前4世紀にソクラテスの弟子たちの間に生まれた、犬儒派の運動への明確な参照を見て取らなければならない。アンティステネス、ディオゲネス、テレス、デモナクスといった、あらゆる権力に対して激しく批判的で、警句を行為に移したものとして人生を構想していた哲学者たちのことである。ディオゲネスはアレクサンドロス大王にぞんざいな口を聞き、路上に住み、市民や役人を呼び止め、「誰も不安にさせることなくすべての時間を哲学することに費やした男が、私たちにとっていったい何の役に立ちうるのか？」と言ってプラトンを批判する。[*43]「犬儒

*41　Alain Pons, http://robert.bvdep.com/public/vep/Pages_HTML/INGENIUM.HTM.

*42　Friedrich Schlegel, *Fragments critiques* n° 59, in *Fragments, op. cit.*, p. 109.〔『批評断章』59、『文学的絶対』、前掲書、134–135頁〕

*43　以下に引用。Léonce Paquet, *Les Cyniques grecs, fragments et témoignages*, Ottawa, Presses de l'Université d'Ottawa, 1975, p. 62.

派」とはここでは「犬」を意味する。そのメンバーたちが「あらゆる形態の自己喪失、順応主義、あるいは迷信に思い切り」噛みつこうとつねに激烈な態度を示していたからである[*44]——ここで私たちは、「私はジャン＝リュック・ゴダールである〔suis〕のではなく、ジャン＝リュック・ゴダールを追いかける〔suit〕犬なんだ[*45]」というゴダールの表現を思い起こさずにはいられない。犬儒派によれば、それこそが賢明さの友が持つ政治的な機能である。つまり、権威のあらゆる審級を、口答え、率先した行動、行為、身振りといったかたちで批判するということだ。最もよく知られているのは、もちろん、真っ昼間に、手に持った明かりを灯して、人間の名に値する人間を探し回っていたディオゲネスの身振りである。言葉巧みさ〔ingéniosité〕、すなわち機知は、行動主義（アクティヴィズム）として成就する。自らを取り巻く環境、自らのコンテクストよりも上を行っていると示すことのできる批判的な身振りを発明することによって。あらゆる権力は象徴的なものであり、象徴的なものによって打ち破ることができるということを示さなければならないのだ——「欲しいものを何なりと申せ」と申し出たアレクサンドロス大王に対して、「太陽を遮らないでくれ」と答えたディオゲネスのように[*46]。

犬儒派は、行為に転じるものとしての哲学として、批判哲学の起源を表している。しかも、彼らのおかげで、批判の活動における表象の地位と特権をよりよく理解することができるのだ。実際、エピクテトスは次のことを伝えている。「ディオゲネスは「アンティステネスが私を自由にしてくれたから、私はもう奴隷でなくなった」と言っていたのだ。どんなふうにして奴隷でなくなったのか。彼がどのように言っているのか、聞いてみることにしよう。「私のものと私のでないものとを教えてくれた。財産は私のものではない。親

＊44　*Id.*, p. 11.

＊45　Anne Andreu, Michel Boujut, Claude Ventura, Émission « Cinéma Cinémas – spécial Godard », 1987.

＊46　*Les Cyniques grecs, op. cit.*, p. 69.

族、家にいる者、友人、名声、なじみの場所、会話――これらすべては、他人のものだと教えてくれた」。では、あなたのものとはどんなものですか。「表象を使用することだ。彼はこれこそ私が妨げられず、強制されずにもっているものだと教えてくれた。なんぴとも邪魔することはできないし、私が違ったふうに望むことを強制することはできないのだ」」[*47]。「表象を用いるということ」――こうして、私たちが今ではさまざまな検討手段を有しているところの表象がなしうることの掘り下げが行われるのだ。

B　機知、すなわち批判的な言葉巧みさは、ある一つの完全な美学を解放する。それはあらゆる形式的な特徴の痕跡をとどめており、そのことをシュレーゲルは「発展的な普遍文学」と呼んでいる。

> ロマン主義的文学（ポエジー）とは、発展的（プログレッシーフ）な普遍文学（ポエジー）である。こうした規定は、分離された文学のジャンルすべてをたんにもう一度統一することではないし、文学を哲学や修辞学とたんに触れ合わせることでもない。ロマン主義的文学はまた、韻文（ポエジー）と散文、独創性と批評、芸術文学と自然文学とを混ぜて溶かし合わせて、文学を生き生きとした社交的なものにし、生活と社会を文学的にし、機知を文学化し、芸術の諸形式を、あらゆる種類の堅実な形成（ビルドゥング）素材で満たして一杯にし、ユーモアの振動で活気づけようとするし、そうすべきなのである。[*48]

発展的な普遍文学は、したがってジャンルの全体化を前提とする。それは同時に、断片であり、異種混交的なものの作業であり（これはゲーテの『マイスター』のスタイルがもたらした大いなる教訓である）、反省的な意識であり、総合であり、果てしなき連結であり、無制限

＊47　*Id.*, p. 54.〔エピクテトス『人生談義（下）』國方栄二訳、岩波文庫、2021年、163頁、訳文一部改変〕
＊48　Friedrich Schlegel, *Fragments critiques* n° 116, in *Fragments, op. cit.*, p. 148.〔『文学的絶対』、前掲書、177頁〕

のものへの通路であり、批判的な身振りであり、行為である。ヘーゲルが「普遍的な語ること」と「分裂し引き裂きながら判断すること」[*49]と要約しているとおりである。

発展的な普遍文学の第二の特徴は、それが対話や交流、つまりロマン主義者たちが「共同哲学」や「共同文学〔sympoésie〕」と呼んだものから生まれるということだ。実際面でそれが規定するのは以下のようなことである。

• 『アテネーウム』断章の匿名的な集団執筆（その直接的な裔は、1968年の映画三部会に由来する「シネトラクト」の匿名的な集団制作のうちに見出されることになるだろう）。

• ロマン主義者たちの試論の多くにみられる対話構造。たとえば、アウグスト・シュレーゲルの『絵画』（1799年）は、視覚芸術についてのもので、ドレスデンの絵画館での彼自身とカロリーネ・シュレーゲルの──ルイーゼとヴァラーという名前での──会話からなる。『ソフト&ハード』（1985）や『言葉の力』（1988）といったゴダールのいくつもの視覚的な試論（エッセー）でも、そうした対話形式が取られている。

• 作品どうしの間、思考どうしの間の連結の探究。重要なのは、芸術家が、他の芸術家たちのうち、「外面的には国や時代によって隔てられていようとも、目に見えないかたちで関わっている者たち、自身がその一員にすぎないような全体をともに形作っている者たち」を探し求めることである[*50]。そうした豊かな対話への欲望は、ゴダールの作品にしばしば姿を現すが（有名な「一つの映像を作り出すには2人でいなければならない」）、とりわけ『映画史』（1988–1998）という、作家たちならびに映像どうしの星座を構築する巨大な企てにおいて、モンタージュの原則を構造化するものとなっている。

• 最後に、批判的な企ての地平は、〈歴史〉を生み出すこと、文学（ポエジー）の作業を模範として構想される〈歴史〉を生み出すことにある。「こう

＊49　以下に引用。Denis Thouard, « Qu'est-ce que les Lumières pour le premier romantisme ? », *op. cit.*〔G・W・F・ヘーゲル『精神現象学（下）』熊野純彦訳、ちくま学芸文庫、2018年、145頁、傍点原文〕

＊50　Schlegel, « Conclusion de l'essai sur Lessing » (1801), in Denis Thouard, *Critique et herméneutique dans le premier romantisme allemand, op. cit.*, p. 162.

したものすべてが〈歴史〉の中で溶け合わされていなければならないし、また、漂い流れる表現が活発に動く人物の生き生きとした生成変化に合うように、形象と対句法（アンチテーゼ）はただほのめかされるだけで、再び解消されなければならない[*51]」。

実際のところ、共同哲学はロマン主義の諸命題の根底にある事実から生み出されている。すなわち、ホメロスのテクストに関する文献学が前進して、いまやそれが一人の著者による書物ではなく、吟遊詩人たちや、いろいろな仕方で収集、編成、修正、批判を行う人々の介入が組み合わさって成立したものとみなされている、という事実である。18世紀に『イリアス』と『オデュッセイア』がそう見られていたように、『映画史』も、自らの作業によって変容を遂げる一人の作者の作品であると同時に、映画（シネマ）の、いやむしろ映像のありとあらゆる可能性と溶け合うことのできる映画作品（フィルム）であるような、叙事詩（ラプソディー）、共同文学として構築されている。

ここで私たちはしばしノヴァーリスに立ち戻ることができる。というのも、彼は『ハインリヒ・フォン・オフターディンゲン』で魔術的な書物の形象を作り上げたが、それもまた、『ダルティ報告』(1989)や『映画史』の立体測定的（ヴォリュメトリック）なモンタージュを特徴づけることになる多くの特性を持ち合わせているからだ。若き詩人ハインリヒは年老いた隠者と出会い、古い写本の一揃いを見せられる。そのうちの一冊の彩色装飾の美しさに惹かれて、ハインリヒはその写本を矯めつ眇めつ眺める。すると、装飾挿画が彼自身の物語を前もって語っていることを発見して、茫然自失する。だが、文章は彼の知らない言語で書かれているため、読むことができない。そこで隠者は彼に、これは詩法についての書物だと説明する。映像（イメージ）によって作られ、匿名的、集団的、予見的、反省的、そして神秘的――これぞまさしくロマン主義的な書物であり、『映画史』で活用されている諸特性のうちのいくつかについて、その雛形を差し出しているように思わ

＊51　Friedrich Schlegel, *Fragments de l'Athenaeum* n° 217, in *Fragments, op. cit.*, p. 148.〔『アテネーウム』断章217、『文学的絶対』、前掲書、206頁〕

れる。

そういうわけで、私たちはこれ以降、映画における機知の2つの事例をよりよく検討することができるだろう。[2]

『時間の闇の中で』(2002年、11分)、あるいは非現働的なものの顕現

ジャン=リュック・ゴダールの最も心を揺さぶる映画の一本である『時間の闇の中で』は、「最後の絵画」(ニコライ・タラブーキンの有名な絵画論のタイトル[*52])という前衛の伝統に属している。『リア王』(1987)が「最初の映像」をめぐる寓話を練り上げていたように、ここでは「最後の映像」についての詩篇を作り出すことが目論まれている。本作が組織しているのは、一連のショットやシークエンスや寸劇（サイネーテ）ではなく、ショットの顕現（エピファニー）とでも呼ぶべきものである。元々の映画から引き剝がされたいくつかのモチーフが、しばしスクリーンを灯しに来ては、再び暗闇の中に飲み込まれていく。11の顕現が字幕画面（カルトン）によって導入される――「青春の最後の瞬間」、「勇気の最後の瞬間」、「思考の最後の瞬間」、「時効にかからないものの最後の瞬間」、「愛の最後の瞬間」、「沈黙の最後の瞬間」、「歴史の最後の瞬間」、「不安の最後の瞬間」、「永遠的なものの最後の瞬間」、そして最後に「映画の最後の瞬間」、「最後のヴィジョン」のように。12番目にして最後の顕現は、「夜、と彼は言う。夜、と彼女は言う」という字幕画面とまったくの黒画面の後に、コーダとして到来する。『イワン雷帝』のカラーのシークエンスにみられるごく短い踊るような動きが、ちょうど修復家によって絵の具の剝片がはがされるように精妙に抜粋され、まさしく「最後の映像」を差し出しているのだ。『映画史』と同様に、ショットの出所はゴダールの作品であったり

[2] 続く部分では『時間の闇の中で』の事例しか挙げられていないが、初出のヴァージョンでは3つの事例が分析対象となっていた。そのうち、『シネトラクト 1968番』をめぐる分析は、本書では「『シネトラクト 1968番』と『赤』として独立した記事となり、『新ドイツ零年』をめぐる分析は「「入れ子状に破損した」映画」に組み込まれている。

*52 Nicolaï Taraboukine, *Le Dernier tableau* (1923), éd. Andrei B. Nakov, tr. Nakov et Michel Pétris, Paris, Champ Libre, 1972.〔ニコライ・タラブーキン『最後の絵画』江村公訳、水声社、2006年〕

(『メイド・イン・USA』、『小さな兵隊』、『リア王』、『女と男のいる舗道』、『古い場所』等々)、映画愛(シネフィリー)のパンテオンに祀られるような作品であったり(『奇跡の丘』)、戦争、収容所、死骸の映像など、半ば匿名的なニュース映像の資料体(コーパス)であったりする。『時間の闇の中で』は、それが一部をなしている星座──『映画史』(1988–1998)、『古い場所』(1999)、『21世紀の起源』(2000)、『映画史特別編 選ばれた瞬間』(2004)──と同じ原則に従って、映像と〈歴史〉の間の紐帯がとる諸形態を振り返り、検討し、練り上げ、打ち立てる。本作はそれらの作品と同様、集団主義的な、あるいはより正確に言うなら「共同文学」的な仕方で組み立てられているのである。

『時間の闇の中で』は、引き剝がされた断片というロマン主義の原則をその頂点にまでもたらしている。欠けているものの名において創造することが、ここでは宇宙的な仕方で拡大している。「星々の間に広がる空を見るとき、私に見えるのは消え去ったものだけだ」、と男の声が告げるように。だがこの寸言は、サウンドトラックが沈黙を据え付け、絶滅収容所において産業的に生み出される死骸の映像が現れるときに、突如、その歴史的次元を現働化する。時効にかからないものの名において尽力しなければならない、ということだ。『時間の闇の中で』は平和についてのゴダールの仕事の端緒となるものだが、それがまさしく「コスモポリタニズム的」な観点から構想されているという点で、カントへの回帰となっている──その回帰は『アワーミュージック』(2004)で十全に果たされることになるだろう。

そのとき、ロマン主義における芸術と倫理の融合は、今度は芸術の道徳への止揚となる。ゴダールの声が引用するパスカルの『パンセ』が、まさにそれを表している。「すべての物体を合わせ、さらにすべての精神とその所産を合わせても、愛の最小の働きにも及ばない。それは無限に高次の次元に属しているからだ」[*53]。ところで、そのような思考によって、存在するものの相対化に至ることは決して

＊53　Lafuma 308.〔パスカル『パンセ(上)』塩川徹也訳、岩波文庫、2015年、375頁〕

なく、むしろ逆に、存在すべきものによって世界を満たすことへと仕向けられる。それを一言で要約しなければならないとすれば、正義ということだ。私たちはパスカルの思想の現代への書き換えを、シモーヌ・ヴェイユに負っている。「創造的な注意力から隣人への慈愛がなされるならば、隣人への慈愛は天才と酷似している。創造的な注意力は、現に存在していないものに真に注意力を傾けることにある[*54]」。

造形面に関して言えば、こうした非現働的なものの思考は、間歇(かんけつ)性(ここでは揺らめきとして扱われる)の諸形態の体系化を引き起こし、映像を――それがどれほど堂々たるものであれ――未完成にとどまるものの弱々しい輝きとして考察するように仕向ける。したがってモンタージュの役割は、消え去ったものが入ってくるように至るところで戸口を細く開いておくこと、現前するものを束の間の微光として描き出すこと(その現前は、死からではなく、不正義や覆い隠されたものや秘密にされたものの歴史という実際の効果を伴う歴史から引き剝がされたものである)、そして、諸々の矛盾する潜在性の効力に取り憑くことにある。『時間の闇の中で』は、映画に固有の記録と複製の機能を、消去と解放というそれとは逆の力能によって補完しようと努めている。その提案は根本的なものであり、技術的な装置としての映画(記録)を、倫理的な装置としての映画(創造的な注意力)に従属させようとしているのだ。もはやそこにないものへのメランコリックな注意、存在しうるものへの、機能不全という形態そのものの中に到来させるのがふさわしいものへの熱烈な注意、到来することがないであろうものへの悲劇的な注意。

別の言い方をするなら、映画はここにおいて、類似(アナロジー)の限界をモンタージュするものとなっているのだ。おそらく、映画がこれほど深

*54 Simone Weil, *Formes de l'amour implicite de Dieu* (1943), in *Œuvres*, Paris, Gallimard, 1999, p. 726.〔「神への暗々裏の愛の諸形態」、シモーヌ・ヴェイユ『須賀敦子の本棚8　神を待ちのぞむ』今村純子訳、河出書房新社、2020年、215頁〕

く批判的——カントによって開かれた伝統がこの用語に与えたあらゆる意味において——であることは決してなかったことになるだろう。こうしてゴダールの企ては、シュレーゲルが哲学に割り振った綱領的な「2つの条項」を達成するものとなる。

> 1　無限なるものへのノスタルジーを各人のなかに発展させなければならない。
> 2　有限なるものの見せかけは根絶させられるべきである。そのためには、あらゆる知が革命的な状態に置かれなければならない。[*55]

＊55　Friedrich Schlegel, *Philosophie transcendantale – Introduction* (1800–1801), in *Symphilosophie. F. Schlegel à Iéna*, Denis Thouard (éd.), Paris, Vrin, 2002, p. 177. 強調原文。

批判的思考とその対処法

ジャン＝リュック・ゴダール、ルートヴィヒ・フォイエルバッハ、グラッキュス・バブーフ

（セミネールのための覚書）

歴史的に言って、哲学を実践のうちに成就させ、止揚するということは、理論の最先端を、「何をなすべきか？」というすぐれて革命的なものとなった問いによって要約することにほかならない。

この問いには誉れ高い歴史があり、その起源はグラッキュス・バブーフの「何をなすべきか？」（1795年）にまで遡る[*1]。直接または間接に映画と関連する段階のうち、次の5つの文章を挙げておこう。

• ニコライ・チェルヌイシェーフスキイ『何をなすべきか？　新しい人間たちの物語』（ロシア、1863年、獄中執筆のユートピア小説）

• レフ・トルストイ『キリスト教徒にできることとできないこと』（ロシア、1886年）

• レーニン『何をなすべきか？　われらの運動の焦眉の諸問題』（ロシア、1902年）

• ジャン＝リュック・ゴダール「何をなすべきか？」（イギリス、1970年）

• 足立正生「何をなさざるべきか　映画＝運動のためのアンチ・テーゼ」（レバノン、1971年[1]）

「何をなすべきか？」というタイトルの映画作品も存在する。とりわけ、現場に基づく2本の偉大な作品がある。

• ソール・ランドー、ラウール・ルイス、ニーナ・セラーノ『何をな

＊1　Yolène Dilas-Rocherieux, préface à Nicolaï Tchernychevski, *Que faire ? Les hommes nouveaux* (1863), tr. Dimitri Seseman, Paris, éd. Des Syrtes, 2000, p. 7.〔ここでは未邦訳の序文が参照されているが、チェルヌイシェーフスキイの小説の翻訳には金子幸彦訳、岩波書店、1978/80年などがある。〕

［1］『映画批評』1971年4月号、99–106頁（『文藝別冊　ゴダール　新たなる全貌』、河出書房新社、2002年、155–163頁にも再録）。

すべきか？』（チリ、1972年、フィクション）

• エマニュエル・ドゥモーリス『何をなすべきか？』（エジプト、2010年、ドキュメンタリー）

さらに、ジャン＝フランソワ・リシェが『俺のシテがやられる』(1997) のすぐ後に発展させた、ある時は『メルド〔糞〕・イン・フランス』、ある時は『何をなすべきか？』と題された企画もある。

I　ジャン＝リュック・ゴダール、視覚的な異論の綱領

「何をなすべきか？」（1970年）というマニフェストの執筆へと至る途中の1969年3月、ジャン＝リュック・ゴダールは、「映画入門――演出とは何か？〔Initiation au Cinéma. Qu'est-ce que la mise en scène ?〕」という教育テレビ番組でのジャン＝ポール・トロクとの対談で、さまざまな仕方で質問に答えている。[*2] 長らく顧みられず、今では容易にアクセスできるこの映像（リール）で、ゴダールは〔「演出とは何か？」という〕当初の質問に答える代わりに、視覚的な〈異論〉の、すなわち映像と音を用いて発展させられる批判的な率先的行動（イニシアティヴ）の、最も徹底的な綱領の一つを提示している。

ジャン＝リュック・ゴダールによって打ち立てられる全体的な展望は、以下のように言い表される。「解決策は、帝国主義のために映画を作るのをやめることだ」。

ここには軍事的、経済的、政治的な帝国主義と同時に、視覚の帝国主義も含まれている。

どのようにやめるのか？

ゴダールの批判は、補完し合う3つの水準でなされている。それらの命題を順番に要約しよう。

1　図像的な異論――諸々のモチーフの処理

「映画の上映が終わったときに出口で誰でもいいから観客を捕ま

＊2　*Jean-Luc Godard Documents*, Paris, Centre Pompidou, 2006, p. 116–119に、トマ・シュミットの採録で収録。

えて、こう聞いてみるとよい。“あなた自身のことを語った映画をこれまでの人生で見たことがありますか？　奥さんや子供との生活、あなたの給料で暮らす生活がどのようなものなのかについて、要するにあなた自身や、少なくともあなたの人生の一部など、何でもいいが、そうしたことについて語った映画を？”　一度もないはずだ。観客は他人についての映画を見に行く。それに、そうしたことばかり教え込まれているから、そのことに気づいてさえいない――しかもご親切にも観客は見るために金を払うんだ」。

そこで映画の作業は、次の3つの現象に対する闘いに突入することになる。

• 還元による処理：これは映画の原型的で通常の体制である。紋切型、簡略化、慣例的な近似。

これに逆らって、ゴダールは次のように問いかけることを推奨する。「こう聞いてみるとよい。“君が奥さんを撮影しなければならなかったとしたら、どう撮る？”と」。別の言い方をするなら、生きられた経験に頼ることだけが、表象において正統性を持つのだ――これはマルクス主義的というよりは現象学的な次元での回答である。

• 減算による処理：これは視覚的な忘却、すなわち経験のある特定の次元だけをまったく取り扱わないということである（たとえばセクシュアリティがそうで、これは1975年の『パート2』の論点の一つとなるだろう）。

• 否定による処理：これは形象面での中傷、ある特定のモチーフを区別するような処理のことである。

2　兵站（ロジスティック）に関する異論――映画の物質的な組織化

ここで再検討されるのは、製作、作り手たち、配給という3つの具体的事例だが、捉え直す時間がなかった事例（たとえば、受容）の吟味にも道は開かれている。

• 製作

2つの解決策が提起されている。フィルムを盗むことと、浪費することである。

> たとえばここでは（カメラの方を向く）、私の考えでは、まさにやってはいけないことをしている最中なんだ……。つまり、言説の諸形態を受け入れておきながら、それらを批判すると言い張っているのだから。そんなことには何の意味もないのに。意味があるかもしれず、興味深い異議申し立てになりうる唯一の事柄は、フィルムを使うこと――というのもフィルムにはお金がかかっているから――、といっても記録するためでも、そこに示されるものを見るためでもなくフィルムを使うことだ。その瞬間、人々には〔見ることが〕不可能になる。ほら……。（JLGは右手の掌をレンズに近づけてふさぐ……。抗議の声。「いやいや、撮影は続けてくれ！」画面が黒くなる）。ORTF〔フランス国営放送協会〕のフィルムを浪費すること、というのもそれは私のフィルムだから。それに、私が今していることをするのが私の義務なんだ。フィルムを浪費して、喋るということだ。だから時には、あなた方も可能な限り浪費することだ。

ここに姿を現しているのは、ゴダールの批評の最も深遠な特異性の一つ、つまり〈黒画面〉という、ヘーゲルにおける否定的なものの契機に相当するものをめぐる作業の一つの具体的な生起である。この場合、記録しないこと／撮影しないこと／表象しないこと／「黒画面を置くこと」という作業であり、ジャン＝リュック・ゴダールはここでそれを生放送で行っているのだ。こうした観点からは、1969年のラッシュはすぐれて「批評的＝危機的（クリティック）な瞬間」、再び表象を開始できるようになる前の、根本的な異議申し立ての瞬間――拒絶すること／消去すること／宙吊りにすること／反省すること

──を差し出している。ジャン゠リュック・ゴダールがここで確立するのは、ヘルダーリンのいう強い意味での断絶、中間休止〔césure〕の視覚的な場、以前と以後の間に質的な跳躍を導入し、論理の変化を確固たるものにするような場なのである。

• 作り手たち
量と質に関わる2つの解決策が可能である。
- チームを変えること──1人でいるか、80人でいるか

> 1台のカメラに3人が必要だと言われているが、たった1人か、あるいは80人で試してみるといい。1台のクータン〔エクレール社の軽量の16ミリカメラ〕に対して3人必要だと言われたら(君たちはそこに3、4人いるけれども、私の考えでは1人で十分だ)、たった1人でいるか、あるいは250人でいるように要求してみたまえ。というのも、そうすれば他の諸問題が提起されて、君たちは真の問題、他の事柄を再び見出すだろうから。

こうした提案が、当時、ますます普及していた〈集団〉という政治闘争のモデルに収まらず、フランスのシネトラクトや合衆国のニューズリールのような、その集合的なエネルギーが〔メンバーの数の〕算定から逃れていくような実践に対応していることに留意しよう。
- 言表行為の源泉を、言表者を変えること──「専門家」の代わりとなる「のけ者(パーリア)」

> **ジャン゠リュック・ゴダール**　テクストと意味の次元では、あらゆる映画、あるいは80%の映画は、異議申し立てをするものであっても、半ばファシスト的な映画にとどまっている。というのも、新聞雑誌もそうだし、文学作品(テクスト)もそうであるように、文法や言説の規則に従っているから。

> **ジャン＝ポール・トロク**　まさにその文法の規則を変えるためには、何をすればいいのでしょうか？
> **ジャン＝リュック・ゴダール**　そうだな、まずは熟考すること、そして文法を学んでいない別の人たちと一緒に別のことをしてみることだ。読み書きのできない人たち、非識字者に会いに行くべきだ。そしてのけ者(パーリア)たちにも。ただし、2つの意味においてのけ者となっている者たち、〔文字だけでなく〕映画を奪われている者たちにも。

このような提案は何を見据えているのか？　さまざまなモチーフがそれ自体でおのれの作り手となり、おのれに固有の映像を実現するにあたって、何ら仲介者や専門家を必要としない、ということである。もっとも、それは現代の自分本位の実践を指すわけではまったくない。というのも、ゴダールにとって、「読み書きのできない人たち」を経由することは、言説の諸形態が変化しうるという希望に通じているからである。

• 配給

これは対談の最も挑発的で独創的な側面であり、おそらくこの映像(リール)はそのために「自己検閲」によって放棄されることになった。話題になっているのは、

- 映画館を爆破すること
- テレビで放映されることのない映画を作ること
- 闘争が終わってからようやく放映される映画を作ること

である。

> 取ることのできる行動(アクション)は無数にある。時には何軒かの映画館を爆破してもいいし、テロリスト的な手段や、破壊活動(サボタージュ)もある。逆に、別の映画を再構築するのも同じくらい重要だ。ORTFでは放

> 映されることのない映画や、闘争が終わってから放映される映画を作ろうではないか。

「演出とは何か？」のこのエピソードと同じく、ジガ・ヴェルトフ集団の映画は、テレビ局によって製作されたのに、テレビでは1本たりとも放映されることがないだろう。

だとするなら、人は映画作品には効力がないと考えるかもしれない。おそらくその通りである。だが実のところ、映画作品はまさしくそれゆえに、ある社会が見たり認めたりするのを受け入れるか否かの決定的な標識（マーカー）になる。映像の批評的役割のうち決定的なものの一つは、実際、容認できないものの線を引くことにある。ジャン＝リュック・ゴダールはまさにそのことに、イデオロギーの前線で、以降、絶え間なく専心することになるだろう。

3　スタイルに関する異論

2つの媒介変数（パラメーター）がとりわけ考察の対象となる。

- モンタージュ

> 私は編集（モンタージュ）のない映画を作ろうとしている。もっとずっと単純な映画、ただひたすら撮影するだけの……。コダックがとてもいいフィルムを生産している。フィルムロールには2分間のもの、5分間のもの、10分間のもの、30分間のものがあり、それだけあれば十分だ。作業としてもっぱらフィルムロールの時間だけ撮影し、編集はしない。編集はすっかり……。今日、編集と呼ばれているものは、ロシア人たちが編集（モンタージュ）と呼びつつ見出そうとしていたものに比べればまるで何の価値もない。

ここで取り上げられているのはシネトラクトである。だがもちろん、編集（モンタージュ）はジャン＝リュック・ゴダールの最も創意に富み、最も掘り下げられた作業現場を構成している。

• フレーム

> そのことは例のテレビ討論を見るとよく分かる。組合員のカメラマン（たとえば五月の最中にもよく見かけた人物なんだが）、ド・ゴールをフレームに収める組合員のカメラマンは、ド・ゴールに対して妨害工作（サボタージュ）をするのではなく、彼をうまくフレームに収めていた。ド・ゴールに対してストライキをしているときに、自分の仕事と称することをやっていたわけだ。

画面外では何が起こっているのか？　ジャン＝ポール・トロクの記憶では、CGT〔労働総同盟〕の組合員だった番組のカメラマンは怒り狂って、「ゴダールをぶん殴りたがって」いたという[*3]。

スタイルや造形に関するこのような自発性（イニシアティヴ）は、『勝手にしやがれ』のジャンプカットから『三つの災厄』と『さらば、愛の言葉よ』における3Dの脱構築に至るまで、ジャン＝リュック・ゴダールの仕事の原動力となるエネルギーの供給源となっている。その仕事を、何らかの媒介変数（パラメーター）に焦点化する時期に沿って区分することもできる。たとえば、1980年代は視点の批判がなされた時期であり、2010年代は（デジタルという）基底材〔subjectile〕の時期である、というように。

みずからの専門領域（ディシプリン）に関して、生涯にわたってこれほど体系的かつ掘り下げた批判を行った映画作家はほとんどいない。

総括しよう。対談「映画入門――演出とは何か？」は、専門技能を伝達するという穏やかな象徴的儀式を、「革命的映画への導入＝序論」に変容させている。「導入＝序論〔introduction〕」なのはゴダールが「入門＝秘儀伝授〔initiation〕」という、宗教的な意味合いを帯びた語の選択を番組で批判しているからで――人が伝授されるのは

＊3　2006年1月28日の電話による会話に基づく。

きまって何らかの〈神秘〉である——、それに抗して唯物論的な術語を奨励することが肝要なのだ。当時は〈作家＝作者〉や〈創造者〉という術語が拒絶され、〈生産者〉や〈労働者〉という用語が使われた時代だった。そのため、それぞれの語句のイデオロギー的、政治的な負荷が慎重に吟味されるのである。

この「導入」が練り上げているのは、まだ「行動主義（アクティヴィズム）の映画」とは呼ばれていなかったもののプラットフォームである。そうした映画に向けた自発的なプラットフォームは、〈表象〉を〈行為〉に変えるための手段と目的を説明している。カール・マルクスが「伝統的な哲学」を「批判的な哲学」に変えるために、すなわち思弁を行為に変えるために理論化したのと同じ過程を映画の領域で推し進めることが重要なのである。

ジャン＝リュック・ゴダールの世代にとって、そのような転換の理論的な象徴（エンブレム）は、カール・マルクスの『フォイエルバッハに関するテーゼ』（1845年）の第11テーゼ——「哲学者たちは世界を様々に解釈してきただけである。肝心なのは、世界を変革することである」[*4]——だった。フリードリヒ・エンゲルスによって発掘され、高く評価されたこの単純な文章がもたらした影響は計り知れないものだったし、今でもそうあり続けている。だが私たちは、ルートヴィヒ・フォイエルバッハの命題のいくつかとジャン＝リュック・ゴダールの命題との近しさにも驚かされることだろう。

II　ルートヴィヒ・フォイエルバッハ、地上にいるための技法

ルートヴィヒ・フォイエルバッハとは誰か？

ルートヴィヒ・フォイエルバッハ（1804–1872）は、何よりもまず、1841年に刊行されて一時代を画した『キリスト教の本質』の著者として知られている。同書には、当初、すばらしい副題「純粋非理性

＊4　11のテーゼの徹底した分析が以下でなされている。Georges Labica, *Karl Marx, Les Thèses sur Feuerbach*, Paris, Presses Universitaires de France, 1987. 歴史的な文脈に分析については以下を参照。Lucien Calvié, *Le renard et les raisins. La révolution française et les intellectuels allemands, 1789–1845*, Paris, Études et Documentation Internationales, 1989.

批判」——残念ながら最終的には取り除かれてしまった——が付されていたことを指摘しておこう。

『キリスト教の本質』は、疎外としての宗教の批判である。同書に寄せた序文で、ルイ・アルチュセールは、フォイエルバッハが仕事をしていた政治的・知的な文脈を復元している。

> 歴史は理性と自由の支配という目的をもつと信じた青年ヘーゲル派は1840年、王位継承者に彼らの希望の実現の期待をかけた。その希望とは、プロシアの封建的、専制的な制度の終焉、検閲の廃止、教会を理性に服させること、要するに、政治的、知的、宗教的に自由な制度を設立することだった。ところで、《自由主義者》だと言われたこの王位継承者は、王位に就いてフリードリヒ・ヴィルヘルム4世となるや否や、専制主義にたちかえった。圧制はいっそう厳しく強化され、彼らのあらゆる希望の根拠であり要約でもあった理論は破局をむかえた。歴史は理論のうえではまさに理性と自由であった。しかし事実のうえでは非理性と隷従にすぎなかった。この矛盾そのものにほかならない事実の教訓をうけいれなければならなかった。だが、いかにそれを考えるべきであろうか？　『キリスト教の本質』（1841年）があらわれたのはこのときであり、次いで『哲学の改革』にかんする仮綴じ本が出たのである。これらのテキストは、たしかに《人間性》を解放しなかったが、青年ヘーゲル派を理論の袋小路から救いだした。彼らが、人間とその歴史について発したこの劇的な問いにたいして、フォイエルバッハは正確に、しかも彼らが最大の混乱に陥ったその時点において答えたのだ！　40年後のエンゲルスにおける、あの安堵とあの熱狂の反響を見るべきである。フォイエルバッハこそまさに「新たな哲学」であり、ヘーゲルとあらゆる思弁哲学を一掃し、哲学が逆立ちで歩かせた世界をふたたび足で立たせ、あらゆる疎外とあらゆる幻想をあばきだし、しかも同時にそれら

の理由を説明し、理性自体の名において歴史の非理性を考察し批判することを許し、ついには理念と事実を一致させ、さらに世界の矛盾の必然性と世界の解放の必然性を理解させたものである。これこそ年老いたエンゲルスがやがて言うように、新ヘーゲル派が「すべてフォイエルバッハ主義者」になった理由である。[*5]

批判的思考の歴史において、ルートヴィヒ・フォイエルバッハの重要性はどこに由来するのか？　彼は観念論の伝統を退けて、現実に基づく哲学の新たな始まりを訴えたドイツの哲学者である。これはマルクスが持ち出すことになる動きと同じものであり、フォイエルバッハにとっては、引き剝がしと逆転という二重の動きを必要とする。そして、それが以下のような、彼の著作の2つの側面を規定している。

1) 否定の側面として、観念論とその思弁的論理の体系的な批判。
2) 肯定の側面として、唯物論と感覚論に基づく、現実のある特殊な概念の発展。

彼の思考のいくつかの段階をたどって、フォイエルバッハが発展させているにもかかわらず、少なくともフランスではほとんど読まれていない、芸術についての美しい概念に注意を促すことにしよう。

- 『哲学改革のための暫定的命題』(1842年)

本書は、マルクスが執筆することになる『フォイエルバッハに関するテーゼ』と同様、番号付きのたいていは短いパラグラフによって組織されている。こうした数字を付された断片による組織化には、直接的なモデルが2つ存在する（より間接的には、ヘラクレイトスの断片やブレーズ・パスカルの『パンセ』の学術的な版などもそうだ)。スピ

＊5　Louis Althusser, « Les “Manifestes philosophiques” de Feuerbach », in *La Nouvelle Critique. Revue du marxisme militant* n° 121, décembre 1960, pp. 35–44.〔「フォイエルバハの『哲学的宣言』」、『マルクスのために』河野健二・田村俶・西川長夫訳、平凡社ライブラリー、1994年、67–68頁、訳文一部改変〕この文章のわずかに異なるヴァージョンが当初、次の本の序文となっていた（1958年6月執筆)。Ludwig Feuerbach, *Manifestes philosophiques*, textes choisis (1839–1845) et traduits par Louis Althusser, Paris, Presses Universitaires de France, 1960, p. 1–2.

ノザの『エチカ』(フォイエルバッハは同書を梃子にしてヘーゲルから離れることができた)と、〔ドイツ・ロマン主義の〕『アテネーウム』の断章がそれである。

このようなタイプの組織化を映画において引き継いだものとしては、何よりもまず、ジャン=リュック・ゴダールの作品における、情景や寸劇(サイネーテ)や瞬間への数字を付した断片化が挙げられる。

『女と男のいる舗道(12の情景からなる映画)』

『恋人のいる時間(1964年に撮影されたある映画の断片)』

『男性・女性(15の明確な事実)』

『6×2(コミュニケーションにもとづく/のもとでの)』

『ダルティ報告』

『映画史』……

こうした構成は科学的で教育的な次元を引き受けているが、その次元は詩に変換されたり、バーレスク的な様態で脱構築されたりする(『ダルティ報告』)。さらに、「ラテン」的な修辞学による組織化とは対極的な、並列と相互参照のネットワークという幾何学的な構成を取り入れることで、スピノザ/フォイエルバッハ/マルクスの唯物論的な哲学の伝統に属するものともなっているのだ。

(マルクス主義に基づく他の映画作家たちも、番号付きの構造による構成を用いている。フェルナンド・ソラナスとオクタビオ・ヘティノの『燃えたぎる時』(1968)、アレクサンダー・クルーゲ……)

フォイエルバッハに戻ろう。彼のテーゼのうちのいくつかを以下に掲げる。[*6]

暫定的命題の§28には、「哲学のはじまりは、神でもなく、絶対者でもなく、絶対者または理念の述語としての存在でもない——哲学のはじまりは、有限なもの、規定されたもの、現実のものである」

*6　すべての引用は、以下からのものである。Ludwig Feuerbach, *Manifestes philosophiques*, textes choisis (1839–1845) et traduits par Louis Althusser, Paris, Presses Universitaires de France, 1973.〔ここでは、『将来の哲学の根本命題』および『哲学改革のための暫定的命題』からの引用に関しては、フォイエルバッハ『将来の哲学の根本命題　他二篇』(村松一人・和田楽訳、岩波文庫、1967年)の該当ページを補った。『哲学改革の必要性』からの引用に関しては、『フォイエルバッハ全集』第二巻(船山信一訳、福村出版、1974年)の該当ページを補ったが、訳文は大幅に改変した。〕

(p. 111〔邦訳105頁〕)とある。

では、フォイエルバッハにとって現実のものとは何か？　その答えは単純明快で、現実とは苦悩、「人間的悲惨」である。

『将来の哲学の根本命題』には、次のように書かれている。

> 将来の哲学は、哲学を「死んだ魂」の国から、肉体をもった、生きた魂の国へふたたび導き入れるという課題を、つまり、哲学を神々しい、何の欲求もない思想の法悦から、人間的悲惨の中へ引きおろすという課題をもっている。(……) 目下の急務は、まだ人間を描くことではなく、かれをその落ちこんだ泥沼から引きだすことである。(p. 127–8〔邦訳7–8頁〕)

したがって、かつての哲学が観念と概念に基づいていたのとは対照的に、哲学は物質の、感性的なものの哲学となるだろう。

根本命題36には、以下のようにある。

> 古い哲学がその出発点に、「私は抽象的な、たんに思考するだけの存在であり、肉体は私の本質に属さない」という命題をもっていたとすれば、新しい哲学は、それに反して、「私は現実的な、感性的な存在である。(……) 肉体の全部が私の自我、私の本質そのものである」という命題をもって始まる。(……) 新しい哲学は、喜んで、意識的に感性の真理を承認する。それは感性的であることを少しもかくさない哲学である。(p. 181〔邦訳72–73頁〕)

このようなわけで、フォイエルバッハは身体の哲学、情動の（非常にドゥルーズ的な）、喜びの（非常にスピノザ的な）、欲求の、欲望の、愛の哲学を練り上げるのである。

私たちに特に関係の深い帰結は、以下の3点である。

- 芸術の役割

- 人間存在の役割
- 哲学者の地位

A　芸術の役割

芸術とは、感性的なものの学習である。

根本命題39「芸術が「真理を感性的なものにおいて描写する」［＝ヘーゲル］とは、正しく理解し表現すれば、芸術は感性的なものの真理を描写する、ということである」（p. 183〔邦訳76頁〕）。

別の言い方をするなら、感性的なものとは、所与の、直接的な、乗り越えられるべきものではなく、把握され、理解され、主体が押し付ける諸々の投影から浄化されるために長い学習の対象となるべきものなのである。

芸術とは、現実の複雑さと美しさに到達するための長い通路である。フォイエルバッハはかくして、映画においてアンドレ・バザンとともに頂点に達する、リアリズムの理想を要約していると言いうるかもしれない。この観点からすると、フォイエルバッハはモーリス・メルロ＝ポンティの現象学——彼の考察は1960年代のゴダールを形作っている——を先取りしている。ところで、これはいささかもおめでたい多幸症的な概念ではない（事物はそこにあり、ただ見つめるだけでよい、というような）。フォイエルバッハは逆に、芸術のきわめてメランコリックな概念、私たちにとってはいまやなじみがあり、ほとんど支配的であるような概念を発展させている。それは暫定的命題の§22である。「芸術は、此岸の生活が真の生活であり、有限なものが無限なものであるという感情から生まれてくる」（p. 109〔邦訳103頁〕）。

続く暫定的命題の§23にはこう書かれている。

> 人間的なものが神的なものであり、有限なものが無限なものであるという、血となり肉となった、確固たる意識が、力、深さ、情熱

> においてこれまでのすべてにまさる新しい詩と芸術の源泉である。彼岸の信仰は、絶対に詩的でない信仰である。苦痛が、詩の源泉である。ひとつの有限な存在の喪失を無限の喪失と感ずる者だけが、叙情詩の炎を感じる力をもっている。もはや存在しないものの思い出の胸をそそる苦痛だけが、人間における最初の芸術家、最初の理想家である。(p. 110〔邦訳104頁〕)

ここには、ヴァルター・ベンヤミンにおいて根本的に重要なものとなる用語が見分けられる。

B　人間存在の役割

フォイエルバッハはここで、ほとんどエマニュエル・レヴィナスを、そして間違いなくジャン＝リュック・ゴダールを先取りしている。

> 観念論が諸観念の起原を人間のうちに求めるのは正しいが、しかし、それらを、魂というそれだけで存在するものとして固定された、孤立的な人間から、一言でいえば、感性的に与えられた汝をもたない自我から、導きだそうとするのは正しくない。伝達によってのみ、すなわち人間の人間との会話からのみ、諸観念は生じる。ひとりでではなく、自分とふたりでのみ、人間は諸概念、理性一般に達する。ふたりの人間が、人間を生み出すのに必要である。(p. 185〔邦訳78頁〕)

C　思想家の役割

これは次の2つの命法を前提とする。

- 世界の中で思考すること。

> 生きた、現実の存在として思考せよ。そうした存在として君は、

> 人に生気を与え、さわやかにする大洋の波浪にさらされているのだ。生存の中で、世界の中で、その成員として思考せよ。抽象の真空のうちで、個別化されたモナドとして（……）思考するな。（……）君は、君自身が目に見える存在としてのみ、見るのであり、君自身が手にふれられる存在としてのみ、手にふれるのである。開かれている頭脳にとってのみ世界は開かれている。（『将来の哲学の根本命題』p. 194〔邦訳89–90頁、訳文一部改変〕）

• 歴史の中で思考すること。「必然的かつ真でありうる哲学改革は一つしかない。それは現在の歴史の要請、人間の要請に応えるような改革である」（『哲学改革の必要性』、p. 97〔邦訳19頁〕）。

「政治がわれらの宗教にならねばならない」（p. 100〔邦訳24頁〕）。

ここから、次のようなラディカルな主張が展開される。

> 人間にあっては、実践的な欲求とは、政治的な欲求であり、国事に積極的に参画したいという欲求であり、政治的な階層性と人民の非理性を消滅させたいという欲求であり、政治的カトリシズムを否定したいという欲求である。（p. 102〔邦訳25–26頁〕）

フォイエルバッハについての11のテーゼで、マルクスは、フォイエルバッハが宗教に対して考案した批評原理を政治に移し替えている。

フォイエルバッハは世界全般について次のように言う。神は存在しない。神とは、人間がおのれに固有の精神的欲求を人工的に自律化された領域へと投影したものにすぎない。世界はまことしやかに地上と天上に分かれている、と。

マルクスは労働の世界について次のように言う。労働の世界において支配的なのは、個人の生命の諸力とその疎外された生の間のまことしやかな分割の原理である、と。

だがいずれの場合でも、批判的思考は鋳直しと再設定という同じ作業を実行している――一方では、もはや観念の世界にとどまらず具体的な現象の世界に取り組むことによって、他方で、また同時に、批判とそれが批判するものとの関係を再考することによって。

思考はいかにして具体的な武器となり、世界を変えるのか？　これが〈実践(プラクシス)〉としての批判的思考の定義である。マルクスによる〈実践〉の観念が包含していることを4点にわたって要約しておこう。

1) 批判の形式

説明の仕方について言えば、言説による批判がその概念を成就するのは、説明の形式それ自体のうちにその概念を組み入れる限りにおいてである。分析には創意がなければならないという要請は、ロマン主義者たちによる要請と同じだが、そこに政治的、実践的に何が賭けられているのかはもちろん異なる。

2) 批判の性質

批評の活動はもはや文学の一ジャンル〔としての批評〕に還元されず、何らかのエネルギーであり、実践に変わるべきものとなっている。マルクスが書くように、批判的理論は「物理的な力」[*7]になる。それは彼が「哲学の実現」と呼ぶところのものでもある。

3) 批判の役割

これももはや概念的体系を築くことにではなく、世界を変えることにある。マルクスが練り上げようとしたのは決して体系ではなく、「社会の分析と批判の独創的な方法、闘争の道具へと変わりうるような方法」（マクシミリアン・ルーベル、プレイヤード版の序文）である。[*8]

4) 批判の作り手

それはプロレタリアートである。こうして、専門化された活動、

＊7　Karl Marx, *Pour une critique de la Philosophie du Droit de Hegel* (1844), in *Œuvres III: Philosophie*, Paris, Gallimard, La Pléiade, 1982, p. 390.〔『ヘーゲル法哲学批判序説』三島憲一訳、『マルクス・コレクションⅠ――学位論文・ヘーゲル法哲学批判序説』、筑摩書房、2005年、169頁〕

＊8　Maximilien Rubel, introduction à Karl Marx, *Œuvres III: Philosophie, op. cit.*, p. CXIX.

職業的な同業者団体に押収された活動としての思考は恒久的に拒絶される。マルクスにとって、思弁的活動の歴史的なモデルは古代の哲学者たちではなく、ドイツとフランスの労働者たち（たいてい植字工）、あるいはスイスの労働者ヴィルヘルム・ヴァイトリングである。ジャン＝リュック・ゴダールは、映画は「のけ者（パーリア）」や読み書きのできない人たちによって作られるべきだと表明することで、この原理を延長し、先鋭化させている。だがとりわけ、論理的な展開として、思考の錨を革命的実践のうちにしっかりと下ろすことは、『共産党宣言』の冒頭で「労働者の解放は労働者自身の行為となるだろう」と定義されるような「プロレタリアートの倫理」を前提とする。シャルル・プリニエはそのような倫理、職業的な革命家たちの倫理を、『偽旅券』を構成するいくつかの人物描写（ポルトレ）を通じて語っており、ジャン＝リュック・ゴダールはそれを最後の作品として『奇妙な戦争』と題された映画に移し替えようとしていた[2]。「思考すること、闘争することの情熱[*9]」。

しかしながら、後継者たちよりもずっと教条的ではないマルクスにあっては、他にも批判的思考と社会階級の連接を見出せる。より本来的で根底的な仕方で作動しているのは、苦悩することと思考することの間の関連である。1843年5月に執筆された、アーノルト・ルーゲ宛の手紙を例に挙げて締め括ることにしよう。

> 思考し苦悩する人間、抑圧された思考する人間の存在は、俗物どもの受動的で、なにも考えずに享楽する動物界にとっては必然的に、享楽も消化もしがたいものにならざるをえません。われわれのがわからすれば、古い世界はあますところなく白日のもとにさ

[2]　ゴダールが最晩年に進めていた2つの企画のうち、『奇妙な戦争』はプリニエの『偽旅券』が「原作」となっていた。これらの企画については、196頁の訳註も参照。

＊9　Charles Plisnier, *Faux passeports*, Paris, édition Corréa, 1937, p. 29.〔シャルル・プリニエ『偽旅券』井上勇訳、板垣書店、1950年、26頁〕

> らされ、新しい世界が積極的につくりあげられなければなりません。一連のできごとが思考する人間に熟考する時間を、苦悩する人間に考えに集中する時間を長く与えれば与えるほど、現在がはらんでいる産物はそれだけいっそう完全なかたちで世にあらわれるでしょう。[*10]

ゴダールについては、一方で事実に関する観点からは、1966年以降、彼のマルクスとの関係は恒常的、発展的、異端的なものであったと言うことができ（その関係の重要な現れの一つは『ダルティ報告』である）、他方で美学的な観点からは、映像と行為の連接の経路をさまざまに探ることが彼の全作品のなかで最も手の込んだ作業現場の一つをなしていると言うことができる。この観点からは、1980年代という、形象化の不可能性の諸問題を運用する時期は、実践の観念と結びついた政治的な表面に対する、行為遂行的（パフォーマティヴ）な裏面を構成している。つまり、偉大な神話的フィクション（『こんにちは、マリア』）においてであれ、エッセー（『映画史』）においてであれ、ジャン゠リュック・ゴダールがそこで吟味し、展開しているのは、映画が何をなしえないのか、何をなしえなかったのか、何をなしえないかもしれないのか、ということなのである。最後に、いくつかの時期、段階、命題の総体を貫いているものは、批判的思考の具体的な決定因、すなわち苦悩から出発して世界を思考する必要性——それはゴダールにおいて、非常に多くの形態を取る——に関わっている。

III　グラッキュス・バブーフ、電撃的な激情

しばしグラッキュス・バブーフに立ち戻るなら、『護民官』36号（共和暦4年霜月（フリメール）20日／1795年12月11日）の文章は、著者のすばらしい表現を借りれば「電撃的な激情」[*11]を引き起こし続けている問い、す

＊10　Karl Marx, *Œuvres III: Philosophie, op. cit.*, p. 342.〔カール・マルクス「アルノルト・ルーゲへの手紙」村岡晋一訳、『マルクス・コレクションⅦ——時局論（下）／芸術・文学論／手紙』村岡晋一・小須田健・吉田達・瀬嶋貞徳・今村仁司訳、筑摩書房、2007年、374頁〕

なわち、これから何をなすべきか、という問いを表明している。

「これから何をなすべきかを知るのはこれからだ[*12]」。消極的には反革命に対して闘うこと、積極的には「革命をやり直す」こと――革命は少人数の望むとおりに奪い取られてしまったから――が残っている。バブーフにとって、革命が人民の「安定した幸福[*13]」を保証しない限り、革命はこれからなすべきことなのである。革命は、

> まったく終わっていない。なにしろ、人民の幸福を保証するために何もなされておらず、逆にその人民を疲弊させ、その汗と血を醜悪な一握りの金持ちたちの黄金の壺に注ぎ込ませるためにすべてがなされているのだから。したがって、この革命を継続しなければならない。それが人民の革命になるまで[*14]。

実際、このような意味において、革命とはこれからなすべきことである――毎日、そしておそらくはいつまでも。皆と一緒に、何人かとともに、そしてまた一人でも。

＊11　「[祖国は] 今なお、権力による犯罪に対する、鉄のように断固たるわが口調、雷のごときわが響き、抑圧された者たちのおびただしい軍団を、圧制に抗して目覚めさせる電撃的なわが激情を必要としているのだ」。Gracchus Babeuf, *Tribun du Peuple*, n° 34, in Philippe Riviale, *L'Impatience du bonheur. Apologie de Gracchus Babeuf*, Paris, Payot, 2001, p. 34.

＊12　*Tribun du Peuple* n° 36, *id.*, p. 79.

＊13　*Tribun du Peuple* n° 24, *id.*, p. 36.

＊14　*Tribun du Peuple* n° 36, *id.*, p. 81–82.

ジャン=リュック・ゴダール、ニューズリールとの接点
(3つの短い証言)

ジャン=リュック・ゴダールは1968年以来、対抗=報道〔一般のニュース番組に対抗するもの〕に熱を上げ、それは1970年代（フィルム）と1980年代（ヴィデオ）の時期における彼の探究を決定付けている。ゴダールがフランスでメドヴェトキン集団を積極的に支持したことは知られているが、そのほかにアメリカ合衆国でニューズリールという集団を一時的に援助したことは知られていなかった。アイヴォラ・キューザックとジェイムズ・ジューン・シュナイダーは映画『ニューズリール——体制転覆を目論む組織の特徴を解説する』(2023)を準備するなかで、ニューズリールの多くのメンバーたちの証言を集めたが、そこでジャン=リュック・ゴダールという名前に3回遭遇した。歴史の断片を収集してくれたアイヴォラ・キューザックに感謝する。

エリック・ブライトバート[*1]

私は1971年にモントリオールで開かれた「オルタナティヴ・シネマ会議」に行きましたが、そこにはジャン=リュック・ゴダールがいました[*2]。私はそこで彼と出会い、ニューズリールについて議論しました。ジャン=リュック・ゴダールは「どうすればあなたたちを

＊1　エリック・ブライトバートはドキュメンタリー作家、写真家、映画批評家である。

＊2　この会議は、おそらく「政治映画の10日間」というイベント内で開かれたものである。1968年11月14日から23日まで、モントリオールのヴェルディ座で開かれたイベントで、ジャン=リュック・ゴダールとニューズリールのメンバーたちが出席した（Cf. Robert Daudelin, « Changer la société, changer le cinéma. Le cinéma au Québec en 1968 », *24 images*, n° 187, 2018, p. 59.)。ゴダールがリチャード・リーコックとドン・アラン・ペネベイカーとともに『ワン・アメリカン・ムービー〔1AM〕』を撮り始めるのが1968年である。

援助できますか？」と尋ねてきました。そこで私は「実は困ったことに、同時録音ができる16ミリの機材がないんです」と言いました。すると彼は「それなら力になれます。友人のリッキー・リーコックとD・A・ペネベイカーが同時録音用のカメラをいくつか持っていて、そのうち1台を喜んで貸しだしてくれるはずです」と返してくれました。そして紙を3枚取り出し、1枚1枚に書きました。「ニューズリールからカメラを借りるためのチケット、ジャン＝リュック・ゴダール」。リーコックとペネベイカーにこれを見せると、嬉しそうにはしませんでしたが、それでも同時録音のカメラを貸してくれました。1回か2回だと思います。このチケットのおかげですね。
（アイヴォラ・キューザックによるインタヴュー、2012年10月17日、マルセイユにて）

ロバート・K・マコーヴァー[＊3]

マコーヴァー　忘れがたい瞬間がありました。私たちはフォーク・ハウス、つまりゲイとマイケル・フォークの家の地下室にいました。ある時期の全体にわたって、この地下室はニューヨーク・ニューズリールの要衝でした。そこには複数のムヴィオラ〔編集機〕があり、自由に使うことができました。マイケル・フォークがお金を持っていたおかげです。彼はムヴィオラを複数台所有していて、それらを貸し、また新たに買っていた……。
シュナイダー　『アイス』（ロバート・クレイマー、1970年）にはそこで展開している場面がありますよね。
マコーヴァー　ええ、その通りです。ある日、突然、そこにあれほどまでによく見知った顔が現れたのです！　でも誰もが知らないふりをしていました。みな忙しくしていて、働き蜂のように動き回って、あらぬところを眺めるのですが、ジャン＝リュック・ゴダールがそこにいて、周りの活動を何も言わずに笑顔で眺めていました。

＊3　ロバート・K・マコーヴァーは、ドキュメンタリー作家で、主にロバート・クレイマーの撮影監督と編集技師を務めた。

そして誰も彼に何も言わなかった（笑）。私たちはみなこの無視するといういたずらを気に入っていました。うまくいきましたね。

シュナイダー　ゴダールはニューズリールの情報を集めるために来ていたのですか。

マコーヴァー　ええ、噂を聞きつけてやってきて、自分で見たことに明らかに賛同していました。

シュナイダー　それは最初で最後だった。

マコーヴァー　そう、ジャン゠リュック・ゴダールと協働した、最初で最後の経験ですね（笑）。彼が政治的に最もラディカルだった時期でした。毛沢東主義とか、準－毛沢東主義とか、なんと呼んでもいいけれど。

（アイヴォラ・キューザックとジェイムズ・ジューン・シュナイダーによるインタヴュー、2014年5月20日、ニュージャージー州ミルフォードにて）

チャールズ・パステルナク[*4]

何が皮肉中の皮肉かというと、私が中東に3ヶ月滞在していたとき、ジャン゠リュック・ゴダールもそこでパレスチナ人についての映画を撮っていたことです。何が起きたかは神のみぞ知るところです。[*5]オリアーナ・ファラーチというとても有名なジャーナリストがパレスチナ人についての取材をしていました。[*6]つまり、誰もが関わ

＊4　チャールズ・パルテルナクは、特に『コロンビアの反乱』（1969）〔1968年のコロンビア大学紛争についての記録映画〕と『われらパレスチナ人』（1973）に参加した。

＊5　このときの撮影は1969–70年に断続的に1年以上続いたが、その際撮られた映像は『ヒア＆ゼア・こことよそ』（ジャン゠リュック・ゴダール、アンヌ゠マリー・ミエヴィル、1976年）で部分的に使われた。ニコラ・クロッツとエリザベット・ペルスヴァルはエリアス・サンバールが保管していたサウンドトラックをもとに映画を準備している。ニューズリールの映画『われらパレスチナ人』はもともと『勝利までの革命』と題されており、ジャン゠リュック・ゴダールとジャン゠ピエール・ゴランの企画は当初『勝利まで——パレスチナ革命に関する思考と作業の方法』と呼ばれていた。『勝利までの革命』はカリフォルニア・ニューズリールの活動の一環として始まったが、作者たちが除名された後、『われらパレスチナ人』（1973年、55分）と改題し、アメリカ革命的共産党の映画製作組織であるシングル・スパーク・フィルムズのものとして完成された。Cf. Bill Nichols, « New from California Newsreel: *38 Families, Revolution Until Victory, Beginning of Our Victory,* and *Redevelopment*», *Jump Cut*, n° 17, avril 1978, pp. 10–13.

っていたわけです。しかし、それは何かを変えただろうか。どうだろう。私にはわかりません。
（アイヴォラ・キューザック（対面）とジェイムズ・ジューン・シュナイダー（ヴィデオ中継）によるインタヴュー、カリフォルニア州サンタモニカ、2015年9月20日[*7]）

＊6　オリアーナ・ファラーチは1970年にヨルダンに行き、パレスチナ解放人民戦線の創設者ジョージ・ハバシュにインタヴューしている。Cf. Oriana Fallaci, « Perché mettere le bombe sugli aerei ? [Pourquoi mettez-vous des bombes dans les avions ?] », *Europeo*, n° 13, 26 mars 1970.
＊7　映画作家デナル・フォアマンは、2008年にニューズリールとジガ・ヴェルトフ集団を比較検討する卒業論文を書いている。Dénal Foreman, *The Filmmaker-Activist and the Collective: Robert Kramer & Jean-Luc Godard* (Dublin, National Film School). オンラインで閲覧可。

II

映画作品の爆発

予見の技法
『アルファヴィル』とGRAV

『アルファヴィル』を可能にした条件の一つとしては、イルフォードHPSというフィルムの感光度が挙げられる。もはや写真用だけではなく（『勝手にしやがれ』を参照〔同作は写真用フィルムを用いて撮影された〕）、ついに映画用のフィルムとして使うことができるようになり、ジャン＝リュック・ゴダールはイギリスでの特別研修でその使い方を学ぶことになった。この作品の多数の視覚的典拠としては、以下が挙げられる。F・W・ムルナウの『最後の人』、オーソン・ウェルズの『Mr. アーカディン』、ベルナール・ボルドリーによるレミー・コーションのシリーズ、『ディック・トレイシー』や『ハリー・ディクソン』や『フラッシュ・ゴードン』といったコミック。またラジオ・フランス館（設計はアンリ・ベルナール）もそうだ。1963年12月14日に竣工されたこの建物には核シェルターが設置されることで、公式な情報伝達は象徴的に、国防に関する優先事項という地位を持つことになった。そしてキネティック・アートである。キネティック・アートの芸術家の中ではパリのあるグループが注目に値する。その形式的・政治的な作品は非同期的に反響しながらゴダール作品と共鳴しているからだ。その名もGRAV（視覚芸術研究グループ〔le Groupe de Recherche d'Art Visuel〕）、1960年に、オラシオ・ガルシア・ロッシ、フリオ・ル・パルク、フランソワ・モルレ、フランシスコ・ソブリノ、ジョエル・スタン、ジャン＝ピエール・イヴァラルによって創設された集団である。1962年から1964年にかけて、GRAVの造形・映画作品はドゥニーズ・ルネ画廊、パリ・ビエンナーレのほか、クノック＝ル＝ズートのEXPRMNTL映画祭でも展示されたが、そこにはゴダールもいた。[*1] アルファヴィルという都市は黒と白が点滅する世界から成っており、諸々の現象とあらゆる人間経験をシグナルに変え、光学的攻撃と化し、二項に還元するが、この世界は公的言説と公的空間が情報科学と電子工学とサイバネティクスと記号論によって侵略されるという最新状況に基づいている。アルファ60は制御を担うさまざまな分野の間にゴダールが設けた結びつきを擬人化したもので、キネティック・アートは非人間化として生きられるシグナルの世界に、徴候と図像バンクの両方を提供している。例えば、抽象化、フラッシュ、系列性、モジュール構造、計算、プログラミング、迷宮といったことである。

キネティック・アートをこのように全体主義的テクノロジーのイメージとして使うのは(ここでは映画がポジ/ネガの二項からなるものへと還元されており、明らかに全体主義的テクノロジーのイメージに加担している)、GRAVの芸術家たちが訴えた美学的地平を軽視することになる。彼らの批評的理想はモホリ゠ナジ・ラースローとバウハウスに由来し、作品を反゠個人主義的に構想することと、芸術の領域において象徴的主導性が担う政治的争点に関して深く考察することを基盤にすると早くも1960年から表明されており、それは実際、ゴダールが1967年から合流していく理想に先駆けていた。社会的トーテムとしての芸術家という形象を否認すること、剰余価値を生み出すフェティッシュとしての作品を拒否すること、調教と服従への精神的な加担としての芸術の規則を告発することをGRAVは主張したのだった。[*2] フリオ・ル・パルクはGRAVが解散する直前、1968年3月に「文化的ゲリラ戦」と題したラディカルな総括を書いたが、それは次のように締め括られている。

＊1　Xavier Garcia Bardón, « EXPTMNTL, festival hors-normes », *Revue Belge du cinéma*, n° 43, décembre 2002を参照。

＊2　フランク・ポパーの著作のほか、以下を参照せよ。Yves Aupetitallot (dir.), *Stratégies de participation : GRAV – Groupe de recherche d'art visuel, 1960/1968*, Grenoble, Le Magasin, Centre d'art contemporain de Grenoble, 1998.

> 既存の構造に対する攻撃の力能を活性化させること。芸術の内部に革新を求めるのではなく、コミュニケーションを条件付ける基盤のメカニズムを可能な限り変えること。(……)現状に対して一種の文化的ゲリラ戦を組織すること、矛盾を強調すること、人々が変化を生み出す能力を再発見する状況を作り出すこと。安定したもの、持続するもの、決定的なものに向かうあらゆる傾向と闘うこと。習慣、既存の基準、諸々の神話、他の精神的図式といった、権力をもつ諸機構と結託した方向づけから生まれたものと結びついて、依存、無気力、受動性の状態を増大させるあらゆるものと闘うこと。生のシステムは政治体制を変えたとしても、私たちがそれを疑問に付さない限り維持され続ける。今後、関心が宿るのは、芸術作品(その表現や内容などの質)の中ではなく、文化的システムへの異議申し立ての中においてである。[*3]

GRAVは、その集団的実践、理論的なマニフェストの数々、そしてその力強さによって、転用を被っているとはいえ、その造形的な独創性を心ならずもアルファヴィルの世界にたしかに引き渡している。だがそれと同時に、その批評的エネルギーのひそやかで、予感に満ちた、豊かな痕跡をゴダールの作品に残している。

*3 *Id.*, p. 231–232.

『シネトラクト 1968番』と『赤』

ジェラール・フロマンジェとジャン=リュック・ゴダールの共作

映画三部会は1968年5月19日に生まれた。1500人もの人々が集まり、映画を職業にする人もしない人もいたが、みな「政治的に政治映画を作ること」を気にかけ、製作・監督・配給といった映画的実践のすべての側面を再審に付していた。映画三部会は、革命の〈大いなるスタイル〉とでも呼ぶべきものが普及するという、映画史で最も形式的な創意にあふれた一時期における目印をなしている。ソ連の実例やポール・ストランドとレオ・ハーウィッツのフロンティア・フィルムズやキューバのサンティアゴ・アルバレスやアルゼンチンのフェルナンド・ソラナスに着想を得つつ、それよりさらに深い影響を帝国主義の巨人と闘うヴェトナムの小さき人民の英雄的な事例から受け取って、異議申し立てをする一つの共通したスタイルが大陸から大陸へと横断し、歴史のうねりを、対抗=報道の作品群を豊かにしていたのである。「シネトラクト」はクリス・マルケルの主導で映画三部会が始めた集団的試みだが、映画作家であれ、画家、写真家、俳優、技術者であれ、フランスの前衛の主要人物たちの多くを結びつけた。ジャン=リュック・ゴダール、ジャン=ピエール・ゴラン、アラン・レネ、フィリップ・ガレル、ジャッキー・レーナル、ジャン=ドゥニ・ボナン、ジェラール・フロマンジェ、ジャック・ロワズルー、エレーヌ・シャトランをはじめ、他にも大勢の人物がいた。シネトラクトの各作品は、撮影台を使って、編集なしで、フランスおよび世界中の現況を写した写真を再撮影して作られるもので、16ミリフィルムのワンリール、つまり2分44秒の小さな映像詩を作り出す。現像所はストライキ中だったが、〈五月〉の映画を現像するために特例が認められた。それは匿名の、集団的な、差し迫った映画だったからである。取り決めによれば、シネトラクトは「議論と行動を呼び起こす」ために、「異議申し立てをし、提案し、ショックを与え、情報伝達し、問いかけ、主張し、説得し、思考し、叫び、笑い、告発し、教養を高めること」が必須とされた[1]。

「1968番」と番号の振られたシネトラクト特別篇は画家ジェラール・フロマンジェとジャン゠リュック・ゴダールが共作した成果であり、フロマンジェがエコール・デ・ボザールの〈アトリエ・ポピュレール（民衆工房）〉の一環で制作したポスターの映画版である。なお、68年5月の有名な標章(エンブレム)はどれもこの工房から出てきたものだ。この映画は、シチュアシオニストたちが好んだスペインのイエズス会士バルタサル・グラシアンの表現を借りれば、視覚的な「皮肉」であり、明察の形象でもある。つまり純粋状態の「機知に基づく皮肉」であり、グラシアンなら「綺想の類似に基づく形象」と呼んだことだろう。

象徴として見れば、フランス国旗の革命の赤が――

- 一方で、他の政治的選択に関連する色彩を侵略している。
- 他方で、赤はそうしながら歴史的な起源、つまり血に遡っている。

「これは赤ではない、血なのだ」。

また、この機知は同時に回顧的かつ予見的である。

- 硬直した象徴を蘇らせるために一つのイメージの源に遡るという点で、回顧的である。
- フランス革命という過去の栄光と68年5月から生まれた希望とを融合させるという点で、予見的である。

修辞学の観点からは、これはまさしく「転化表現〔「テーブルの脚」のように、当初は比喩だったが、すっかり定着して一般化した表現を指す〕の逆」をすることとも言える。使い古されたメタファーを目覚めさせているからだ。

[1]　ここで引用されているのは、「シネトラクトせよ！（Cinétractez!）」と題されたマニフェストの一節である。以下の文献でその全文を読むことができる。須藤健太郎「シネトラクトせよ！」（『作家主義以後』フィルムアート社、2024年、270–279頁）。訳文は一部改変した。

そして、これは借りを返すといったていのもので、ダニエル・ポムルールやエロやピーター・スタンフリといった他の政治参加する画家たちへの丁重で笑いに溢れた返答だった。彼らは1967年に、《アクションの絵画》と題した展覧会を開催したが、それは絵画を展示するのではなく、映画を上映するものだった。フリッツ・ラング、エイゼンシュテイン、マンキーウィッツ……、そしてゴダールの映画を。

1969年、ジェラール・フロマンジェは『赤』と題した第二のヴァージョンを作った。マリン・カルミッツから彼の映画『同志たち』の予告篇を依頼されて作られたものだが、同作はパリに上京し、工場での生活と革命的闘争の必要性を発見するプロレタリアの若者の物語である。フロマンジェは同じモチーフを使いながらも、そこにブローニュ゠ビヤンクールのルノー工場38部門で録音した音源と10枚ほどのシルクスクリーンを付け加えた。彼はそれらのシルクスクリーンについて次のように解説している。「警察の野蛮さを前にした労働者の正当な怒りの10のイメージと壁に掛けられてはその壁を破壊する旗の10のイメージである。美しく厳しいイメージが映画館でスクリーンを破壊してしまうように」。

資料

『王たち』

ジャン＝リュック・ゴダールの忘れられたシネトラクト

ここに再録する〔ゴダールの手による〕8つの画像は、1968年にブリュッセルのラ・コネッサンス出版から刊行された複数の著者による書籍『芸術と異議申し立て』から採ったものである。これらの画像は、「ジャン＝ピエール・ファーユとジャン＝リュック・ゴダール」に捧げられたアラン・ジュフロワの寄稿文「芸術をどうすべきか――芸術の廃棄から革命的個人主義へ」の中にひとまとめにして挿入されたものである。アラン・ジュフロワはこの文章で、自著『芸術の廃棄』が呼び寄せた革命的な爆発をしっかりと記憶にとどめている（この本は1967年9月に執筆され、1968年3月にクロード・ジヴォーダン画廊によって展示され、同じ日に同名の映画に撮られた[*1]）。彼は同書で、妨害工作や策略のほか、社会が同化しえないがゆえに不在化させられる作品に与えられた特権を武器として用いながら、芸術をゲリラ戦に変えるように呼びかけている[*2]。

『王たち』は、『シネトラクト 1968番』と同じく、クリス・マルケルが主導し、ゴダールとジュフロワがともに参加した「シネトラクト」シリーズの周囲を旋回する衛星のように見えるだろう。この紙上の「シネトラクト」は追加物であり、練習であると同時に、紙面とフィルムの同等性をめぐるゴダールによる新たな断言である。ゴダールはシチュアシオニストが実践した大衆的イメージの転用とヘル

＊1　アラン・ジュフロワは長篇映画『自滅せよ』（セルジュ・バール、1968年）の中でこの文章の一節を読み上げている。

＊2　Alain Jouffroy, *L'Abolition de l'art*, Genève, éditions Claude Givaudan, 1968, 42 p.〔アラン・ジュフロワ「芸術の廃棄」峯村敏明訳、『デザイン批評』8号、1969年1月、11–25頁〕

ベルト・マルクーゼの理論とを結びつけている。そこで形作られる文章「帝国主義の王たちはテクノロジーの進歩とセクシュアリティを抑圧の道具に変えた」は、実際、『一次元的人間』で練り上げられる諸命題の見事な要約になっている。当時、『一次元的人間』はモニック・ウィティッグが翻訳し、ミニュイ社から刊行されたばかりだった[*3]。また、ヘルベルト・マルクーゼは1968年5月にパリにいて、主に『ル・モンド』と『レクスプレス』といった新聞や週刊誌を通して、学生への支持を公の場で表明していたことを思い出しておきたい。「すべてはいつもひと握りの反抗した知識人によって始められた。(……) この種の反抗はもちろん革命的な力を作ることには至らない。だが、そうした革命的な力の創造は「第三世界」運動やゲットーの活動と一つに合わさるものだ。それは崩壊の強い力なのである[*4]」。

アラン・ジュフロワは「芸術をどうすべきか」という自分の問いに、自ら次のように答えている。「今後発明すべき唯一の芸術(技術)とは、革命をなす芸術(技術)であろう[*5]」。これこそジャン゠リュック・ゴダールがその後に尽力したものであり、彼は最も馴染みの悪い文脈でも、見たところ最も不適切と思われている手段を使ってでもそうした。例えば、シックのカミソリのテレビCM(1971)がそうだが、ゴダールは『王たち』ですでにシックの広告ページに切り傷を付けている。

＊3 「人間存在における超越的要因を技術的・政治的に征服するということは、先進産業文明の大きな特質であり、それはこの文明のなかでは本能の領域において確証される。つまり、服従を生み出し、また抗議の合理性を弱めるような満足において確証されるのである。(……) 性(および攻撃性)のこの解放は、既成の満足の世界の抑圧的な力を明らかにするような不幸と不満の多くから、本能的衝動を解き放つ」。H. Marcuse, *L'Homme unidimensionnel. Essai sur l'idéologie de la société industrielle avancée* (1964), Paris, éd. de Minuit, 1968, p. 99–100.〔ヘルベルト・マルクーゼ『一次元的人間――先進産業社会におけるイデオロギーの研究』生松敬三・三沢謙一訳、河出書房新社、1980年、94–95頁〕

＊4 Pierre Viansson-Ponté, « Le philosophe Herbert Marcuse "maître à penser" des étudiants en colère » (entretien), *Le Monde*, 11 mai 1968, p. III.

＊5 Alain Jouffroy, « Que faire de l'art ? De l'abolition de l'art à l'individualisme révolu-tionnaire », in [Collectif], *Art et contestation*, Bruxelles, La Connaissance, coll. Témoins et témoignages. Actualités, 1968, p. 201(強調原文).〔アラン・ジュフロワ「「芸術」をどうすべきか――芸術の廃棄から革命的個人主義へ」峯村敏明訳、『デザイン批評』9号、1969年6月、149頁〕

les rois
les rois
les rois

Film-tract

〔王たち　王たち　王たち〕
〔シネトラクト〕

〔王たち　王たち　王たち　王たち　王たち　王たち　王たち　王たち〕

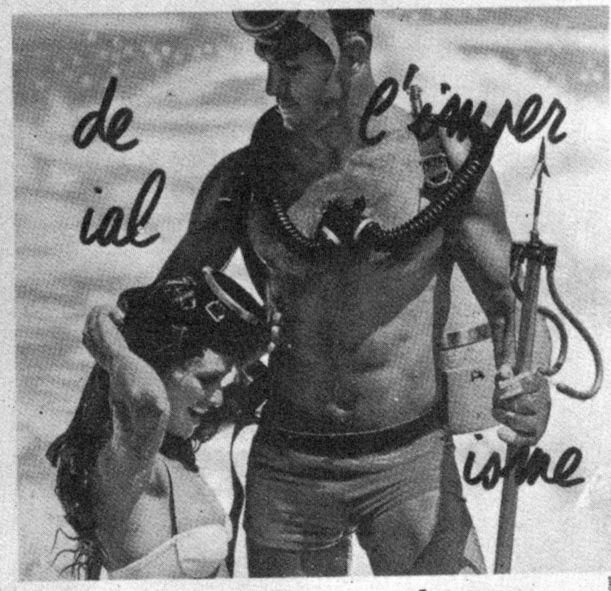
de
l'imper
ial
isme
une vraie vie d'homme !

〔帝国主義の〕
〔男の本当の人生！〕

〔変えた〕
〔バンドデシネの雑誌『Spécial Kiwi』36号の表紙〕

〔テクノロジーの進歩〕

Kwaï

POUR ADULTES

et la sexualité

KWAI - OPERATION STEINDORF

2

MENSUEL - N. 2 | 2 F
BELGIQUE 20 FB - ALGERIE 2,30 DA
SUISSE 2 FS - MAROC 2,30 DH - CANADA 50 CTS

〔とセクシュアリティを〕

〔バンドデシネの雑誌『Kwaï』2号の表紙〕

〔道具に〕

Il ne suffit pas de se raser avec un Schick Injector pour avoir du succès.

Mais ça aide !

Il serait présomptueux d'affirmer qu'un homme bien rasé, aussi bien soit-il, se transforme automatiquement en un Don Juan irrésistible.

(S'il en était ainsi le SCHICK Injector serait le plus extraordinaire instrument de séduction qui puisse exister).

Tout a été conçu dans ce rasoir insolite, à tranchant unique, pour vous raser de très, très, très, très, très près.

Voyez plutôt : vous le prenez... Non, pas comme un rasoir traditionnel. Oui, comme ceci : la tête bien à plat sur la joue (vous avez ainsi automatiquement le meilleur angle de coupe). La lame glisse sur votre visage, sûre, précise...et votre barbe s'efface doucement, si doucement.

SCHICK

Et maintenant, regardez-vous dans la glace... Irrésistible ? Qui sait ! De toute façon, tellement plus agréable à embrasser !

N.B. - Le SCHICK Injector s'arme comme un revolver à l'aide d'un chargeur automatique qui met la lame en place automatiquement.

Le prix de ce rasoir ? Entre 7 F et 32 F suivant les modèles.

Distributeur : S.F.D. 13, rue Jean Mermoz - 75 - Paris 8e - Tél. 359.99.19

30

〔抑圧の〕

〔成功するには、シック・インジェクターで髭を剃るだけでは充分ではない／

再構築中
『パート2』

ホセ・ルイス・ゲリンのために

1967年から1974年にかけて、ジャン＝リュック・ゴダールが何人かの仲間とともに組織したのは、映画がその歴史的な責任を引き受けて、解放闘争の前線に参加できるようになるための装備一式を収めた武器庫だった。支配的イメージと戦闘員の役に立ちうるイメージとの対立を練り上げ、映像によるエッセーの形態を過激化させ、実地調査を行い（イギリス、チェコスロヴァキア、イタリア、パレスチナ……）、敵から回収し（製作資金を西洋のテレビと広告会社から奪い取る）、政治参加する映画の製作を援助するなど（シネトラクト、メドヴェトキン集団……）、この期間に進められた例外的な創意に溢れた仕事は「取ることのできる無数の行動（アクション）」のいくつかを成し遂げるものだった。「時には何軒かの映画館を爆破してもいいし、テロリスト的な手段や、破壊活動（サボタージュ）もある。逆に、別の映画を再構築するのも同じくらい重要だ[*1]」。

1975年、『パート2』はその本性が再構築にあると主張した。ヴィデオで撮影されて35ミリに焼き付けられたこの作品は、振り返れば、ヴィデオ・シリーズ『6×2』（1976）と『二人の子供フランス漫遊記』（1979）のために必要だった理論的前書きのようにみえる。両作とも、1968年から取りかかっていた大掛かりな集団製作の企画『コミュニケーション』に由来するものである。ジャン＝リュック・ゴダールは〔『パート2』を撮った〕グルノーブルを離れて再びヨーロッパへと

＊1　ジャン＝リュック・ゴダールとジャン＝ポール・トロクとの対話、未公表のラッシュ映像、1969年〔本書「批判的思考とその対処法」を参照〕。

向かい、その住民に問いを突きつけることができるようになる前に、現状確認、つまりヴィデオの家に入ったことの確認を行っている。再構築は白紙にすることではなく、止揚（アウフヘーブング）——超越を可能にする創造的総括——の方法にしたがって行われる。それでは、『パート2』を経由して現在まで反響し続けているゴダール的神話素をいくつか挙げてみよう。

1　肥沃な黒

ストライキをして生産ラインを止めるようにイメージの連鎖を止め、その他の論理、その他の構造、その他の速度、その他の意図を実験すること。このような芸術的身振りはエイゼンシュテインの何作かの映画に形を与えていたように、ゴダールの道のりに拍子を付けている。1968年、フィルムで撮られたマニフェスト『たのしい知識』は2人の主人公を抽象的なアトリエの中に閉じ込め、映画をゼロからやり直して偽造の論理に反撃しようとした。1975年、ヴィデオによる綱領である『パート2』は具体的なスタジオの中に身を置き、形象を作り出す仕組みの総体——諸々の道具、物質的および心的な労働条件、政治的文脈、まだ探究されていない葛藤——を再考しようとした。

ゴダール作品では、消えてなくなってしまうものは一つもなく、すべてが最初から再び始められるのだ。『中国女』（1967）の黒板のモチーフに始まり、次いで『プラウダ』（1969）と『イタリアにおける闘争』（1970）がそのモチーフの実践を黒画面によって体系化したように、批評的な再出発を表す象徴的な形象は黒のイメージである。この黒のイメージはレトリスムという滾々と湧き出る水源から汲み取られており、その筆頭に挙げられるのはジル・J・ヴォルマンの『アンチコンセプト』である。黒と白のフリッカー〔光の点滅〕が気球に投影され、サウンドトラックではオーギュスト・リュミエールからヴォルマン自身に至る、映画における形式的発明の歴史が語られる作品だ。ゴダールにおいて、黒のイメージは荒々しく多義的だが、同時に、または交互に、次のような役割を担う。

- イデオロギーが世界を不明瞭なものにする方法を象徴する。
- 表象の連鎖を断ち切る。
- 日常に溢れるイメージに対し、通行止めの柵を立てる。
- 資本主義の世界では革命的イメージを生み出すことができないと証明する。
- 考察のための時間を設ける。
- 音の聴取を支える。
- まだ作り方が分からないイメージのために場所をとっておく。

1971年10月、革命的映画作家の足立正生はPFLP（パレスチナ解放人民戦線）の幹部たちとのベイルートでの会合の合間をぬって、こう論じている。ゴダールの黒画面は「映画が世界と結ぶ関係に読み手を統合することを要求するのだ[*2]」。

『パート2』の黒い背景には二重性がある。つまり、ヴィデオの「画面（ページ）」というグラフィックとしての黒い背景と、薄暗いスタジオという舞台空間としての黒い背景がある。その両方が混ざり合うように、またあるときはヴィデオのモチーフが、あるときは凸型のモニター画面の数々が目立つように、すべてが整えられている。いずれの場合も、ヴィデオ映像は黒い背景の中でごくわずかな場所を占めるのみである。要は、この黒を通して、批評的文法の表象と創造の政治的争点をめぐる10年におよぶ視覚的考察がヴィデオという領域で展開されているわけだ。こうした創設的な黒はこれ以後ゴダールのレパートリーに付きまとうことになるが、「さまざまな最後の

＊2　Masao Adachi, « Les chemins de l'information et de la création. Notes pour Armée rouge/FPLP : Déclaration de guerre mondiale », in *Le Bus de la révolution passera bientôt près de chez toi. Écrits sur le cinéma, la guérilla et l'avant-garde (1963–2010)*, trad. Charles Lamoureux, Rouge profond, 2012, p. 99.〔足立正生「報道と創造の回路――『赤軍–PFLP・世界戦争宣言』のためのノート」、『映画批評』1971年10月号、18頁〕ここでは仏訳から訳出したため、該当する箇所の日本語原文を前後の文脈を含めて以下に掲げる――「〈黒画面〉は、確かに映画という言語を、メッセージの直接有機的な媒介項へ〈映像〉と〈音響〉を整合することに成功し、かつ読むことでしかなかった映画とのかかわりの大部分――映像としての記録対象、記録係の諸任務、観客――を、映画の個有の任務に加担させて読み手へと組織化することを強要し可能にしているかもしれない」。

現象」をめぐる詩である『時間の闇の中で』(2002)は現在のところその到達点である。しかし最も「黒い」――つまり最も批評的な――イメージの一つはおそらく『パート2』にあり、それはジャン=リュック・ゴダールがテーブルに腰掛け、腕で頭を抱えて自分の中に閉じこもっているショットである。批評的考察は突如として言語表現やモンタージュの領域を離れ、このポーズの前で具現化し揺れ動いている。不確かな状態にあるこのポーズは休息であり、懐胎であり、理性の眠りであり(この姿勢にはゴヤが透かし見え、この直後に『二人の子供フランス漫遊記』で「怪物たち」と名付けられる子供たちが重なる)、耐えがたい疑いであり、主張することの拒否であり、待機であり、沈黙である。1976年、フィリップ・ガレルは『水晶の揺籠』という1本の映画の全体を創造的な夢想に捧げたが、この作品では考察のプロセスにそなわる底知れぬ、いっさい妥協のない性格が最終的には自殺という姿を取って現れている。

2002年、アメリカ合衆国の若い映画作家トラヴィス・ウィルカーソンもまた黒画面を奪取してその性質を政治化したが、語りの様態でそれを成し遂げた。『一人に対する損害』は、1917年8月、モンタナ州ビュートで起きたフランク・リトルの殺害を語る。フランク・リトルはIWW(世界産業労働組合)の活動家で、賃金制度の廃止と社会主義国家の樹立を呼びかけた人物である。彼の物語を辿れるようにするための映像と音の資料が次々に見せられていくが――特筆すべきは、この殺害事件にあやうく巻き込まれそうになり、そこから着想を得て『血の収穫』(1929年)を書いたダシール・ハメットの文章だ――、『一人に対する損害』の黒地の背景は映画の時間に沿って現れては仕上がっていく点描画によって限定されたフレームとなる〔作中、黒地の背景の中にセピア色の矩形が現れ、その矩形が点滅しながら徐々にリトルの肖像写真になっていくくだりがある〕。トラヴィス・ウィルカーソンは、殺人者たちがリトルの死体にピンで留めた「3′–7′–77″」の数字に基づいて、モンタナ州における墓の規定の寸法を描いている。[1] リトルは労働者階級を擁護した廉で吊るされた。死刑に処されたのだった——黒地の背景は産業資本主義の致死的次元を掲げるとき、墓と化すのである。

2　否定的なものの実験室

労働者、職人、しがない経営者、小商人、永遠のプレカリアート。映画作家の地位は自明ではない。だがその反対に、『パート2』では映画作家の仕事の本性はきわめて明瞭に示されている。その本性とは、表象の前線でみずからが展開する闘争に忠実に、道具一式をテクノロジーの観点からの指示に逆らって実験的に用いるということである。

> 芸術家の仕事とは実に古風な型の仕事だ、と時おり思うことがある。芸術家という存在そのものが過去の遺物であり、絶滅危惧種の労働者、あるいは職人で、部屋でものを作り、その人独自のまったく経験的なやり方を用い、つねづね慣れ親しんだ道具が乱雑にちらかったなかで暮らし、見るのは自分に関心のあるものばかりで、身のまわりには目もくれず、こわれた壺や家庭内のくず鉄といった、もはや使われなくなった品物を巧みに利用する……[*3]。

『パート2』は道具一式が実践的に共存するように取り計らい、ヴィデオ・モニター、35ミリのフィルムリール、ムヴィオラ〔編集機〕を並べている。1960年代末以降、多くの作品がこうした併存に取り組んだが、ピーター・ホワイトヘッドの『ザ・フォール』(1969)はその好例である。『ザ・フォール』は熱狂に沸く1968年のニューヨー

[1]　「3′–7′–77″」は、もともと19世紀にモンタナ州の自警団がシンボルとして用いた数字。フランク・リトルがリンチされ殺された時、その死体には「気をつけろ。最初で最後の警告だ。3-7-77」と書かれたメモがピン留めされていたという。なお、幅3フィート×長さ7フィート×深さ77インチは幅91.44cm×長さ213.36cm×深さ195.58cmに相当する。

＊3　Paul Valéry, *Degas Danse Dessin* (1936), in *Œuvres*, t. 2, éd. Jean Hytier, Paris, Gallimard, La Pléiade, 1960, p. 1174.〔ポール・ヴァレリー『ドガ ダンス デッサン』塚本昌則訳、岩波文庫、2021年、39頁〕

クを舞台にした自伝的な道のりを描き、路上や公園や芸術家のアトリエや占拠されたコロンビア大学ばかりでなく、政治的な圧殺行為と暴動をとらえたテレビの映像を映していく。この映画はまず、一度目に造形的な総括でもって終わる。作者が、16ミリフィルムの編集台のヴィデオ・モニター上に震える走査線で映し出される青みがかった自分の顔を見つめる姿が、自画像として展開されるのである。次に、この映画はイメージの全般的内破でもって二度目の幕を閉じる。そのイメージは長時間にわたる黒画面に置き換えられ、そこに当時ソ連政府に迫害されていた詩人アンドレイ・ヴォズネセンスキーのロシア語のテクスト（意図的に訳されていない）が立ち上ってくる。ピーター・ホワイトヘッドのこの傑作は、ヴィデオと映画を編み合わせることに関する優れた映像エッセーの初期の一例である。映画によるヴィデオの考察は『ザ・フォール』から『パート2』へと至る間に増え続け、特に取扱説明書や実用的な解説というかたちで展開された。1973年、ダン・サンディンは『イメージプロセッサーを5分で攻略する』でイメージプロセッサーの機能の仕方を説明し、次いで『三角の前の円の前の四角の前の三角』ではヴィデオに特有の平面性とオーヴァーラップの諸効果について検討している。Videofreex（ヴィデオフリークス）という集団による『プロセス・ヴィデオ・レヴォリューション』（1971）では、ヴィデオを革命的に使用することについての議論が展開されている。リチャード・セラの有名な『テレビは人々を配達する』（1973）は、メディアによる疎外に関する優れたヴィデオ・マニフェストを初めて繰り広げた作品である。ゴダールはおそらくそこから着想を得て、反ミュージックヴィデオ『夢を見ないで／左翼が権力を握るとき』（1977）を撮った。

1976年になると、ジャン＝リュック・ゴダールはジャン＝ピエール・ボーヴィアラに近づき、フィルムとヴィデオの長所を合わせもつカメラを自分のために作ってもらおうとする[*4]。だがその前に、ピーター・ホワイトヘッドやキース・ソニアが実践した造形上の錯綜や混交とは対照的なのだが、『パート2』は分離と隔たりに取り組んでみせる。道具（モニター、テーブル、プロジェクター、映画作家本人の身体、声……）はそれぞれが離れて置かれていたり、同時に作動することはなかったりする。ショットは全体を蔽う（オールオーヴァー）ものではなくなり、複雑で雑多な要素からなる明滅する小部屋に変わる。モチーフは現前に至ることも、ましてや存在に至ることも要求しない。『パート2』は古典的な切り返しに代わる大掛かりな機械のようにみえる。人物たちは、あるときは概して画面内の離れた場所に置かれた異なる2つのモニターに、あるときは分割画面（スプリット・スクリーン）に、あるときは重ね合わされるように、あるときはワイプによって一方が他方に追い払われるように配置されている。なお共存というかたちを取っているものは、あるときは身を寄せた抱擁（ダンス）となり、あるときは予想外の性的な舞台空間（セノグラフィー）となる。女の尻が男の頭に面している。「こうやって、君が絶対に見ないところを僕は見ているんだ」。

もはやどんな機能も自明ではない。非連続の達人にとって、モンタージュの新大陸にヴィデオが導入するのは〈非同期化〉である。つなぎをもたらす機械として、作動中で自動運転中の唯一のものは、言語であることが明らかになる。ディゾルヴやオーヴァーラップはまず〈言葉〉に端を発し、存在／機械（「あいつ（マシャン）、機械（マシーン）」）をめぐる、DNA／疎外をめぐる（「私は君のことを、君の計画＝組成（プログラム）の話をしている」）、もしくは労働／快楽をめぐる（「では、私は荷を下ろす＝射精する（デシャルジェ）」）兼用法（シレプシス）〔本来の意味と比喩的な意味を重ねて用いる修辞法〕が用いられている。

かつてヘーゲルが弁証法の支えとするためにそうしたように、『パート2』は主として否定的なものを作り出している――分離、空虚な隔たり、停滞、休止、停止のほか、機械類のスイッチが切られる最後の映像に至るまで。息子のニコラはこの体系的な発明の実践的

＊4　「ぼくがなによりもまずしたいのは、かつてのコダックの箱とかアイモのような箱を出発点とし、電子工学や現代機械工学や工学などがとげたあらゆる進歩を利用するということだ」。Jean-Luc Godard, Jean-Pierre Beauviala, avec Alain Bergala et Serge Toubiana, « Genèse d'une caméra (1er épisode) », *Cahiers du cinéma*, n° 348–349, juin-juillet 1983, p. 96.〔「あるカメラの創生――第一部」、『ゴダール全評論・全発言II』奥村昭夫訳、筑摩書房、1998年、448頁〕

結論を、夜に宿題をするように優しく暗誦する。

> **ニコラ**　私は計画を入念に検討する。
> **サンドリーヌ**　それで？
> **ニコラ**　この計画は実現不可能だ。[*5]

とはいえ、『パート2』による再構築の試みには悲観的なところも、落胆的なところも皆無である。この作品は再構築の試みを通して、批評的考察に必要な否定的なものの契機を辛抱強く作り出している。ゴダールはラディカルなことに、最良の分別と機会を摑まえて自分が作るイメージをもう見せないよう尽力する。「ORTFでは放映されることのない映画や、闘争が終わってから放映される映画を作ろうではないか」と、彼は1969年に宣言した。[*6] この立場は1976年、クロード＝ジャン・フィリップとの緊迫したやりとりではより過激なものとなっている。フィリップはテレビ局アンテヌ2の番組『シネクラブ』の責任者で、ゴダールとのやりとりはラジオ番組『映画作家たちの映画』用に録音され、[*7] ソニマージュが撮影したものである。

> **ゴダール**　要するに、あなたたちは私たちの映画を見せようとすることで、私たちに迷惑をかけているわけです。人々がしていることを──必ずしも私たちに対してでなくても──まず見せるよりも、作品を見せようとする。人々がしていることについて調査してから、それをよそで見せることだ。
> **フィリップ**　私は確信しているのですが……。

＊5　1960年代の労働者の子供の多くのように、そして『中国女』以来のゴダールの登場人物のように、ニコラはブレヒトを暗誦している。「入念に　検討する／私の計画を──それは／壮大なもの　それは／実現不可能だ」。Bertolt Brecht, « Avec soin j'examine » (1931), trad. Michel Cadot, in *Poèmes 8. Suppléments aux Poèmes 1913–1956*, Paris, L'Arche, 1968, p. 101. ゴダールはパレスチナにブレヒト詩集を全巻持っていった。彼は『映画史』2Aで再びこのブレヒトの詩に立ち戻ることになる。

＊6　ジャン＝ポール・トロクとの対話のラッシュ。本書「批判的思考とその対処法」を参照。

＊7　1976年7月11日にフランス・キュルチュールで放送された。

> **ゴダール**　つまり、『シネクラブ』は映画を放映すべきではないのです。何よりもまず、映画についてしっかりと語るためには。少しの間だけでもいい。あるいは、しばらくやめてもいい。何かを行わないと……。
>
> **フィリップ**　いや、そういうことではなく……。つまり、なんというか……。そう、あなたの言い方は不当だと思います。そのように主張なさるとき……。
>
> **ゴダール**　私が見ようとしているのは、人々がチャンネルのどこにいるのか、ということです。あなたが私の映画を放映するときに、私はチャンネルのどの位置を占めるのか。あなたの助力を求めているのは、あなたがチャンネルの中ですでに……。

メディアの中にまで入り込むかわりに、そこから身を引き、封鎖し、鉗子を使って引き裂くこと。この点で、ゴダールはフレッド・フォレストが切り開いた論理に従っている。フォレストはアール・ソシオロジックという集団とともに新聞『ル・モンド』の紙面を購入し、白紙のままにして各自がそこに自分の好きなことを書き込めるようにした（1972年1月12日付）。

3　外部にある三種類のイメージ

『パート2』が発見して数え上げる否定的なものの資源は、テレビの画面を通してやって来る、外部からのイメージに対立する。それらのイメージとともに、集団の暴力が入ってくる。つまり、労働闘争の制度化された形態を見せるニュース映像（CDFT〔フランス民主労働総同盟〕の指導者エドモン・メールがデモの先頭にいる）があり、フランスのプチブルを大いに楽しませるクロード・ソーテの映画の断片（『友情』、1974年）があり、そしてチリの拷問された女性たちに捧げられたトラクトをめぐる寸劇（サイネーテ）がある。これらは公共空間で可能なイメージの3つの体制であり、それぞれ情報操作（テレビのニュース番組)、欺瞞(大衆映画)、対抗=報道(トラクト)を表している。

1971年、ゴダールはおそらく虚構だと思われるある体験を伝えながら大衆映画のラディカルな分析を行っている。ルノーの自動車工場に勤める労働者たちを連れてジャン=ピエール・メルヴィルの『仁義』を見に行く、というものだ。メルヴィルはかつては独立独歩を体現し、ヌーヴェル・ヴァーグの庇護者だった監督である。この挑発的な文章はミシェル・セルヴェの筆名で雑誌『われ糾弾す』に発表され、「ルノーの労働者たちが『仁義』を裁く」と題されている。

> 君はテレビでフランスの映像を見る。そして君には、これはフランスの映像ではないなどと言うことはできない。しかも、君はそれらの映像にうんざりさせられる。それにしばしば、完全にくさらされてしまう。とりわけ、それらが労働者とか農民とか、君の細君のような女性とかを提示しているつもりになっているときがそうだ。事実、君もよく知っているように、それらの映像は偽物、というよりむしろ、それらには映像が欠けている。それに、信じられないような数の映像が欠けていさえする。まさに、君が毎日目にしている映像のすべてが欠けているんだ。日々の生活の映像が。ルノーの映像が。君の自宅の映像が。それに、これらが欠けているだけじゃなく、おまけに、残っていて君を怒らせるそれらの映像は、信じられないようなやり方で組み立てられているんだ。(……)
>
> このことについてよく考えはじめなければならない。それというのも、それらの映像が君をくさらせるのは、おそらくは、工場が君の腹を突き刺すように編制(オルガニゼ)されていると同様、それらは君の眼をぶち抜くように組み立て(オルガニゼ)られているからなんだ。だから、かりに君が工場で自分の腹を守るために闘うのなら、おそらくは、その外に出てからもなお、自分の目を守るために闘わなければならない。それというのも、おそらくはクロード、——ぼくは結局

> は自分にこう言い聞かせているんだが——ああしたすべての映画、ああしたすべてのばかげた番組、ああしたすべての雑誌、ああしたすべての写真をつくっている者がしようとしていることはもっぱら、結局は、おそらくは、工場の外では君の目を見えなくしてしまうということだからだ。そしてそれは、君が翌日工場に入るときに、自分は工場に入るということにさえ気づかなくなるようにするためなんだ。君は今ではもう、工場は徒刑場だということにさえ気づいていない。事実、君はいずれ目が見えなくなるはずだ。そして経営者どもが仕掛けた罠を、もはや見もしなくなるはずだ。あるいは、これまでほどはよく見なくなるはずなんだ。[*8]

『パート2』のサンドリーヌの便秘が何に由来するか、その一つをここから推測することができるだろう。腹部が歴史的状況によってふさがれ、有毒の映像でいっぱいにされていながら、まだ解毒剤がないわけである。作中人物の祖母はジャーメイン・グリアの本からの数ページを読み上げるが、サンドリーヌはまさにその診断から演繹できるような病者の人物像であり、自分自身から切断され、あらゆる喜びを奪い取られ、しかもその苦しみが金儲けのうまい道具になっている。ジャーメイン・グリアは『去勢された女』の「革命」と題された章で、結婚した女性についてこう書いている。

> 〔結婚した女性は〕健康や道徳やセクシュアリティをめぐる偏見にみちた記述を無視して、それらすべてを自分自身で評価すべきである。彼女は自分の敵を知らなければならない。医者、精神科医、ソーシャルワーカー、結婚カウンセラー、牧師、巡回保健師、俗流モラリストなどはすべて彼女の敵である。[*9]

＊8 Michel Servet, « Le Cercle Rouge », *J'accuse*, nº 1, 15 janvier 1971, p. 24.〔「『仁義』——補遺2」、『ゴダール全評論・全発言III』奥村昭夫訳、筑摩書房、2004年、795頁〕

＊9 Germaine Greer, *The Female Eunuch*, New York, Bantam Books, 1970, p. 79. 仏訳は1973年にロベール・ラフォンから刊行された。〔ジャーメン・グリア『去勢された女（下）』日向あき子・戸田奈津子訳、ダイヤモンド社、1976年、450頁。訳文一部改変〕

では、家族とは、母とは、父とは、子供とは何か。『パート2』によれば、それは支配的社会化モデルによって特権化された基本となる核ではもはやなく、抑圧的な組織であり、同意がなされているためにより調和的なものとなっている集まりに対立するものである。

> 愛は命令されるものではありえない。なぜ、ほかならぬその両親が愛されなくてはならないのか？　最小単位の構成員たちは、たがいに愛しあう必要などない。かれらはただ共通の目的を愛しさえすればいいのだ。家族は変わらないが、最小単位は動きに満ちている。最小単位は結束に役立ち、家族は分離に奉仕する。[*10]

『パート2』において、あるがままの家族は否定的なものにも属しており、各々が率先して取る行動は、この上なく取るに足らない日常的な性格のうちに捉えられることで、疑問や軋轢を引き起こす。

4　解剖学的研究

11年前の『恋人のいる時間』の夫婦はいまやはるか彼方にいるようで、『ウイークエンド』(1967) 以降になると、もはや肌を撫でることも、人間関係の専門家――それがロジェ・レーナルトであっても――との会話もない。代わりに、器官と性行為と日常の悩みが生々しく描写される。『パート2』ではそれぞれが自分の身体を、自分の身体と他者の身体との関係を検討している。

サンドリーヌは自分の体つきや身振りや人生を分析し、知りえたわずかだが確かなことを他人に教える（息子にはクンニリングスを、父には自分の気持ちを)。ブリュノ・ミュエルは傑作ドキュメンタリー『他人の血とともに』(1974) で女性の労働者たちを取り上げ、産業の刻むリズムがいかに欲望と愛を粉砕するかを描いたが、サンドリーヌはまさにその批評的な埋め合わせを体現している。ハーバー

＊10　Bertolt Brecht, *Me Ti, Livre des retournements* (1937), tr. Bernard Lortholary, Paris, L'Arche, 1968, p. 39.〔ベルトルト・ブレヒト『転換の書　メ・ティ』石黒英男・内藤猛訳、績文堂、2004年、68頁〕

ト・J・ビーバーマンの『地の塩』(1954)の系譜には、ルネ・ヴォーティエとソアジグ・シャプドレーヌが1977年に傑作『女たちが怒りを手に取ったとき』で加わることになるが、ゴダールは1969年にフェルナンド・ソラナスに向けて、この系譜に連なる自らの企画『ストライキ』のことを語っている。シノプシスは労働者たちの闘争とセックスをめぐる葛藤との結びつきを予示しているし、撮影に用いる装置は『パート2』の装置を先取りしている。

> 彼女はストライキのことを語る一人の女性である。彼女には子供がいるが、いまはストライキ中なので、家のこと、セックスと労働の関係のことを子供に説明している。知的労働でも肉体労働でも、1日10時間働くと、セックスができなくなる……。しかし、もし妻がずっと家にいる場合、同じことがまったく反対の理由で起こることになる……。私はこの映画を自分の小さなヴィデオカメラで撮ろうと思います。安くて便利なカメラです。ここでも撮るつもりです。すると、撮ったものを、映像も音も、すぐに見ることができます。現像所とか編集室などはもう要らなくなります。結果が気に入らなければ、すぐにやり直せばいい。同じ場所で全部を撮ろうと思います。特に台詞に力を傾けることになるでしょう。[*11]

娘のヴァネッサは、『新社会 第6号』(ブザンソンのメドヴェトキン集団、1969年)の驚くべき匿名の主人公を移し替えたものだ。『新社会 第6号』の主人公は労働者の娘としてのありふれた苦しみ、つまり両親が仕事に駆り出されて疲れ果てているので、日常生活に両親が不在であるという苦しみを自分なりの飾らない言葉で語っていた。ジャーメイン・グリアは『去勢された女』で芸術家たちに次のように訴えていた。

＊11　« Entretien entre Fernando Solanas et Jean-Luc Godard », enregistré par Third World Cinema Group à Paris, 1969. 未刊行の原稿。

> 芸術家に初潮をテーマにした映画をつくらせるのもよいアイデアではなかろうか。科学映画とは異なったアプローチで、月経のもつ意味を見せるのだ。子供が女の仲間入りすることをほかの方法で公に祝うことができない現在、こういう映画はそれにかわる役割を果たすことができる。[*12]

意図的か否かを問わず、彼女の呼びかけに答えたヴィデオ作家やパフォーマーは数多くいるが、生理という問題についてだけでなく、セクシュアリティについて、出産について、中絶についても彼女たちは取り組んできた。アナ・メンディエタ、キャロリー・シュニーマン、キャロル・ルソプロス、出光真子、マリエル・イサルテルらが女性特有の器官のはたらきをめぐってありのままのイメージや寓意的なイメージを多く生み出し、長きにわたる自律的表象の欠如は多少なりとも埋まり始めた。アンヌ＝マリー・ミエヴィルの助力もあってジャン＝リュック・ゴダールはこの領域に身を投じたいまもって数少ない男性の一人であり、彼はだからこそ『パート2』ではヴァネッサの裸体を見せ（今日では考えられないショット）、男性と女性の欲望を言語化することになった。『パート2』の自慰行為の場面はヴィデオで撮られ、生々しく、断片的なもので、スティーヴン・ドウォースキンの『モーメント』（1969）と何から何まで対照的である。『モーメント』はフィルムで撮られ、謎めいており、ショットは連続しているからだ。しかし両作とも、女性の欲望とオーガズムを肯定するという同じ試みに属していることに違いはない。

とはいえ、何か身体の器官性のようなものを極め尽くそうとするヴァリー・エクスポートや特にビルギット・ハインとは異なり、『パート2』に出てくる形象はゴダール映画特有の形象と同じ次元に属している――その筆頭に挙げられるのは、『カメラ・アイ』（1967）で、汎用爆弾を浴びた生きている柔らかい身体がどうなるのかを観察させることになるはずの、厳密に想像上の形象である。すなわち、マ

＊12　Germaine Greer, *The Female Eunuch*, chapitre « The Wicked Womb », *op. cit.*, p. 54.〔ジャーメン・グリア『去勢された女（上）』、前掲書、59頁〕

ネキン人形や素描といった、それに基づいてミメーシスを試練にかけるような、作業現場にある形象が用いられている。

5　不完全なイメージとまったき欠片

> メ・ティはいった。(……) ひとつのイメージをつくりだすのはまるごとの世界だが、そのイメージが世界をまるごと把握しているわけではない。判断がものごとを制御する目的をもつべきだとするなら、その判断を他の判断と結びつけるより、さまざまなできごとと結びつけるほうがよい。メ・ティは、あまりに完全すぎる世界像を構成することには反対であった。*13

ゴダールはこのブレヒトの一節に着想を得て、マニフェスト「何をなすべきか」の23番を書いた(「相対的真実の名の下に、世界の完璧にすぎるイメージを作り出さないこと」[2])。これはジガ・ヴェルトフ集団の作品群における鎖を解かれた文体論にとって、次いで『パート2』における諸々のイメージの再設置にとって指針となるものである。

「完璧すぎないイメージ」とは具体的に何を意味するのか。それは破壊すべきアーキタイプと「実現不可能な」プロトタイプとの間を通過するイメージのことだが、そうしたイメージを表すそれぞれのモチーフ(子供、裸体、夫婦……)の中に、批評的イメージという主題に関して展開される諸特性の総体が含まれている。通過は複数の運動を前提とする——兵站術(ロジスティック)に焦点を合わせ(『パート2』)、インタヴューという形式とその使い方を更新し(『6×2』)、実地調査と理論的分析を連結する(『二人の子供フランス漫遊記』)、といったように。『パート2』はイメージの通過的性格を実証するべく造形的な解決案

＊13　Bertolt Brecht, *Me Ti, Livre des retournements, op. cit.*, p. 48.〔ブレヒト『転換の書 メ・ティ』、前掲書、31頁〕

[2]　ジャン＝リュック・ゴダール「何をなすべきか」、ニコル・ブルネーズ『映画の前衛とは何か』須藤健太郎訳、現代思潮新社、2012年、187頁、訳文一部改変。

を展開している。ここでのイメージは、黒が舞台や画像のまわりを取り囲んでいることばかりではなく、ヴィデオ放映の光学的特性によってもまた形を定められている。シークエンス＝ショットによってゴダールが自分の製作条件を描くことができるのとは対照的に、イメージはヴィデオ画面に転送され、断片化されて映し出されることで、その動的で、不安定で、暫定的な性格── さらには、互いに重なり合うときには束の間ですらある性格── を際立たせている。ヴィデオのイメージは、モチーフの処理を暫定的な仮説の状態にとどめているという意味で、造形面では、何かを暗示するようなイメージという地位を表明しているのである。条件法のイメージというこの同じ体制に至るには、以前のような16ミリと35ミリの映画の場合はモンタージュとテクストに頼るほかなかった。ゴダールのショットは背景のイメージ（批評的なイメージ）であり、ヴィデオの力を借りて流れのイメージ（コミュニケーション、そしてテレビがもたらす近似値や歪曲）の外観に再投資を行い、その外観を形式面での議論へと変容させるものなのである。

こうした分析の企てのただ中で、その長さ、その連続性、その完全さにおいて対照をなすような、ある正真正銘の欠片〔＝曲 morceau〕が際立っている。つまり、1曲の歌だ。サンドリーヌとヴァネッサは《アナーキスト・ピネリのバラード》に合わせて踊る。この曲は1969年12月12日にミラノで起きたテロの後に逮捕され、12月15日に警察署の「窓から落ちた」活動家のジュゼッペ・ピネリに捧げられたものである（1972年、ピエロ・パオロ・パゾリーニはロッタ・コンティヌアの庇護の下、イタリアの深部を調査する模範的な映画を撮った。タイトルは『12月12日』、ジョヴァンニ・ボンファンティと共作[*14]）。1970年、ジョー・ファリージは《アナーキスト・ピネリのバラード》の45回転レコードを録音し、「プロレタリアによる作詞と作曲」と署名した[*15]。政治的態度を表明したり大衆的だったりする歌は、ゴダ

＊14　もともと104分あったが、1995年に43分に短縮された。

＊15　この曲の作者は、ジャンコラード・バロッツィ、フラヴィオ・ラッツァリーニ、ウーゴ・ザヴァネッラというマントバの3人の若いアナーキストである。

ールの構築物において、形式のユートピアの地位を占めている――『万事快調』(1972) の《フィアットのバラード》、『中国女』予告篇の《マオ・マオ》、『ワン・プラス・ワン』(1968) の《悪魔を憐れむ歌》のように。『女と男のいる舗道』(1962) のジャン・フェラの歌から『映画史』(1998) のリッカルド・コッチャンテの《われらがイタリア語》に至るまで、ゴダール作品において歌がつねに指し示しているのは、政治と美学の二重の正当性がもたらす調和であり、『男性・女性』(1966) でヴェトナム戦争反対派のボブ・ディランが端的に示し、ミュージカルの失われた多幸感の代わりとなったような、幸福な大衆性の理想である。アナーキストのバラードの連続性を中断しうるのは、他に1曲だけだ。レオ・フェレの《ポップミュージックの条件法》である。《ポップミュージックの条件法》は新聞『人民の大義』を支援するためにゴダールの主導で書かれた曲で、全篇がまるまる逆言法で構成されているのだが (「あたかも私があなたに言ったかのように」)、逆言法とは潜在的なかたちで申し立てを行うことで、その申し立てを強調する修辞的文彩である。つまり、逆言法は、イメージに関して『パート2』が実施する定義的操作の一つのありうる定義なのである。

素描の力学（ディナミック）

『アマチュアのルポルタージュ（展覧会のマケット）』をめぐって

この講演では、ジャン＝リュック・ゴダールの今なお最も知られざる作品の一本、『アマチュアのルポルタージュ（展覧会のマケット）』という、2006年にアンヌ＝マリー・ミエヴィルと共同で監督した45分の中篇を取り上げる。いかに世に認められていなくても本作はやはり重要な作品で、ゴダールにおいて最も根本的な土台をなすような美学的理想のいくつかを、十全かつ予期せぬ仕方で成就しているように私には思われる。

第一の理想は、カップルで協力して創造するという理想である。この理想は、ゴダールの軌跡が60年におよぶなかで、多くの考察や自発的な活動（イニシアティヴ）の対象となってきた。2人で撮影し、話し合い、考察し、創造し、生きること——その点で、『アマチュアのルポルタージュ（展覧会のマケット）』は、おそらくゴダール的なユートピアの典型をなしているもの、オーギュストとルイ・リュミエールがその歴史的なモデルを提示し、しばしば不可能な事柄、メランコリーの対象と言い表されてきたものを、思いがけず成就しているのである。

とはいえ、この講演で取り上げるのは、第二の理想だけになるだろう。表象の地平を見据えて提起され、ここでは実現に至っている、素描という形式のことである。

そこで、次の2点を駆け巡ろうと思う。

- 『アマチュアのルポルタージュ（展覧会のマケット）』の実現に至った文脈を詳しく説明する。

その後、手短に、

- ゴダール的な素描の諸形態の分類学を打ち立てる。

1 『アマチュアのルポルタージュ（展覧会のマケット）』の実現

『アマチュアのルポルタージュ（展覧会のマケット）』は、ゴダールが2004年から2006年にかけて進めていた《コラージュ・ド・フランス》という企画の一環として存在するもので、その企画の主な段階は、以下のとおりである。

第〇（ゼロ）段階　同意

2004年、当時国立近代美術館文化部門のディレクターだったドミニク・パイーニの提案に基づいて、ジャン＝リュック・ゴダールはポンピドゥー・センターで展覧会を構想するという方針を受け入れる。最初から、彼についての展覧会ではなく（それに先立つ数年間にドミニク・パイーニが組織したシャンタル・アケルマン、ジャン・コクトー、あるいはアルフレッド・ヒッチコックについての個別研究（モノグラフィー）的な展覧会とは違って）、『映画史』という彼の大きな作業現場に後続するものとして、ジャン＝リュック・ゴダールによる、映画（シネマ）についての展覧会をすることになっていた。『映画史』はもちろんずっと以前から着手されていたが、映画として実現したのは1988年以降で、1998年に〔全8章が〕完成し、2004年には『映画史特別編 選ばれた瞬間』――ヴィデオで撮影した全体を選択的に再モンタージュし、35ミリに転写したもの――によって新たな完成をみた。この『映画史特別編 選ばれた瞬間』は、美術館を通常の映画館へと変容させる力を持つことになるだろう。というのも、この作品は〔2004年12月に〕ポンピドゥー・センターで封切られ、商業的な映画館の通常の上映時間（14時、16時、18時、等々）で上映されることになるからだ。このように美術館の用途と機能をずらすということが、ゴダールの企画の第一の特徴である。その意味では、ゴダールの企てはデュシャンの企てを補完するもので、ありふれたオブジェ（小便器、ボトルラック）を奪取して制度に固有の正統化の力を暴露する代わりに、制度的な論理を反転させて映画作品の力を表明するのである（〔美術館における〕遺産化の過程は、作品を見せたいという欲望を突き詰めるのであれば、商業化という姿を露呈するはずなのだ）。

2004年から2006年にかけて、ジャン＝リュック・ゴダールは『映画史』のDVD、CD、そして書籍での刊行に従事し続けた。『映画史』という作品の大きな推進力（ディナミック）の一つが、映画をその可能なあらゆる支持体および場へと波及させ、増殖させ、注入し、感染させることで、映画の消滅を払いのけ、映画の技法ではないにしてもその「あらゆる物語＝歴史（イストワール）」（つまり、理論的にも実践的にも、映画のおかげで構想することができたもののすべて）を永続化することにあったとすれば、〔作品完成後の〕千年紀の変わり目のゴダールにあっては、映像と音の転送、支持体、流通様式の問題がきわめて具体的かつ複数的な様相を呈するようになっているのだ。このように映像の複製可能性を空間構成化〔scénographier〕するということが、展覧会の第二の特徴である——まさにドミニク・パイーニが「ユートピアへの旅の記憶——所在のない展覧会をめぐる覚書」[*1]と題された記事で分析しているように。

ポンピドゥー・センターでイベントを開催するという方針を受け入れてから、ジャン＝リュック・ゴダールはドミニク・パイーニにいくつもの提案をする。2人のやり取りは、準備に費やされた強烈な2年間にわたって途切れることなく続くだろう。ジャン＝リュック・ゴダールが送った相当な量の手紙や図表やデッサンの総体（私はそのごくわずかしか読んでいないが）は、それ自体として著作となりうるほどのもので、展覧会そのものよりもおそらく一段と面白く、芸術と映画と政治の取り持つ関係についての重要な貢献となるはずだ。展覧会の準備期間の全体にわたって、ゴダールは非凡でありつつ実現不可能な提案や要求をすることで、絶えず制度の限界を試練にかけることになる。その一例としては、ポンピドゥー・センターの〔ガラス製の〕外壁沿いに逃げ場を求めているホームレスたちを雇い

＊1　*Cahiers du Musée national d'art moderne*, n° 112–113, « Le cinéma surpris par les arts », éd. du Centre Pompidou, Paris, octobre 2010.

入れ、報酬を支払って、展覧会に訪れた人々を眺めさせる——フローベールにおいて、飢えた連中がガラス越しに「幸せな人々」[*2]の食事を眺めるように——、という提案が挙げられる。

第一段階　新たな映画連作

企画の第一段階は、『6×2』や『二人の子供フランス漫遊記』といった、ゴダールにおけるヴィデオ連作の伝統に連なる。『コラージュ・ド・フランス』と題された9本の映画からなる大壁画(フレスコ)を作り、ひと月に1本ずつ上映することになっていたのである。それらの映画の草案は書かれたものの、この当初の企画からは以下の2つの要素しか残っていない。

- 9つの展示室で展開される空間構成(セノグラフィー)。展覧会の空間構成となるはずだったもので、『アマチュアのルポルタージュ(展覧会のマケット)』で説明されているもの。
- たった1本だけ作られた、『真の偽造パスポート——映画作品を作る仕方に関して判断を下す機会についてのドキュメンタリー的フィクション』というタイトルの映画。これは映画やテレビ番組の抜粋を55分にわたってモンタージュした作品で、それぞれの抜粋に時には「善〔bonus〕」、時には「悪〔malus〕」という語句が割り当てられている。

第二段階　展覧会

第二段階では、企画が《コラージュ・ド・フランス、展示された映画》と題された展覧会へと変わっていく。ゴダールの創造性は、国立近代美術館のポンピドゥー・センターという名称と、自身の製作会社であるペリフェリア〔「周辺」の意味〕という名称の関係によって駆り立てられ、周辺が中心に侵入するのを許すということが考察の論

*2　これはフローベールによく出てくる情景であり、たとえば『十一月』(1842)に見出せる。「戸口では貧乏人たちが、ぶるぶる震えながら背伸びしては、金持ち連中の食事を眺めている。わたしも見物人に混じって、同じ目つきで、幸せな暮らしを送る人々をとくと見つめた」〔「十一月」笠間直穂子訳、堀江敏幸編『フローベール』、集英社文庫、2016年、25頁〕。

理の一つとなるだろう。この段階でゴダールは、非常に多くの提案や推薦や所見をファックスでポンピドゥー・センターに送っている。全体の論理に関する事柄もあれば（9つの展示室の名前は何度か変更されることになる）、作品選定の詳細や、それらの作品の空間への割りふりや、それらの関連づけの多義性に関する事柄もあった。企画は進展するごとに以前の企画を食い尽くし、その再配置を迫る。ジャン＝リュック・ゴダールは、そうした考察の一部を、3章に編成されたメモにまとめている。

> 企画1：展示された映画
> 企画2：禁じられた（縮小された）映画
> 企画3：追放された映画

当初予定されていた9本の映画は、ゴダールがそう名付けるところの「7本の映画／エチュード」となる。ゴダールは内容をはっきり述べることなく、それらの後ろ盾として、ギュスターヴ・クールベによる、リアリズムの標章（エンブレム）として機能してきた引用を添えている。

> この7本の映画／エチュード（クールベの元の文章では「この3枚の絵（タブロー）」）に類するものは、伝統を遡っても、現在を見渡しても存在しません。ここにはほんのわずかな理想もないのです。色価に関しては、それらは数学のように正確です。
> （ギュスターヴ・クールベ、フランシス・ヴェー宛書簡、1861年4月20日）

ゴダールは7本の映画／エチュードを小さな特別室でヴィデオ投影によって見せるつもりだったが、後にその展示室はドライヴ・インとなる。クールベの自画像《絶望》（1841年）がその展示室の入口に置かれることになっていた。この7本の映画は、さらにまた別の2つの映画連作と対置される。まず一方では、「アカデミー会員」あるいは「対独協力者（コラボ）」専用の回廊と対置され、その標章として、シャロン・ストーンがカンヌ映画祭で大群衆に向けて挨拶する映像――ゴダールはその身振りをナチス式敬礼と関連づけている――が掲げられる。この回廊では、映画連作を写真のかたちで展示することもありうるだろう。このギャラリーは後に一つの展示室となり、「下衆ども〔les Salauds〕」と題されることになる。

「映画／エチュード」は他方で、「アンデパンダン展」に集められた「独立派（アンデパンダン）」の映画とも対置される。これは、公式な展覧会から拒否された絵（タブロー）の避難所となった19世紀の有名な制度の呼び名を再び取り上げたものだ。それら「独立派」の映画連作は、1日につき1本、あるいは同時に数本ずつ、薄型テレビで見せられることになる。そこで訪問者を迎え入れるのは、マネの有名な《フォリー・ベルジェールのバー》（1882年）――『女と男のいる舗道』の導入部の母型――の「バーメイド」（ゴダールの使う英語的な言い回し）である。

このようなゴダールの三幅対は、フェルナンド・ソラナスとオクタビオ・ヘティノが提唱した三幅対を再訪するものだ。彼らは産業的な第一映画（ハリウッド）と、作家による第二映画（文化というアリバイ）と、ゲリラ的な第三映画（解放の映画）を対立させている。武力闘争の映画の代わりにイメージの科学的分析に関連する映画があるわけだが、そのような企ても『燃えたぎる時』の〔第一部「新植民地主義と暴力」の〕第10章と第11章、「文化的暴力」と「イデオロギー」の章で活用されていたものなので、ここで闘争を断念したというわけではない。

2005年の間に、空間構成（セノグラフィー）を担当するナタリー・クリニエールはジャン＝リュック・ゴダールと会い、縮尺の異なる2組のマケットを作成して、ゴダールがみずから企画を目で見て確認できるようにする。第一のマケットは9つの展示室全体を、二組目はそれぞれの展示室を再現したものだ。次いで、自分の選択をよりうまく具体化し、ドミニク・パイーニに、ナタリー・クリニエールとポンピドゥー・センターのスタッフに、さらには、もちろん絶え間ない考察を続けている彼自身に対して説明するために、ジャン゠リュック・ゴダールはロールの自宅で、一揃いのマケットのガイドツアーを組織する。アンヌ゠マリー・ミエヴィルがそのツアーをヴィデオで撮影し、ジャン゠リュック・ゴダールがその成果をポンピドゥー・センターに送る。カセットに書かれた慎ましくて実用的なタイトルは、『アマチュアのルポルタージュ（展覧会のマケット）』だった。この映画はしたがって、技術仕様書をなすとともに、作者にとっては素描の、名宛人たちにとっては使用説明書の、私たちのような名宛人以外の人々にとってはゴダールの脳の断面図を見せるような旅の、いずれもの映画的等価物なのである。

この映画は、〈素描〉という可塑的な用語の多義性に十全の仕方で答えるものである[*3]。つまりこの映画は、

• 予備的な探究という性質を帯び、
• 下書き、最初の映画的身振りを提供し、
• 作品の出発点として役立つ大まかな計画、メモや指示の総体を打ち立て、
• 企画全体の概略を提示している。

同時に（ゴダール的な言い方をするならば、第2B段階で）、やはりドミニク・パイーニの発案により、展覧会の準備段階で、ル・フレノワ国立現代芸術スタジオという別の機関との集中的なやり取りも行われた。ディレクターのアラン・フレシェールはロールに赴いて、ジャン・ナルボニと対談するジャン゠リュック・ゴダールを撮影するほか、ロールとル・フレノワを電子メディアで繋いで、学生たちが作業中のゴダールを見ることができるようにした。ちなみに、ひょっとしたらクリスティアン・ボルタンスキーは、この後者の進取の

＊3　Le Thesaurus de la Langue Françaiseの「素描」の項を参照。

試みに想を得て、2010年以降、自分のアトリエを24時間にわたって録画する権利をコレクターに売ったり、ファン向けに〔1年間の〕予約購入によってインターネットで自作を視聴してもらうことを計画したのかもしれない。アラン・フレシェールの尽力は、2007年になって、展覧会そのものが終わってから公開された映画『ジャン＝リュック・ゴダールとの会話の断片』に結実することになる。とはいえ注目すべきは、ロールのスタジオを展示したいという希望が、ボーブール〔ポンピドゥー・センターの所在地〕の展覧会の最終的な企画においてますます中心的なものになるということだ。文字通り、ペリフェリアがセンターに陣取る、というわけである。ジャン＝リュック・ゴダールは「企画3：追放された映画」について、以下のように記している。「いっそのこと単純にペリフェリアのアトリエを展示するのがよい。そのことは、ラ・フェミス〔国立高等映像音響芸術学校〕もCNC〔国立映画センター〕もコレージュ・ド・フランスもモントリオールのコンセルヴァトワールもロッテルダムの美術館もル・フレノワ国立現代芸術スタジオも望まなかったし、できなかったのだが。センターにとっては、企画3であればその実現はごく単純になる。ペリフェリアのアトリエを実物大で複製するだけでよいのだから──ただしその複製の作業は、視聴覚装置に関しても、文学的素材（書棚）に関しても、完全なる厳密さ、細心さを要する。長いけれども平穏な数ヶ月を費やして、忠実な再構築を施す必要があるだろう」（メモランダム、53頁）。実際、ゴダールはロールからソファや椅子やベッドを運び出させて、スタジオの空間が日常生活の空間へと拡大していくようにするだろう。あらゆることが仕事をなすのである。

第三段階　陳列作業と破壊

第三段階は、展覧会の陳列作業をする代わりに企画を破壊してしまうことになる段階だ。予算的にも空間的にも（1100平米）、〔9つの〕

展示室を建造し、ペリフェリアを人間の尺度で再構築することは叶わない。そこでゴダールは展覧会の名前を《ユートピアへの旅　JLG、1946–2006　失われた定理を求めて》に変更し、9つの展示室を3つの大空間（「一昨日」「昨日」「今日」）に作り直し、入口には《ユートピアへの旅》が以前の企画を放棄したものでしかないことを告発するパネルを据える。展覧会は2006年5月11日から8月14日まで開催された。展示された品目のうちには何揃いかのマケットがあり、所々で積み重ねられることによって、縮尺を変化させる作業や、数年間にわたって次々に取って代わった企画の地層学に注意を引いている。ゴダールは、あらゆる由来をもつ映画から引用を行い、この機会に構想されたとはいえ全篇が引用からなる映画『真の偽造パスポート』を作っているが、それ以外にも、壁に設置されたごくちっぽけな画面——絵（タブロー）に縁取られることで、それらの画面は細密画（ミニアチュール）に似たものとなる——に、6本の映画を展示している。そのうち2本は、展覧会のためではないにせよ、少なくとも、その準備中に撮られたものだった。

1　未完成で、今回初めて披露された映画——『雑役女中』（8分）

『雑役女中』を構成するショットは、1981年に遡る。〔コッポラの『ワン・フロム・ザ・ハート』を手掛けた撮影監督の〕ヴィットーリオ・ストラーロが撮る映画作家アンドレイ・コンチャロフスキーは、セザンヌについての「とても興味深い〔very interesting〕」本に没頭している。彼はいくつかの箇所をロシア語で声に出して読み、アシスタントの女性がそれを英語に翻訳する。その文章はセザンヌとマルクスを接合し、そしてさらに、絵画を専門の仕事にするという意味での画家がもはや存在せず、「絵を描く人」だけがいる社会の可能性との関連づけを行っている。ポール・セザンヌが評価されているのは、「真っ白な画布を前にして、いまだ自分がこれから何を描くのかを知らなかった最初の画家」であるからだ。とすると、彼は文章に従って思考するのではなく、最初から視覚的な体制に従って思考する画家である、ということになるだろう。続いて、過剰なまでの振り付けが施されたクレーン撮影による2つのシークエンス゠ショット——最初のものは二番目のものの下稽古（「リハーサル」）として提示されている——と、ジョルジュ・ド・ラ・トゥールの絵（タブロー）を再演出するショットがやって来る。そして上昇しながら逆光で、カメラがゆっくりと、まばゆいばかりに白いスクリーンの前を横切ると、ジャン゠リュック・ゴダールの声が、オフで、後に「牛と驢馬が見た……」というタイトルで発表される文章[*4]の一節、特に次の一節を読み上げる。「彼は絵を描いているのだ。武器の製造業者たちと文章の作り手たちがあらゆる手段を使って黙らせてしまうことになる、あのサイレント映画を作っているのだ。またそれによって、民衆の、あるいは単なる市民の、音と魂を作っているのだ」。

全体はコッポラのゾエトロープ・スタジオで撮影されている。1982年にはもう一つの偉大なスタジオの映画『パッション』が撮られているが、後から振り返れば『雑役女中』はその考古学としての姿を現している。本作は、ゴダールが素描において活用している時間にまつわる問題提起のすべてを凝縮するものだ。おのれの生成の発端をたゆまず探究する、起動相〔動作の開始を示す相〕の映画。制作の途上にある現在形の映画。とてつもない創造の生成変化を伴う未来形の映画。かつて忘却を通過したという、大過去の映画。完成することが不可能であるような、条件法の映画。そして、ラストの唐突な暗転によって、時間の外に出ようとする映画——「だから彼女は自分の知らせをたずさえている。良い（ボンヌ）〔une bonne〕……」という言葉で映画が終わるとき、そこでは省略（文の終わりが欠けている）と、兼用法（シレプシス）（「ボンヌ〔bonne〕」という単語は、受胎告知という「良い知らせ（ボンヌ・ヌーヴェル）」をもたらす神秘の形容詞であると同時に、女中（ボンヌ）を表す名詞でもあるとい

＊4 ジョルジュ・ド・ラ・トゥールの《新生児》と隣合わせで、『ル・ヌーヴェル・オプセルヴァトゥール』の1984年1月6日号に掲載〔『ゴダール全評論・全発言 II』奥村昭夫訳、筑摩書房、1998年、590頁、訳文一部改変〕。この文章は、フランソワーズ・ドルトや、ホメロス風讃歌などからの引用をサンプリングしたものである。

う二重の意味を持つ）が組み合わされている。

2　切れ端ないし突起物のようにみえる映画

『この人を見よ／過剰 おお！言葉よ』[1]（2分）は、加害者と犠牲者のイコノグラフィーをめぐる視覚的弁証法の短いエッセーであり、JLGとAMMが別の美術館（ニューヨーク近代美術館）をめぐって、その美術館のために作ったエッセー『古い場所――20世紀の暮れ方における諸芸術についてのささやかな覚書』（1998）や、『映画史』の切れ端ないしそこに発生した突起物のようにみえる。

3　完成作としてすでに流通している映画

「下衆ども」の展示室と響き合う、『サラエヴォ、あなたを讃えます』（1993）がこれに該当する。

4　アンヌ＝マリー・ミエヴィルが署名した3本の映画（タイトルをつなげると一つの告白となる）

『君に言えなかったこと』（2分35秒）：ぎくしゃくとしたスローモーションで、かすかに微笑む女性の顔をズームバックで捉え、音声は〔ジャック・ブレルの〕《行かないで》のリフレイン。本作は「でも何年も前から心のなかで君に言っていること」という字幕で終わる。

『かつては』（4分）：ぎくしゃくとしたスローモーションで、明かりが灯るなか、猫が眠ったり遊んだりするショットが示される。マヤ・デレンとアレクサンダー・ハミッドの有名な『ネコの私生活』（1947）と、現在インターネット上で広がっているネコ動画――後に、『ゴダール・ソシアリスム』の最初の方にも出てくるような――の中間にあるもの。

『ユートピアの思い出』（6分15秒）：《コラージュ・ド・フランス》のマケットを固定の超クロースアップで訪問するもので、台詞はなく、音楽の抜粋と、辻褄の合わない音響効果が付けられている。一

[1]　「この人を見よ（Ecce Homo）」のフランス語での発音「エクセ・オモ」に基づく言葉遊び。

連の作品のうち、展覧会に関わって撮影されたのはこの1本だけで、展覧会はすでに過去のこととして扱われている。

とはいえ、最も驚くべきことは不在の要素の中にある。『アマチュアのルポルタージュ（展覧会のマケット）』の上映がないのだ。この決定ないし忘却に関しては、次のような仮説を提示できる。つまり、この作品がすぐれて教育的で創意に満ちた性格を持っていたからこそ、陳列作業の段階で、もはや築き上げることではなく破壊することが問題となっていたときには、目に入らず、聞き取れないもの、文字通り目につかないものになったのだ、と。

別の言い方をするなら、展覧会に関しておそらく最も中心的で意義深い映画は、画面外に置かれたのである。

この映画は、《ユートピアへの旅》に伴って、ポンピドゥー・センターで4月24日から8月14日まで開催された全作品の回顧上映（レトロスペクティヴ）でも上映されなかった。

> 『アマチュアのルポルタージュ（展覧会のマケット）』はたしかに展覧会の際には上映されませんでしたが、それはJLGが禁じたからではなく、彼にとってこの映画は、（AMMの撮影する）作業記録として、センターのチームに対して企画を説明するものでしかなかったからです。
>
> （ジュディット・ルヴォー＝ダロンヌ、2013年1月9日のメッセージ）

つまり、この映画は、その実用的で慎ましい性格のために、ゴダールの資料体（コーパス）から退けられているのである。

2　素描のゴダール的形態をめぐるささやかな分類学

もしかしたら、『アマチュアのルポルタージュ（展覧会のマケット）』は、現実的で幸福感にあふれた素描として、あまりにも率直かつ非の打ち所のないものであるため、〔ゴダールの〕全作品という資料体(コーパス)へと単純に入れにくいのかもしれない。

実際、素描はゴダールの創作者としての軌跡を根本的に定めるような力学をなしている。そこからは、下書きと完成がどのような関係を取り結んでいるのか、その分類学を引き出せるほどである。素描という概念に関しては、その歴史的な出発点をポール・ヴァレリーに見出すべきだろう。

> 作品を完成させるとは、制作過程を示したり、暗示したりするもの一切を消滅させるということである。芸術家は、この時代遅れの条件によれば、自分独自のスタイルによってしか自らの存在を現してはならず、作業が作業の痕跡を消し去るまで努力しつづけなければならない。しかし、作者の人柄と、作者の生きる瞬間に対する関心が、やがて作品それ自体と作品の持続する時間への関心を少しずつ打ち負かしていったので、完成のための条件は無益で厄介なものと見えただけでなく、真実にも、感受性にも、そして天才の表れにも反するとまで思われたのである。個性が、一般の公衆にとってさえ、もっとも重要なものと思われるようになった。素描が絵画(タブロー)の値打ちをもつようになった。[*5]

ゴダールにおいては、素描と作品の関係について、以下のように6つの主要な様態を区別することができるだろう。

1）分離と継起という古典的な関係

これに該当するのは、フィクション映画に付随する一連の予備的な素描である。『『勝手に逃げろ／人生』のシナリオ――映画の監督と製作についてのいくつかの注記』（1979）、『パッション、労働と愛

＊5　Paul Valéry, *Degas Danse Dessin* (1936), in *Œuvres*, t. 2, éd. Jean Hytier, Paris, Gallimard, La Pléiade, 1960, p. 1175.〔ポール・ヴァレリー『ドガ　ダンス　デッサン』塚本昌則訳、岩波文庫、2021年、42–43頁〕

──映画『パッション』のためのシナリオの第三段階』(1982)、『映画『こんにちは、マリア』に関するささやかな覚書』(1983)、等々がそれに当たる。

ジャン゠リュック・ゴダールはこれらの短篇で、視覚的なシナリオも存在するのだと訴えている。そのとき素描は、これから作る映画のプロデューサーたちに宛てた、権利要求の行使となる。

2) 片利共生〔commensalisme〕の関係[*6]

ここでは、完成作の内部にある素描を指し、たとえば『軽蔑』(1963) の中で〔フリッツ・ラングが監督する映画内映画として〕撮影される古代史劇(ペプラム)ものが挙げられる。

3) 共生〔symbiose〕の関係

これは構成主義的なモデルで、映画はその制作と混ざり合うことで、全体が素描となる。その点に関しては、『ウイークエンド』や『万事快調』のためのスローガン──「今まさに作られつつある映画」、「宇宙に彷徨っている映画」等々──を思い出してもよいだろう。

フィクションの様態(モード)でこれに該当するのは『たのしい知識』(1968) である。同作が演出するのは映画の見習いであり、「映画作品のさまざまなモデル」を実験によって示す。ドキュメンタリー的、エッセー的な様態では、映画とヴィデオの関係をめぐる予備的な研究として『パート2』(1975) がある。同作は、映画とヴィデオのそれぞれによって生み出された映像の特質を観察するものであり、1980年代になってから持続的に作られる一連のヴィデオの実践的かつ理論的な前置きとなっている。

*6　片利共生とは、「通常は協力して生きている〔が、寄生と異なり他に害を与えるわけではない〕」2つの種の関係を指す。以下を参照。Maurice Caullery, *Le parasitisme et la symbiose*, 1922, Paris, Librairie Octave Doin, p. 14.

4）否定と置き換えの関係

素描は作品の非実在、その不可能性や消滅について注釈し、作品に取って代わる。

これに該当するのは、『フレディ・ビュアシュへの手紙——ローザンヌ市をめぐる短篇について』（1981）や『ダルティ報告』（1989）であり、どちらも注文された映画を拒否して、その代わりに注文それ自体を批判的に分析する過程を物語に仕立てている。

5）仕上げを施すのとは逆の関係

これに該当するのは『「パッション」のためのシナリオ』である。というのは、やはりロールのスタジオで撮られたこのエッセーは、『パッション』の生成過程を描いていながら、映画完成後に作られているからだ。骨格が身体の外に飛び出るかのように、シナリオは映画完成後にしか到来しえず、それゆえ映画は後になってから未完成の状態に再び陥るのである——ちょうど映画の中で描かれるフィクションの撮影それ自体がそうであるように。

ここでは、言うなれば「事後的（ポスト）な素描」が、それが付き従う映画を未完成のものとするのだ。この点に、ゴダールの強烈な美学的欲望の一つ、〔ヴィデオではなく〕映画という媒体（メディウム）が不可能にしてしまうような欲望の一つを見抜くこともできよう。つまり、映像に抹消線を引き、消去するという可能性のことである。

6）再定義の関係

これには『パッション』（1982）が該当する。同作は、絵画（タブロー）を〔活人画として〕再演出しようとする映画の撮影をフィクションとして描写するだけの映画ではない。〔『「パッション」のためのシナリオ』で〕おのれの生成過程を復元したおかげでようやく完成に至り、遡及的に素描となる映画なのである。

というのも、素描は局所的な一形態である以上に、まさに一つの力学であるからだ――造形的・文学的モデルの延長線上にある映画的存在物を超えて、予備的研究の原則が広がっていくという意味において。

実際のところ、準備の、したがって構成的な未完成の原則と結びつくのは、不完全性の原則である。その原則は、倫理的かつ政治的な価値によって同時に規定されている。ゴダールにおけるあらゆる活動的な力学がそうであるように、不完全性の原則も、次の2つの対立する典拠に由来するのである。一つはロベール・ブレッソンとその有名な寸言「事物のあらゆる側面を見せぬこと。漠とした余白」[*7]。もう一つは、ベルトルト・ブレヒトとその『転換の書――メ・ティ』(1937年)である。「メ・ティは、あまりに完全すぎる世界像を構成することには反対であった」[*8]。

1967年以降、ジャン=リュック・ゴダールはよくブレヒトの寸言を取り上げた。特に1970年の「何をなすべきか?」という宣言(マニフェスト)ではそれが顕著である[2]。

素描にしても、欠如した映像にしても、どちらもゴダールの作品が発展させた批判的教育学の諸形態のレパートリーに属している。このレパートリーのただ中にあって、『アマチュアのルポルタージュ(展覧会のマケット)』は、おそらく最も幸福感にあふれた機会を提供している。なんとなれば、その機会がレパートリーの実践的かつ自発的な表明となっているからである。

*7　Robert Bresson, *Notes sur le cinématographe*, *op. cit.*, p. 104.〔ロベール・ブレッソン『シネマトグラフ覚書』松浦寿輝訳、筑摩書房、1987年、143頁〕

*8　Bertolt Brecht, *Me Ti, Livre des retournements* (1956), tr. Bernard Lortholary, Paris, L'Arche, 1968, p. 48.〔『転換の書 メ・ティ』石黒英男・内藤猛訳、績文堂出版、2004年、31頁〕

［2］　この宣言は以下に訳出されている。ニコル・ブルネーズ『映画の前衛とは何か』須藤健太郎訳、現代思潮新社、2012年、184–188頁。

「すべての芸術がそれぞれの驚異を生み出した。統治の芸術は怪物しか生み出さなかった」(サン＝ジュスト、1793年)
『ゴダール・ソシアリスム』について

解放闘争の歴史におけるジャン＝リュック・ゴダールの仕事の重要性を具体的に知りたいのであれば、アントネッロ・ブランカが1970年にブラックパンサー党と一緒に撮った美しい映画『時を捉えよ』の短い一場面を見るだけで十分である。黒人の大義を奉じるヴィルヘルム・マイスターとも言うべき主人公ノーマンは、白い拘束衣を着てニューヨーク公共図書館を訪れる。彼は司書に尋ねる。

> ──ちょっといいでしょうか？（拘束衣を示しながら）これを脱ぐためには、何を読んだらいいか教えてもらえますか？
> ──なるほど、私も似たような問題を抱えていますよ。たくさん読みました。
> ──たくさん？
> ──ええ。でもあなたにしてあげられることは、そんなにありません。

ノーマンが失望してその場を立ち去ろうとすると、今度は司書がノーマンに問いかける。

> ──ちょっと待ってください。マルコムXは読みましたか？
> ──はい。
> ──ロバート・F・ウィリアムズは？
> ──読みました。

──毛沢東語録は？　カール・マルクスは読み始めましたか？チェ・ゲバラの演説は？　マルクーゼは読んでいますか？
──すべて読みました。
──ジャン＝リュック・ゴダールの作品はすべて見ていますか？

1960年代から1970年代にかけて、ジャン＝リュック・ゴダールは国際主義にも革命の大義にも大いに貢献した。彼はマルクス・レーニン主義の闘士として、非規範的な映画の導き手たちと出会い（キューバのニュース映画を指揮する天才的なサンティアゴ・アルバレス、政治闘争映画の『市民ケーン』とも言うべき『燃えたぎる時』の作者フェルナンド・ソラナス）、脱植民地化闘争の指導者たちに関する数々の映画に出資し、ブラックパンサーやファタハと同盟を結んだ。ゴダールの政治運動への関わりはすでに『小さな兵隊』（1963）にはっきりと見て取れる。アルジェリア戦争を扱う作品群を見舞う検閲をかわすために、彼は敵の視点から拷問の場面を描こうと思いついた。政治の作業とは、駆け引きの次元だけでなくより深い次元で、言語活動の練り直しを要請するものなのだ。というのも、たとえねじれや傷や欠落といったかたちであったとしても、芸術はその現実批判において持ち出すものに備わる効力を、すでに現実のなかに注ぎ込んでいるからである。ゴダールは、理論の作業と現場の作業（ブザンソンやパレスチナやモザンビークにおける）を、まずはジャン＝アンリ・ロジェ、次いでジャン＝ピエール・ゴランといった同志たちと一緒に進めながら、疲れを知らない革命家夫妻のキャロルとポール・ルソプロスからも遠からぬところで、映画が歴史を変えることに寄与しうるような身振りを実験してきた。キューバでは、ヨリス・イヴェンスが地下学校で後進の指導にあたり、第三世界における解放運動の記録を担うカメラマンを育てようとした。他方、ゴダールの暗躍によっては、「芸術左翼戦線」〔1920年代にソ連の芸術家が形成した左翼団体とその機関誌の名前。略称「レフ」〕を至るところに切り開くさまざまなやり方についての野外実験室が作られた。

集団で取り組まれたこうした重要な活動は、象徴的な活動をその実践的な有効性の限界に絶えず向かい合わせるという点で、映画の強度をその極みにまでもたらした。では『映画史』(1988–1998)には、この時期の活動のどんな名残があるのだろうか。たとえば『ワン・プラス・ワン』(1968)の有名な砂浜のシークエンス＝ショット。〔『映画史』4Aでは〕その場面の赤い旗と黒い旗の上に「映画だけが」の字幕が重ねられていた。また『映画史』2Aはサンティアゴ・アルバレスに捧げられ、2Bで献辞が送られる映画批評家ミシェール・フィルクは、FLN(アルジェリア民族解放戦線)を支持し、グアテマラでゲリラ戦士となった人物である。「アンヌ＝マリー・ミエヴィルと自分自身に」捧げられた4Bでは、5つの字幕が続けざまに現れる。「幻滅」「暴君仕込み」「歴史の眩暈」「ユートピアのオデュッセイア」「苦しみの独占」。そして、続く6つ目はより大きな文字で「革命の苦悩」。この6つ目の字幕には、少し先に出てくる、目を開けたまま死んでいるチェ・ゲバラの肖像写真が呼応する。つまり『映画史』を生み出した視点は革命的なものであり、あたかもフリードリヒ・シラーがヴェトナムの地下壕にヴィデオを設置して作ったかのようなのだ。ただし、ゴダールがそこで描き出しているのは「没落した事物に対する、陰鬱な忠誠」であって、闘争がもたらす解放の力ではなかった。

短いヴィデオ・エッセー『21世紀の起源』(2000)はいまから考えると『ゴダール・ソシアリスム』の草案であることが確認できるが(同じく「黄金」をめぐり[1]、リュドヴィックという名の人物がいて、この作品の時間的な行程を『ゴダール・ソシアリスム』は空間的に踏破することになる)、同作では政治闘争の時代の不在は公然たる敵のように明白である。1990年、1975年、1945年、1930年、1915年、1900年という年代によって始まりと終わりがはっきりと区切られたエピソード

[1] 『21世紀の起源』ではタイトルが示される際、「起源(L'ORIGINE)」という語の「L'OR(黄金)」だけが何度か切り離されて示される。それに対し、『ゴダール・ソシアリスム』の第1楽章では、スペイン内戦時に共和国政府からソ連に移送された黄金とその消失をめぐる顛末が語られる。

を連ねながら20世紀を遡っていく『21世紀の起源』は、「1960年」という字幕を二度にわたって掲げている。一度目は本来の場所、1975年と1945年の間に、そして二度目は別の場所、1945年と1930年の間に。しかし、後者の1960年のエピソードは空虚で、何も取り扱われないままであり、作品全体に強迫観念のように漂っている。

このように考えてみると、『ゴダール・ソシアリスム』はトラウマの除去としての姿を現す。とはいえ、政治闘争の時代を再び正面から取り上げているということではない。革命思想の力が再び肯定的なものとなり、それが喪や挫折や抑圧と混同されなくなっている点において、そうなのである。1989年にカール・マルクスへと初めて回帰した作品『ダルティ報告』は、いわば『映画史』の一章として経済を扱ったようなものだった。だからこそ、『ゴダール・ソシアリスム』は資本や利潤や私有財産についての本質的な諸問題を再び経由せずに、「お金は公共財産だ」という冒頭の一言でそうした諸問題に決着を付けるのだ。ちなみにこの文句は〔ジュネーヴの〕日刊紙『ル・クーリエ』にミシェル・モノーという名の読者から2010年1月13日に寄せられた投書のタイトルである。彼はシスモンディ（富の再配分を推奨した19世紀初頭のスイスの経済学者）を想起させる考えを物静かに提案している。財産の民衆への返却、株式市場と民間銀行の廃止、賃金格差の緩和、近接性に基づく経済と国際的連帯である。『ゴダール・ソシアリスム』では、1905年のオデッサの反乱、スペイン内戦、1940年代フランスの国内における抵抗運動という、民衆による自発的な解放運動の観点から政治の問題が再び取り上げられている。これらは3つとも、蜂起が自律的な仕方で、つまり勝利の物質的諸条件が整うのを待たずに、命を落とすことになろうとも歴史のあるべき姿を先取りするというかたちで立ち上がり、組織された事例だった。

しかし、こうした先取りの作業、あるいはエドゥアール・ド・ローロの言葉を借りれば、「予弁法（プロレプシス）」〔未来を先取って提示する修辞法〕の作業に関しては、並外れた、真に驚くべき事例もみられる。「われら人類」と題された『ゴダール・ソシアリスム』第3楽章のバルセロナをめぐって展開する箇所で、次のようなナレーションが聞こえる。「シモーヌ・ヴェイユはフランコの勝利の後、ドイツ軍のパリ入城を知ってこう言った。「インドシナにとって重要な日である」、と」。衝撃的な一言である。ドイツ軍の侵攻がインドシナにとってどのような利益をもたらすというのだろうか。シモーヌ・ヴェイユは抑圧された人々の連帯に賭けているのだ。フランス人は支配される経験を経ることで感化され、のちに自分たちの植民地を解放するように導かれるだろう、と。

このような投影――きらめきを放つ表現によって、歴史のあるべき姿（しかし決して実現することのない姿）を構築することができるような投影――は、革命的芸術家たるゴダールがふだん行っている作業を現実の闘争の領域に移し替えるものでもある。〔第2楽章の舞台となる〕マルタン家のガソリン・スタンドでは、母親が自己紹介をするにあたって、ただ単に自分の役柄の説明書きを暗唱する。これは構成主義の原理によるものであり、1920年代の芸術家たち、とりわけ「プロジェクショニスト集団」〔ソ連の初期構成主義者たちの一派〕によって打ち立てられた単純さと明瞭さと再組織化への要請を思い起こさせる。スローガンの第5番にはこうあった――「芸術家は、（食器棚や絵画といった）消費財の生産者ではなく、**素材を組織する方法の（その方法のさまざまな投影の）**生産者である[*1]」。『ゴダール・ソシアリスム』はこの点で比類ない大全となっている。マノエル・ド・オリヴェイラの『永遠の語らい』（2003）も地中海を周遊して、船長が口にする台詞を借りれば「みんなで一緒に善意の木の下で暮らす」という希望を持って、複数の文明と出会うさまを描いていたが、その脱構築としての『ゴダール・ソシアリスム』は、『映画史』がそうだったように単に映像と音と書体だけでなく、さらに組織化の形態の

＊1　The Projectionist Group, « First Discussional Exhibition of Associations of Active Revolutionary Art » (1924), in John E. Bowlt (ed.), *Russian Art of the Avant-Garde: Theory and Criticism 1902–1934*, New York, The Viking Press, 1976, p. 240. 強調は原文。

数々をも含んだ壮大なフレスコ画を差し出しているのだ。

『ゴダール・ソシアリスム』はひとまず、現代の造形性の豪華な総目録のように見える。冒頭の映像の造形美をはじめ、特に風景を高解像度で撮影した記念碑的なショット。燦然ときらめくパレットを示す機会として捉え直される低解像度の映像。そして、引用されたイメージの集積── それらはなおも新たに加工され、つねにより視覚性を研ぎ澄ます方向に仕向けられている。携帯電話によってディスコで撮られたショットは踊る人々の姿を歪めるとしても、引き立て役や小道具として使われる映像は一つもない。それぞれの映像は35ミリフィルムの上に手厚く迎え入れられており、擦り傷のついたピクセルのような面に手が伸びてぶつかるショットに至るまで、すべてが独自の完璧さへと仕向けられている。それぞれの映像の地位についても同様である。〈パレスチナ／オデッサ／ヘラス〉と3段階で矢継ぎ早に進むときに現れるエンブレムの数々にせよ、描写、アレゴリー、フェティッシュ、象徴、紋切型、信号、表意文字、文化的な判じ絵（ヘーゲルが語ったミネルヴァのフクロウが『戦艦ポチョムキン』の階段の前に置かれている）にせよ、映像はことごとく文明の記録資料の範疇に属しており、そこではフィクションとドキュメンタリーの間にも、人口に膾炙したイメージ（スペインに上陸すると登場する闘牛）と前代未聞のイメージ（時刻を示さず金色に輝く腕時計）の間にも序列は設けられていない。

さらに豊かなのは、イメージの組織化の方法である。『ゴダール・ソシアリスム』が約束している3楽章の交響曲はスタイルのあからさまな異質性の上に成り立つが、属性を移し替える力強い効果によって、〔第1楽章の舞台となる〕客船は際限なく分裂するスタジオセットとして扱われ、他方、〔第2楽章の〕ガソリンスタンドはノアの箱舟と化す。なお、豪華客船を資本主義社会のアレゴリーとする選択は、近頃ますます増えている同時代の流れに属している。オリヴェイラの映画の他にも、ハワード・A・ロッドマンが指摘するように[*2]、デヴィッド・フォスター・ウォレスの『出航』と題された短篇小説（1996年）を挙げるべきである。ウォレスはカリブ海を周遊するナディール号を描くことで、現代アメリカの価値観を笑い飛ばす風刺を生み出すことができた[*3]。「豪華クルーズの（ほとんど致死的なほどの）快適さについて」という副題をもつこのデヴィッド・フォスター・ウォレスの短篇には、とりわけ、1994年にフランク・コンロイが同じクルーズについて書き、セレブリティー・クルーズの宣伝用パンフレットに使われた文章に対する容赦のない分析が含まれている。デヴィッド・フォスター・ウォレスが先達の文章を要約した一言は、映画をはじめとする表象の諸領域の支配的な使用法がどのようなものなのかを正確に名付けている。彼はコンロイの文章を指して「随筆風宣伝文（エッセイマーシャル）」と纏めてみせたのだ。現代の資本主義社会において、この随筆風宣伝文なるものは、古代ギリシアの「パイアン」（神を称える感謝の歌）や、古代ローマの「パネギュリクス」（高名な人物や国家の賛辞）に相当する。一方、『ゴダール・ソシアリスム』は『永遠の語らい』を批判するわけではないものの、その融和的なバベルの塔とも言うべき次元（オリヴェイラの場合、登場人物たちは言語と文化の違いにもかかわらず互いに意思疎通ができることに驚嘆する）を解体している。というのも、『ゴダール・ソシアリスム』は『永遠の語らい』を、もはや方舟が再生と調和の約束ではなく、抵抗と戦争と征服と亡命のエンブレムであるような、いくつもの視覚的参照項と交錯させているからだ。ポチョムキン号やエクソダス号はもちろんのこと、ここにはアトランティス号もおそらく重ねられているだろう。ヤセル・アラファトが1982年にイスラエル軍の侵攻を受けてベイルートを脱出した際に乗り込んだ船である。レバノンの映画作家ジョスリーン・サアブによる短篇映画『亡命の船』（1982）は、パレスチナの指導者がギリシアに向かったこの船旅を記録している。

ゴダールにおいてはこれまでも慣例的に寸劇（サイネーテ）や、論証的な展開

＊2　2010年6月1日付けの私信による。

＊3　以下の短篇集に収録。David Foster Wallace, *A Supposedly Fun Thing I'll Never Do Again*, New York, Little, Brown, 1997.

(『映画史』にふんだんにみられる）や、ライトモチーフや、不意に挿入されるショットや、韻を踏む短いショットといった形態が扱われてきたが、『ゴダール・ソシアリスム』にはさらに次のような特徴がみられる。ショット群が密集してひと塊となったり、暗示と化したモチーフが切り詰められて回帰したり、各ショットの造形性と速度とが縁を合わせつつ唐突な差異を保っていることに基づいてシークエンスが作られたり、映画を構成する遺産の全体が、どれもこれも構造化の、したがって思想の主導権を担っていたりする。また、繋ぎや、並置や、質的な切り下げ（「失敗」によってショットは撮影の段階に連れ戻される）や、嵌め込みや、透かし細工といった諸形態も同じく付け加えられており、それらの形態はきわめて豊富なので、古代文法の手法まで含むほどである。かくして、突如として現れる方向的にありそうにない繋ぎが希求法〔古典ギリシア語における話者の希望を伝える叙法〕による連結として用いられて、バルセロナに降り立ったコスタ・コンコルディア号の乗客たちが、デモの参加者たちと想像の中で合流していくことになる。デモ隊は全国労働連合（CNT）と労働総同盟（CGT）を組み合わせた旗を掲げ、ほとんどサブリミナル的に一瞬だけ映る横断幕には「社会主義の危機」という文字が垣間見える。以上のような陳列の形態の数々によって作り出された総体は、諸文明をめぐるオリヴェイラによる穏やかな教育学の代わりに、人類の苦悩をめぐる大量の視覚的注釈の爆発を差し出している。

1947年、アルノルト・シェーンベルクは十二音技法のために自分が「ボルシェヴィキ」扱いされたと語っている[*4]。新しい技法に大きな抵抗を覚えた者たちは見誤っていなかった。ラディカルな形式的発明はたしかに脅威であり、断絶を持続させ、想定されていることを破壊し、仮説を救い出すのである。『ゴダール・ソシアリスム』は具体的な苦しみをいっさい忘れることなく、集団の悲劇や幻滅の災厄を、目前で思弁的な花火へと変容させてみせる。そして、『映画史』4Aで表明された願望のなにがしかを実現する──「今こそまさ

＊4　Arnold Schoenberg, « Est-ce loyal ? », in *Le style et l'idée*, tr. Christiane de Lisle, Paris, Buchet-Chastel, p. 191.

に思想は、その本当の姿を取り戻すべきである。思想家にとっては危険極まりなく、現実を変容させる力を持った姿を[*5]」。

＊5　Denis de Rougemont, *Penser avec les mains* [1936], deuxième partie, « I. La pensée prolétarisée : L'exigence fondamentale », Paris, Gallimard, 1972, p. 151.〔『ゴダール　映画史　テクスト』堀潤之・橋本一径訳、愛育社、2000年、72頁〕

III

JLGのために仕事をする

次のような状況を想像してみてほしい。

生涯にわたってジャン＝リュック・ゴダールの作品を熱烈に愛してきたあなたは、映画に関して持っている公準や着想や理想の大部分を彼の作品に負っている。

突如、あなたはロールの街にいる。あなたにとって創造の中心地に相当する場、つまりジャン＝リュック・ゴダールのちっぽけな編集室にいる。

あなたは『イメージの本』の作業版を見るようにと言われたのだ（この作業現場には、ほぼ2年前から雇われている）。ジャン＝ポール・バタジアとファブリス・アラーニョも一緒で、近くの書斎ではジャン＝リュック・ゴダールが忙しく立ち回っている。いずれにせよ、4人が一緒にいられるほどのスペースはないだろう。

〈理性〉を大切にし、育もうとしても無駄である（それがあなたの職業なのだが）。精神がぼんやりしていく。このような特権に見合っていないのではないかという不安、まだいくつかの原則と問いかけを知っているだけの映画を見出すという興奮、この瞬間の打ちのめすような幸福。

とても天気が良く、皆がうきうきしている。

これから見るものの多くを忘れてしまうことは、前もって分かっている。いつものように、そして必要に迫られて、メモを取るために紙片とペンを取り出す。ジャン＝リュック・ゴダールはぶつぶつ不平を漏らす。画面に十分集中できなくなると思っているのだが、結局は好きなようにさせてくれる。

あなたはパリに戻る。ジャン＝ポールを介して、ジャン＝リュック・ゴダールがあなたの書いたメモを求めてくる。

もう一度メモを書き直し、より有用で建設的なものになるように、典拠を補足する――『イメージの本』に関するあなたの仕事は、この映像と音からなる作業現場に必要なものを供給することなのだ。

この未加工で素朴なメモ――いま見直すといくつかの熱狂的な形容詞がやや子供っぽいことが残念だが、「映画愛（シネフィリー）」には「愛すること」が含まれているのであり、いつだってすべてはそこから始まるのだ――によって、一つの奇跡がもたらされる。ジャン゠リュック・ゴダールがあなたにメールを書き始めるのだ。そういうわけで、記録として（まだ完成していない映画のその時点での知覚の）、徴候として（ジャン゠リュック・ゴダールの関心を引き起こし得たものの）、そして可能性の条件として（集団的かつ私的な通信に関する）、ここにそのメモを掲載する。

2017年5月18日、ロールにて

ジャン＝リュック・ゴダール『イメージの本』をファブリス・アラーニョ（左側）とジャン＝ポール・バタジア（右側）と一緒に見ながらすばやく書き留めたメモ

書き出し（インキピット）／前置き

問題点：メインタイトルの「イメージの本」と「映像と言葉」という字幕画面（カルトン）がうまく区別できない。「映像と言葉」はサブタイトルなのか、パートなのか、それともエピソードなのか？

ありうる解決策：サイズの変更。加えて、画面の展開によって、あるいはページをぱらぱら捲るようにして、どれも美しく意味深長な他の作業用タイトル――「再生（ルネサンス）」、「大きな黒板〔＝黒い絵（タブロー）〕」……――を挿入する。

1　リメイク

映画の古典的作品に挟まれるようにして、テレビ・ドキュメンタリーの抜粋の存在感がしだいに増大する。すばらしい。いわゆる背景をなす映像（作家の映画）と、いわゆる流れ（フロー）としての映像（視聴覚的な製品）との関係を再考せざるを得なくなるので。

選ばれている抜粋は、愛と拷問に関するものが多い。

映画全体にわたって、多くの抜粋はすでに『映画史』とそれに関連する試論（エッセー）の総体にしばしば登場していたものだ。

提案：『イワン雷帝』の引用の前か後に（どちらかと言えば後に）、ジョスリーン・サアブの『戦争の子供たち』（1976年、12分、16ミリ）のいくつかの箇所を用いる。

利点：

1）ここでは心的な「リメイク」が問題となる。ベイルートの砂浜で、年端もゆかぬ子供たちが、目撃したばかりの現実の虐殺――いわゆる「カランティナの虐殺」――を再演している。

（「1976年1月18日、レバノン戦線の民兵たちが、ベイルートの北側の入り口〔ベイルート港〕付近にあるスラム街のカランティナ地区を掌握。住民はパレスチナ人、クルド人、アルメニア系レバノン人、南部のシーア派教徒で、パレスチナ解放機構の支配下にあった。1000人から1500人の市民の犠牲者が出た」。）

2）この映画は、虐殺の映像と、自分が目で見たことを演じたり、虐殺を絵で描いたりする子供たちの情景を交互に示している。

こうして、リメイクは基礎的な心的過程に錨を下ろし、もはや単なる美学的な手続きにはとどまらなくなる。人類が生き延びるために作り出した資源一式のうちに数えられるような、一つの防具となるのである。

アラビアのモチーフを第一部という早い段階から導入し、参照されるのがISILだけにとどまらないことにもなる。

3）『イメージの本』によく出てくる子供たちの存在感――同作で最も力強く感動的な方針の一つ――を強めることになる。『戦争の子供たち』のいくつかのショットは、小さな子供たちが塹壕に落ちるショット（「サン・ペテルスブルグ」のパート）と類似した音を響かせる。

4）引用される映画の資料体（コーパス）の強力な更新。

5）ある一本の（いまだ過小評価されている）傑作の引用。女性監督によるレバノン映画（ほとんど不可視にとどまっているのは、この2つの理由による）。

[引用する場合に役立つように、映画をダウンロードするリンクを送ります。]

2　サン・ペテルスブルグの夜話

あやふやな指摘（映画を見直す必要あり）：視覚面でのオーヴァーラップが始まるのはいつなのか？　「リメイク」と「サン・ペテルスブルグ」は、交替モンタージュ、黒画面、音響面でのオーヴァーラップなどによって、とりわけ塊ごとに作動し、視覚面でのオーヴァーラップは「花々」〔のパート〕から用いられるように思われた。

もしそうなら、それはなぜか？　苦悩と死は映像どうしをつなぐ緯糸を引き裂き、あらゆるものが断片という形態で到来するから？

統辞や並列の論理が存在するのか？

「生物の破壊の大法則（……）。絶え間なく血を吸い込んでいる大地全体は、巨大な祭壇でしかない。生きとし生けるものは、いつまでも、際限なく、休みなく、（……）死の死に至るまで、その祭壇で屠られなければならない」。（ド・メーストル――ジャン＝リュックのおかげで初めて、誰もがこの本を読みたくなることだろう。）

心を揺さぶる視覚的な悲歌（エレジー）。

『愛の世紀』の実験的なパートと同じくらい強烈。

「我々の黙示録を軍隊に変えなければならない、さもなければ死あるのみだ」（マルロー）。

『希望』と『ゲームの規則』だけでなく、CNT-FAI〔全国労働組合（CNT）内のイベリア・アナーキスト連盟（FAI）〕が1936年に撮影したドゥルティ〔スペイン内戦に参加して命を落としたアナキストの英雄〕とその兵士たちの映像も加えてはどうか？　彼は本当にそれ（黙示録を軍隊に変えること）を成し遂げたのだから。

そうすれば、蜂起の実践に関して、「法の精神」のパートの先取りにもなるだろう。

［ダウンロード用のファイルを送ります。0分59秒。ドゥルティは戦闘員サマンタールの年を取った姿に少し似ています。］

3 線路の間の花々は旅の迷い風に揺れて

見事な旅であり、モンタージュのもたらす語りの効果に突き動かされると同時に、列車に乗ることのない者たちすべてが断続的に、詳細に、積み重なるように呼び覚まされることに打ちのめされる。

もっとも、この箇所にまさしくうってつけなのは、フェルナンド・ビリの『ティレ・ディエ』(1960)で列車に沿って走る子供たちだろう(ソラナスとヘティノの『燃えたぎる時』〔1968〕に引用されている箇所——ジャン=リュックとソラナスが英語で交わしたすばらしい対談もある)。フェルナンド・ビリ(キューバに映画学校を設立したアルゼンチン人)は驚くべき長篇映画『ORG』(1979)——これも主に再利用によって成り立っている映画——でジャン=リュックを引いているので、〔ビリの映像を用いれば〕好ましいやり取りになるだろう。

フェルナンド・ビリの『ORG』は、https://www.youtube.com/watch?v=qRDZPx56IdMで見られる。

ジャン=リュックは52分25秒から2分間にわたって、ロッセリーニとヤン・ニェメツに挟まれて出てくる。

[必要でしたらDVDもあります。]

[『ティレ・ディエ』はYouTubeで抜粋を見られます(https://www.youtube.com/watch?v=ly6oGq1aiXE)。より画質の良いものもたやすく見つかるでしょう。]

[『ティレ・ディエ』がここで引用される映画の詞華集に入っていなかったら、ラテンアメリカのシネフィルは悲しむでしょう。それほどまでに、この作品は正統的なのです——もっとも、ひょっとしたらすでに引用されていて、私がメモを取っている最中に見逃してしまったのかもしれません☺]

旅/物語が進んでいくにつれて、花々は意味作用に覆われ、しだいに「リルケ的」なものになっていく。

オフュルスの『快楽』と末尾の繰り広げられるフィルム〔の映像〕の間に、イームズ夫妻の『おもちゃの汽車のトッカータ』から、客車の中を扉も通り抜けながら急速に前に進んでいく10秒の映像を挿入したら興味深いのでは？（8分50秒から9分くらいの、運動感覚に充ちた、線路の上の花々で締め括られる箇所。）

［最近、ファイルを送りましたが、ジャン＝ポールにDVDを送付することもできます。］

4　法の精神

「犯罪を犯すことは、殺人者にとってと同様、政府にも許されていない」／「社会の基盤には一般的な犯罪がある」。

きわめて複雑な、すばらしい構成。いったいどうしたら、同時に、かつ演説をぶつことなしに、

• 不当な合法性に対して蜂起するのは合法であるという論証に成功し、

• 誠実さと愛の力に始まり（〔ロッセリーニの『神の道化師、フランチェスコ』で〕フランチェスコの揺るぎない確信に屈服する暴君）、抗議や蜂起のさまざまな実践をいくつかの系列に分けて提示し、

• それでいて、良い合法性もありうることを否定しない（少なくとも私が理解したと思ったところでは）

などということができるのか。

鮮やかである。

ジャン＝リュックの声を捉えたさまざまな録音素材の連鎖は、『女は女である』におけるラッシュのように美しい。

ここではなぜ、『フリークス』の可愛らしい女性とポルノの映像のクレショフ効果があるのか？　分からなかったので、要再検討（あなたではなく、私の方で）。

カイユボットの《床削り〔Les Raboteurs de parquet〕》との視覚的な駄洒落〔この箇所でゴダールの声が「検事局（parquet）」という単語を発することを指す〕は、災厄の一斉射撃のなかにあって歓迎すべきことだ。

細部について：『映画史』からそのまま取られた文字を取り除いて、

可能な場合には、元々の映像と差し替えるべきでは？　たとえば、『黴は至る所に』の表紙など。『イメージの本』における本のイメージへの回帰。そうすれば、イコノグラフィーの刷新、原典の回帰という性質を帯びるだろう。

5　中央地帯

再利用によって物語を語るというここでの発明は完全に成功している。

アルベール・コスリーの物語は、突出した箇所や引用だけを足掛かりとして進んでいるのに、申し分なくたどることができる。

アラブの踊り子／次のショットでは色彩が踊っている。

ここでの明白な危険はオリエンタリズムである──そこで提案：パゾリーニの『アラビアンナイト』のいくつかのショットを取り除き（西洋からの視野がもう問題にならなくなった時点から、つまり最初の引用の後で）、マルク'Oとドミニク・イセルマンによるドキュメンタリー映画『タマウト』（1973）の抜粋で置き換えてはどうか。というのも、『タマウト』ではアラブの踊り子たちが踊ったり音楽を奏でたりしながら自分自身の物語を語っているので。ある一民族の幸福を描き出すこと（幸福のアラビア（アラビア・フェリックス））を主題とする、歓喜の映画である。主として誘惑と多産の踊りから成る。

『タマウト』の第2部、60分あたりから、モロッコの奥深くに分け入ったタンタン（サハラウィ人の土地）が舞台となる第2部は、非常に有用かもしれない。

60分：砂漠の簡素な村。

62分：円を描くような長いパンで砂漠を捉え、マイケル・スノウの『中央地帯』かと思ってしまうほど。

73分31秒から73分45秒：踊り子たちの装い。これは事実上、パゾリーニのイコノグラフィーの典拠である。

94分から96分17秒：踊り子たちの女王。彼女は孫娘と一緒に日中にリハーサルして、夜に踊る。

娼婦を兼ねた踊り子たちだけが登場するのは避けた方がよいだろう。

踊り子たちの女王は、快楽の側面における補完となるだろう。〔『フォーエヴァー・モーツアルト』の〕ジャミラや、『ヒア&ゼア』の少女のように（彼女は音声だけで登場していたはずだ）、武装闘争の側面を中心にアラブのヒロインたちが集められているので。

音声を差し替えることで、女王は忘れがたい〈楽曲〉をもたらすことにも貢献しうるだろう——『女と男のいる舗道』の《小さな愛（マ・モーム）》や、『パート2』の《フィアットのバラード》や、『映画史』の《われらがイタリア語》など、ジャン゠リュックの他の多くの作品にみられるように。

それに、ジャン゠リュックの万神殿（パンテオン）において、女性が（共同で）署名した映画がもう一本付け加わることにもなる。

『イメージの本』に戻ろう。

チュニジアで撮り下ろしたショットはすばらしい。

フィルムではなくヴィデオによる横方向のスクロールは、途方もない効果を発揮している。

決定的に重要な展開——それは本作の肝心な点でもあろう——は〈映画（フィルム）〉としての『イメージの本』は、〈書物（ビブロス）〉に、〈言葉〉を連ねた本に、〈律法〉の石板（コラーン、トーラー等）に反抗しているということだ。

とするなら、両者の違いは何だろうか？　『イメージの本』は何の役に立つのか？　他の本が規定し、命令するときに、『イメージの本』は解放的なのか？　どのように？　あるいは、『イメージの本』は何も説教せず、みずからの造形的、律動的、形式的な資源に従って働きかけようとしているのだろうか？

実際、『イメージの本』はたしかに、あらゆるショット、音、モチーフ、繋ぎ、形象、シルエットが、どれほど慎ましく、不鮮明で、はかないものであれ、迎え入れられ、引き取られ、他と共鳴し始めることができるような、諸々の事象の〈共和国〉を樹立している。

カブールの少年が巻き枠（ボビン）を転がす。映画全体を通じて、音響面のものも含め、次々に現れるという事態（デフィルマン）のさまざまな形態が目録化され、発明されている。「子供とは再生、遊戯、みずから回る車輪、最初の運動、聖なる肯定である」（ニーチェ『ツァラトゥストラ』）。

「もはや傾けられる耳はほとんどない」〔末尾付近で引用されるエリアス・カネッティ『人間の領域』の一節〕。

少なくとも、アラバマの少女は全力で試みている〔アーサー・ペン『奇跡の人』で描かれるヘレン・ケラーを指す〕。

＊

〈歴史〉の列車を脱線させ、ありとあらゆる転轍機を締め直し、地政学的な想像力を改めて初期化すること——概論にしてテロ行為たる『イメージの本』は、政治的な後退が加速する時代に向けられたヒューマニズムの爆弾である。

ジャン＝リュック・ゴダールから送られてきたいくつかのメッセージ[1]

ジャン＝リュック・ゴダールの電子メールはささやかな作品を形作っており、
件名と本文の関係を
イメージと言語の新たな反響を
言葉をキュビスムの花のように開花させることができる断層を同時に作り出すことの喜びに基づいている。
それは日常的に実践される機知（ヴィッツ）である。
そこでは、慣例というもっともらしい平穏さにとどまっているものは何もない。
最後まで、〔携帯〕電話は徹底して創造するための機械であった。

以下に収録したわずかなサンプルは、『イメージの本』と『シナリオ』の制作に関わるものであり、とりわけ、ジャン＝リュック・ゴダールの手紙——その物質的な性質が紙であれ、ファックスであれ、電子信号であれ——を体系的に集成するための呼び水たらんとするものである。

略語
FA：ファブリス・アラーニョ　JPB：ジャン＝ポール・バタジア
NB：ニコル・ブルネーズ　MI：マティルド・アンセルティ
ES：エリアス・サンバール

［1］　本章では、ゴダールからのメールの1通ごとに訳者による簡単な解説と訳註を付し、それらを章末に一括して掲載しているので、本文と合わせて適宜、270頁以降を参照されたい。なお、ブルネーズによる原註は、脚註として記載した。
この章に収録されているメールが書かれた時期（2017年5月27日から2022年7月4日まで）に、ゴダールは最後の長篇映画となった『イメージの本』（2018）を完成させ、その後は、2022年9月13日に「自殺幇助」によって自らの意志で生命を断つ直前まで、『奇妙な戦争』と『シナリオ』という2つの企画に取り組んでいた。いずれも長篇映画としての完成には至らなかったが、前者の企画からは、その準備ノートを撮影した20分の短篇『決して存在することのない映画『奇妙な戦争』の予告篇（Film annonce du film qui n'existera jamais : « Drôles de Guerres »）』が生前に完成し、2023年のカンヌ国際映画祭で初上映された（日本では『ジャン＝リュック・ゴダール／遺言 奇妙な戦争』の邦題で2024年2月に公開）。後者の企画からは、死の前日に撮られたゴダールの映像を含む18分の短篇『シナリオ（Scénarios）』と、企画の準備ノートに基づいてゴダールがみずから構想を説明する姿を捉えた36分の『シナリオ：予告篇の構想（Exposé du film annonce du film "Scénario"）』という一組の映画が生まれ、2024年のカンヌ国際映画祭で初上映された（日本では2025年に劇場公開予定）。

差出人：**JL G**

件名：見えないもの

日付：2017年5月27日　20時52分

宛先：NB

モネ：見えないということを描く

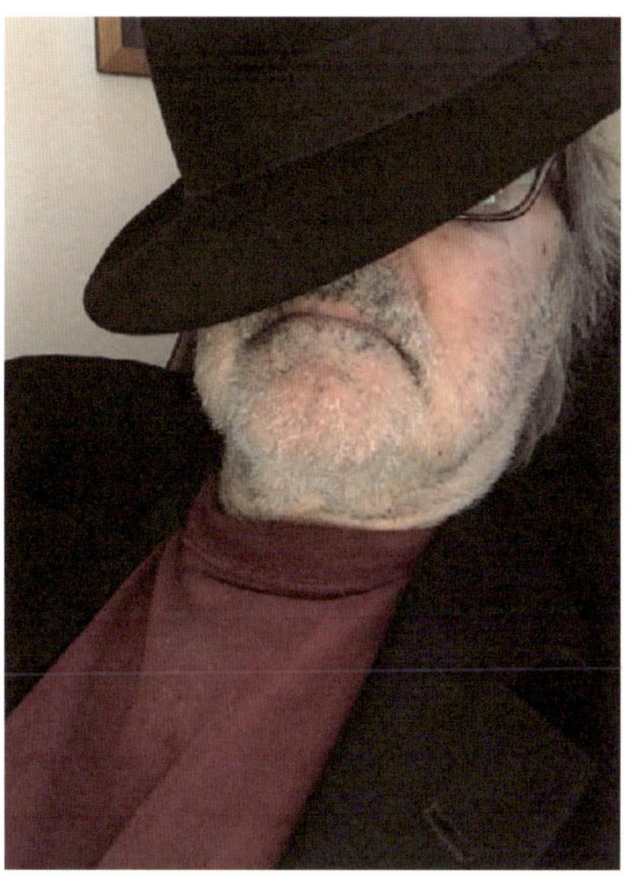

差出人：**JL G**
件名：リテイク
日付：2017年5月28日　17時06分
宛先：NB
Cc　：JPB

親愛なるニコル、素晴らしいメモと指摘をとてもありがとう[1]。おかげでラミュの『黴は至る所に』をヴァン・ヴォークトの『非Aの終焉』(アップルはアリストテレスに夢中だ、悲しいかな[2])に変えることができ——P・カスト[3]がかつて語ってくれた小説だ——、それに『糧なき土地』の小学生たちのショットを続けた。その他にもいくつか変更あり、JPが渡してくれるものを待ちつつ。南米の映画に関しては何もかも入れることはできない、トゥパマロス[4]もマリゲーラ[5]も(愚か者は笑う[6])。それからここでは35ミリとは異なり、短縮も、引き延ばしもできないことを知っておかなければならない、メロディーによる拘束があるから。『映画に撮られたレジ・スタンスの痕跡[7]』と題された映画を見つけたら、ジャン=ポールに渡してください。あなたのご配慮にあらためて感謝します、友情を込めて、JL

La fin
du A

差出人：**JL G**
件名：ジュデックス
日付：2017年6月17日　11時15分
宛先：NB
Cc　：JPB

映画史4B、145ページ、大判の初版[1]。親愛なる屑拾いの女隊長、それから親愛なる2人の相棒（クッキー）へ、私は自分が正しかったことを恐れている。『ジュデックス』をもう一度入れなくてはならない、エンドクレジットの11ページ2行目に。みなに友情を込めて、JL

差出人：**JL G**
件名：精神よ、そこにいる？
日付：2017年6月26日　22時02分
宛先：NB

いつくかの無邪気な類比：
「精神は物質から（カンギレム）知覚を借り受けて、それを自分の糧とする（ジッド）。そして知覚を改めて物質に与え返す（モース）のだが、それは運動の形をとり（ハイゼンベルク）、そこに精神はおのれの自由を刻印＝印刷（アンプリメ）したのである（グーテンベルク）」
H・ベルクソン

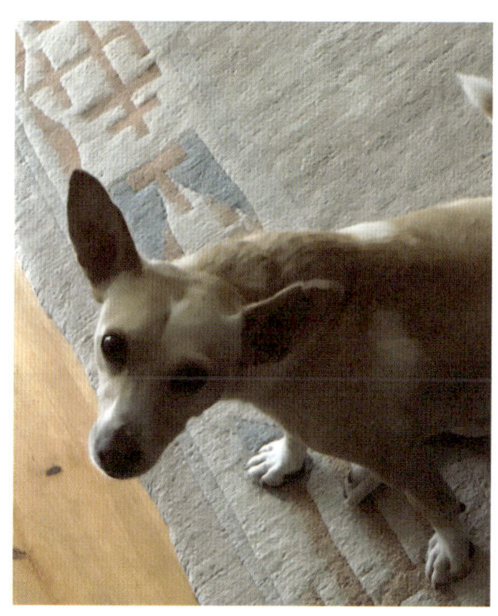

差出人：**JL G**
件名：不平分子に味方して
日付：2017年7月17日　12時21分
宛先：NB

---

en cherchant en vain de
mettre de la profondeur (3D),
les technologues ont tourné
le dos à la vraie profondeur
pourtant derrière leurs yeux aveugles

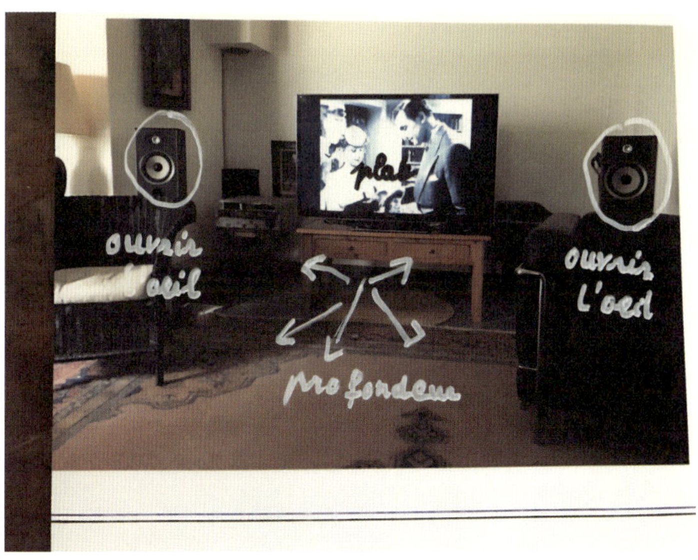
ouvrir
oeil
plat
ouvrir
l'oeil
profondeur

差出人：**JL G**
件名：情報
日付：2017年7月20日　11時19分
宛先：NB

親愛なるニコル
アメリカ合衆国への初めての旅行の記憶に関して、私の考えはぼやけている。
アンジェラ・デイヴィス[1]の集会に参加し、ギンズバーグ[2]（？）、ファーリンゲッティ[3]（？）のような作家たち、アビー・ホフマン[4]のような活動家たち、あの有名な「Do It」[5]を生み出した人物（名前は忘れた）に会った。すべてカメラなしで。また別の滞在時、私は『1AM』と題した映画をリチャード・リーコックとD・ペネベイカーと一緒に作ろうとしたが（キューバ／USA）、これは完成しなかった。ただし、D・ペネベイカーはその後に『1PM』の中でいくつかのショットを使った。そこにはリロイ・ジョーンズ[6]やジェーン・フォンダ[7]やトム・ヘイデン[8]へのインタビューも含まれていたが、エルドリッジ・クリーヴァー[9]へのインタビューにはカメラがなかった。クリーヴァーがキャロル・ルソプロスと一緒にアルジェに亡命したときも撮っていない。ルソプロスは日差しを好む人で、当時AM・ミエヴィルの親友だった。たぶんJ・ジュネ[10]がこれらの面談（ファーリンゲッティ／ギンズバーグ）のいくつかに同席していた。
友情を込めて、JL

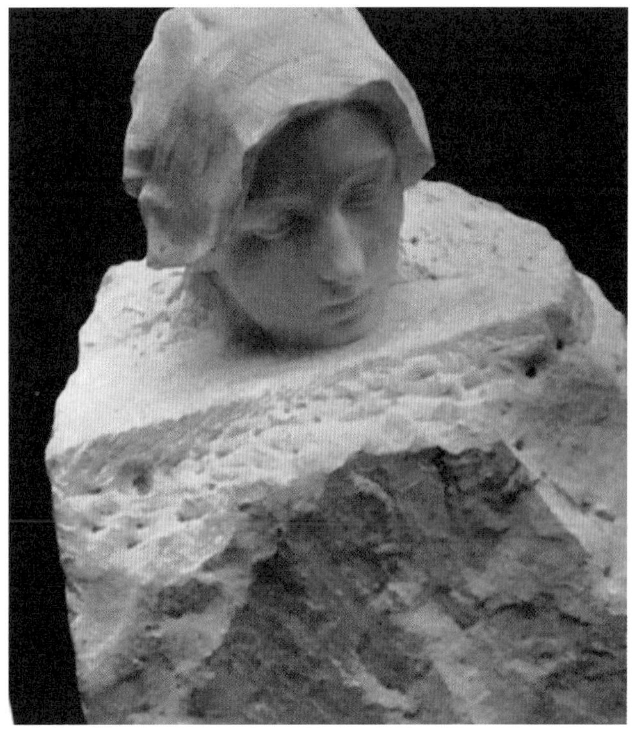

差出人：**JL G**
件名：フォト・グラフィ
日付：2017年8月7日　10時54分
宛先：NB

「古代の自我の写真」（F・ニーチェ[1]）

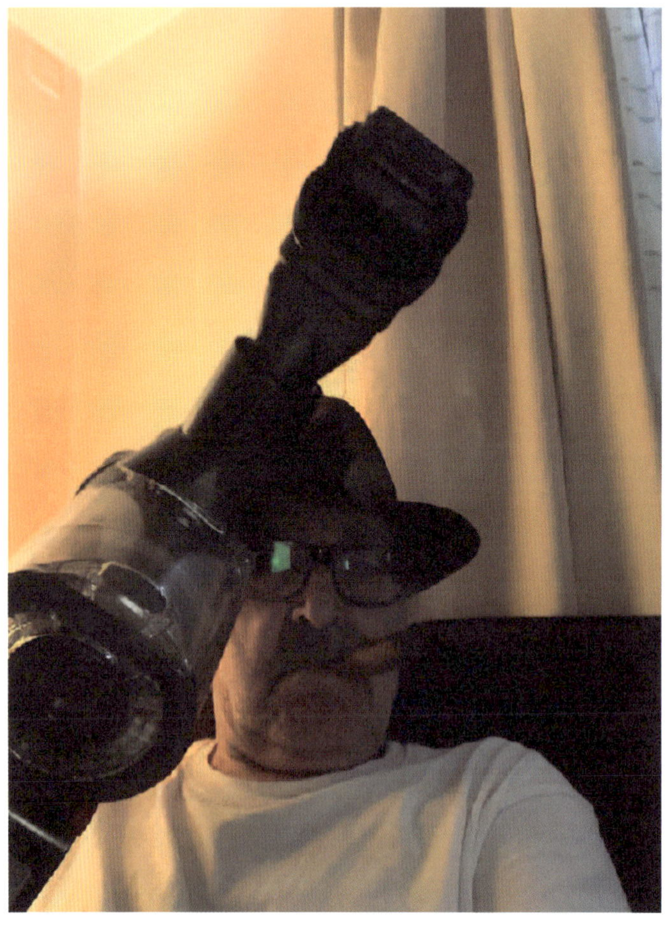

phié en le sachant. Or, dès que je me sens regardé par l'objectif, tout change : je me constitue en train de « poser », je me fabrique instantanément un autre corps, je me métamorphose à l'avance en image. Cette transformation est active : je sens que la Photographie crée mon corps ou le mortifie, selon son bon plaisir (apologue de ce pouvoir mortifère : certains Communards payèrent de leur vie leur complaisance à poser sur les barricades : vaincus, ils furent reconnus par les policiers de Thiers et presque tous fusillés).

Posant devant l'objectif (je veux dire : me

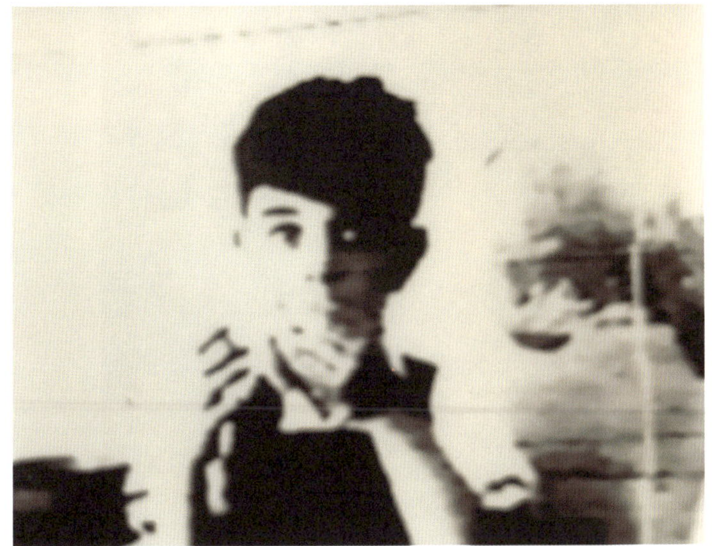

差出人：**JL G**
件名：もう一回[1]
日付：2017年8月16日　10時10分
宛先：NB
Cc　：JPB

ラストがまたもや（昔々）もう一回変わって、6つのシークエンスの短い要約を「彼ら全員」と題して加えた。審査員のみなさんが落とす雷を待ち焦がれています[2]。友情を込めて、
JL

差出人：**JL G**

件名：新しいラストの編集・作業用プリント

日付：2017年8月19日　11時11分

宛先：NB

Cc　：JPB

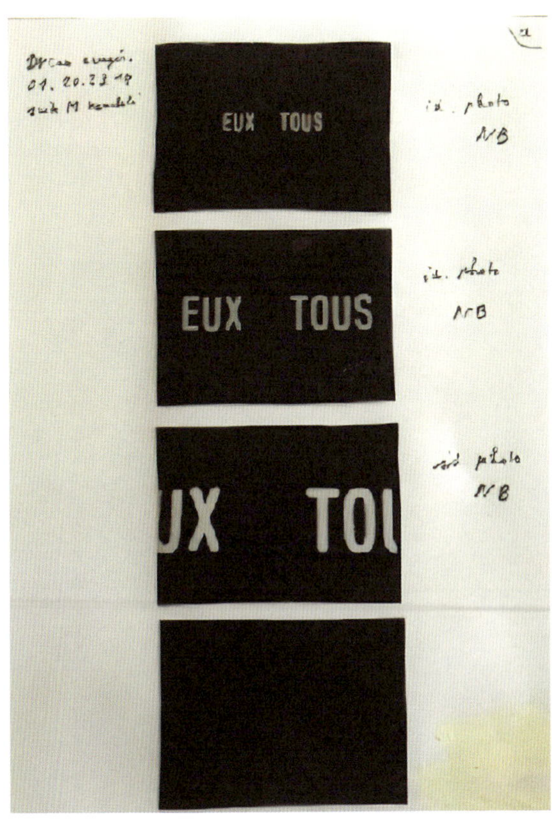

差出人：**JL G**
件名：感謝
日付：2017年9月15日　05時39分
宛先：NB

グリル・オーム・ド・カスロ・ウィスキーの
ために

「行こうよ　行こうよ　すべては過ぎてゆく
のだから
でも僕は何回となく振向くにちがいない
思い出は狩の角笛
谺は風のなかに消えていく」
忠実さを込めて、JL

差出人：**JL G**
件名：「イメージは……
日付：2017年9月29日　17時26分
宛先：NB

……言説の一つの部品である」と、私たちはわれらが『リベラシオン』紙で今朝読み、署名者の中にはあなたの名前もありました。*1

私たちはまだ迷っていますが、数日前に[1]携帯に送ってくれた親切なショートメッセージについては感謝しています。

人類は言語を忘却しつつも、テクストを口いっぱいに頬張って立ち上がったのであり、その言語を用いて、夢を見ながら、あるいはなお映画を作りながら、夜を愛撫するだけにとどまっています。

そう言えば、WB*2からは何の連絡もありません。1ヶ月前の[2]会合のことをJPに頼んで読んでみてください（JPは妥協する気でいたのに何の成果も得られませんでした）。

ベートーヴェンは耳が聞こえないまま作曲したとき、何を聞き取っていたのでしょうか？

ドゥルーズが「身体」の代わりに「プラトー」の語を提案したとき、彼には何が聞こえていたのか？　フェナキスティスコープを実現した人物[3]？　もしくはテレビの業界人[4]？

友情を込めて、また今度、JL

＊1　陳情書「警察車両焼却事件——イメージによる証拠？」を指す。この陳情書は、パリのヴァルミー河岸のデモ参加者に対する訴訟で重い求刑がなされたことに対し、主にオリヴィエ・ヌヴーの主導で執筆されたものである。
＊2　ワイルドバンチ〔映画配給会社〕。

差出人：**JL G**
件名：失われた小教区
日付：2017年12月19日　20時00分
宛先：NB

親愛なる語り部さん[1]、この年末年始にあなたにとっても最良のことですが、友情を裏切ったWBとは徐々に手を切りつつあります[2]。その後、微調整とリミックス[3]をします。心を込めて[4]、JL

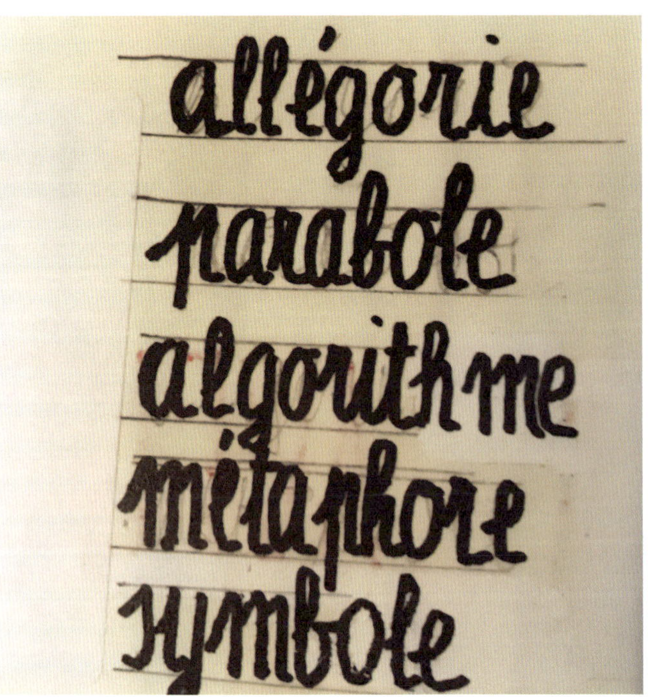

差出人：**JL G**
件名：おおい！　おおい！
日付：2018年2月25日　19時44分
宛先：NB

Pourtant, l'essentiel n'était pas que des puissances fussent à l'oeuvre pour massacrer d'énormes masses d'êtres humains, mais c'était que quelques-uns avaient commencé à lutter contre de tels actes, et l'important c'était non pas qu'on n'en remarquât presque rien, que ce fût si discret, mais que ces quelque-uns existaient, qu'ils avaient échappé aux persécutions, qu'ils n'étaient pas tombés dans des pièges, qu'ils se mettaient d'accord et trouvaient des voies secrètes pour se rejoindre et échafauder des plans. Le fait déterminant n'était pas qu'en cet instant des centaines de victimes fussent précipitées dans une fosse car ainsi étaient-elles déjà inutiles, c'était que quelques rares hommes disposaient d'une organisation, et de petites cellules qui devaient désormais se développer. L'important qui recouvrait tout de son ombre ombre, ce n'était pas ce qui constamment volait en éclat et s'effondrait, c'était l'effort engagé pour tenir bon dans le vacarme, les cris et les râles. Sans cesse il fallut déblayer les montagnes de décombres, dégager de petits espaces pour se mouvoir et, lorsque les avalanches retombaient, que la terre tremblait, cela ne devait jamais paraître absurde car sinon la destruction aurait déjà pénétré en toi, t'aurait déjà mis à genoux. Il fallait se dire que la situation n'avait jamais été aussi favorable qu'à ce moment, qu'aucune perte ne saurait retarder la victoire sur l'ennemi. Pourtant bien des choses étaient en contradiction

差出人：**JL G**
件名：Fwd: 勝利まで？
日付：2018年2月18日　14時42分
宛先：FA
Cc　：NB

---

iPhoneから送信

> 送信者：JL G　日付：2018年2月18日 14時39分18秒 UTC+1　宛先：
> Cc：
>
> 件名：勝利まで？
>
> 旅団は1ヶ月以内に国を離れなければならなかった。

私たちが改めて理解したのは、私たちが勝利せずに戦争が終わるなんて、

想像もできない、ということだった。

差出人：**JL G**
件名：探偵
日付：2018年7月17日　12時22分
宛先：NB

親愛なるあなたへ、PW（戦争捕虜〔prisoner of war〕）・グレンに関して、嘆かわしいことに彼の作品に関して、彼に言うべきことはほとんどない。ピエール＝ウィリアムについて覚えているの[1]は、ジュリエット・ベルトと一緒にいた時代[2]のこと、良き人（ジャン）アンリがプラハに着くなり下水道に捨てたトラクトのこと。ジョニーについてはほとんど何もない。三言も交わしていない。秘かな同意を示す微笑みがときおり青白い顔に浮かんだだけ。彼はAM〔アンヌ＝マリー・ミエヴィル〕と私に、週末、自宅に遊びに来るよう提案し、クルーズ県のナタリーの家に行くのを避けた。私はコンコルドからサン・ラザールあたりを夜に徘徊するニュイッテンの機材スタッフの棍棒を避けた。私は『映画史』に彼〔アリデー〕のショットを一つ入れ、『〔イメージの〕本』にまた入れ[3]、蝋燭をまっすぐに持ちながら、サチュルナン・ファーブルと棺に収められたイワン雷帝に同時に従おうとした。映画〔『探偵』〕の最後で今度は彼が〔撃たれて〕亡くなるとき、バイ／バイ[4]のクリオ〔記憶の女神〕に助けを求めて、彼がジョー・コンラッドの「ロマネス

〔原註：〔撮影監督の〕ピエール＝ウィリアム・グレンからの頼みで、彼が監督したジョニー・アリデーについての『ジョニーの沈黙』〔2019〕を事前に見たうえでのメール。〕

ク／ロマネスク」の生きた例として、どのように地面をすでに転げ回っていたか〔を知ろうとした〕。ブロンドのナット〔ナタリー〕は、その台詞を祈祷のように読んで[5]台無しにした。以上の通りだ！　舞台の連中が一本調子に物乞いする[6]ように。険しい風景だ！
私は少し時間をつぶし[7]、ニエプスが最初に撮った写真――複写への偏愛の勝利の始まり[8]――を見て何を思ったかと自問した。心を込めて、JL

差出人：**JL G**
件名：もうすぐクリスマス！
日付：2018年7月24日　21時05分
宛先：NB

下部組織の闘士よ、万歳

差出人：**JL G**
件名：おやすみなさい
日付：2018年9月2日　20時05分
宛先：NB
Cc　：FA

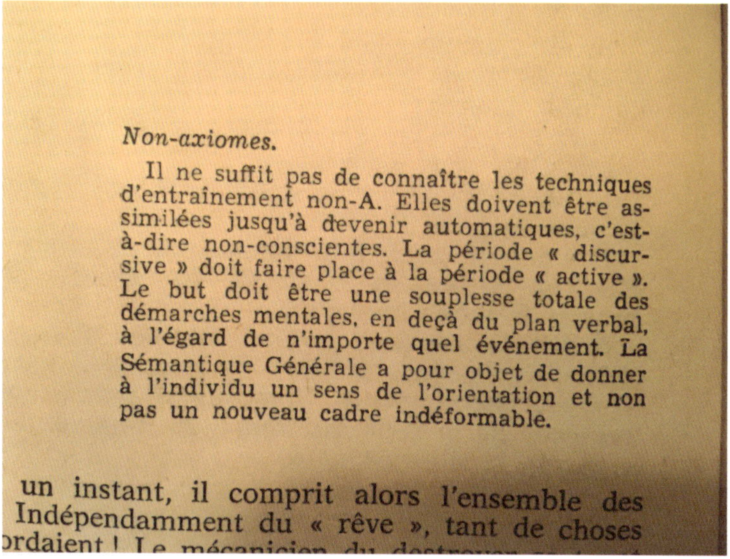

Non-axiomes.

Il ne suffit pas de connaître les techniques d'entraînement non-A. Elles doivent être assimilées jusqu'à devenir automatiques, c'est-à-dire non-conscientes. La période « discursive » doit faire place à la période « active ». Le but doit être une souplesse totale des démarches mentales, en deçà du plan verbal, à l'égard de n'importe quel événement. La Sémantique Générale a pour objet de donner à l'individu un sens de l'orientation et non pas un nouveau cadre indéformable.

un instant, il comprit alors l'ensemble des
Indépendamment du « rêve », tant de choses
ordaient ! Le mécanicien du destroyer

差出人：**JL G**
件名：新しい最終版DVD（NDF）
日付：2018年10月2日　17時11分
宛先：NB、FA
Cc　：JPB

ほとんど終わりの方の箇所に「小さな画家」のショットが含まれた真新しい最終版DVDは、私たちの間ではNDF（フランスの知らせ）と呼ばれるだろう。マスターに関しても、ファブリスが作る将来のDVD/Blu-rayに関しても。後者は、リヨン、ヴィディ、カルタゴ映画祭、ウィーン、ロッテルダム、アルテ、RTSR〔ラジオ・テレヴィジョン・スイス・ロマンド〕、ベルギー、ラ・ショー・ド・フォンに送られる。また本日10月2日朝に司令部トリオによって決められたその他の場所にも。以上の通り相違なし。大きなキスを、JL

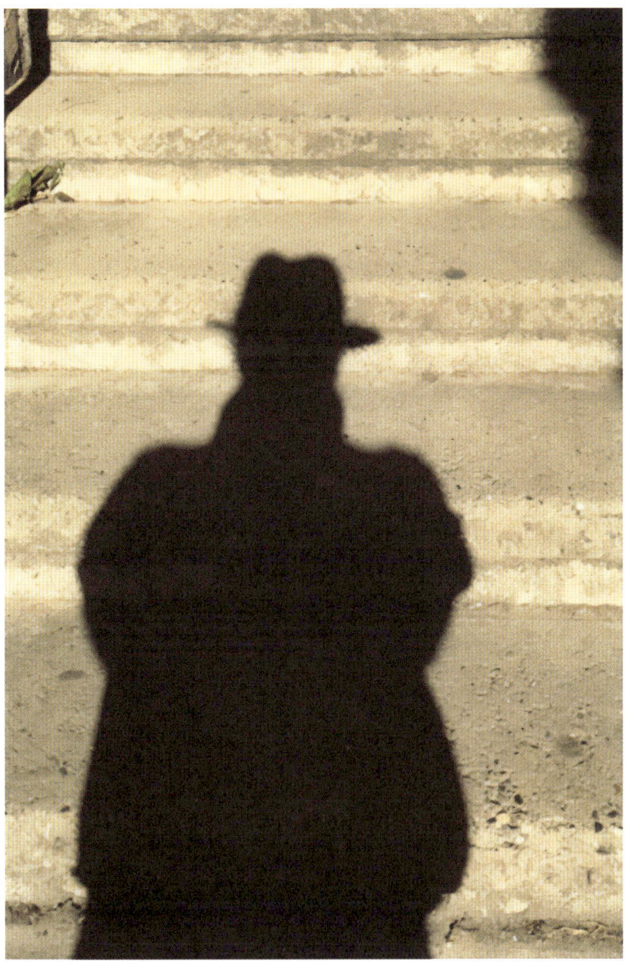

差出人：**JL G**
件名：「すべての読まれたページの上に……」
日付：2018年10月5日　20時40分
宛先：NB
Cc　：JPB

「いいか小僧、書類に署名したら、自由はなくなってしまうんだぞ」（『商船テナシチー』、1934年）

si vieux que je me dis souvent, les nuits c
étoiles sont nombreuses à scintiller dans le
qu'il y a nécessairement quelque chose à déco
quand on vit aussi longtemps. Autant d'eff
vivre ! Il faut qu'au bout, nécessairement, il
une sorte de révélation essentielle. Cela
choque, cette disproportion entre mon ins
fiance et la vastitude du monde. Je me dis sou
qu'il doit y avoir quelque chose, quand mêm
milieu, entre ma banalité et l'univers !
Mais souvent aussi je retombe, je me m

差出人：**JL G**
件名：「彼はいま……
日付：2018年10月22日　16時22分
宛先：NB
Cc　：JPB

……自分がアンバーソン家の一員として受け入れられるかどうか定かではない見知らぬ土地に入ろうとしていた」（O・ウェルズ）

差出人：**JL G**
件名：同時に
日付：2018年11月5日　18時33分
宛先：NB

親愛なる友へ、先日『三重スパイ』を見聞きしていたとき、それが『ゴダール・ソシアリスム』とほとんど（ブローデル）同時に作られたことに気づいた（映画の制作日時はいつも言い忘れてしまうものだ）。『ゴダール・ソシアリスム』は「X+3=1」という定理の普遍性を提示していたが、それによって、ロメールが映画に空間を与え直そうとしていたという事実を導き出すことができる（この点に関して、昔の『カイエ・デュ・シネマ』に載ったモーリス・シェレール名義（確かではないが）の「映画、空間の芸術」という記事を行きつけの古道具屋で探してもらえませんか[1]）。この記事は当時、彼自身も私も含めて誰もよく理解していなかったが、ロメールは『三重スパイ』において、戦闘的であると言われるような平板な映画よりも現実的な仕方で政治的な空間を導入してみせたのだ。理解していただければと思います[2]。友情を込めて、JL

差出人：**JL G**
件名：あの時代に……
日付：2018年11月7日　12時30分
宛先：NB

……〈社会主義と野蛮〉の時代に[1]、C・ルフォールはこう書いた。「政治を切り離された領域とすることで近代民主主義は全体主義の素地を作った」……これはロメールが『三重スパイ』で回避したことである。ロメールはフレームの周囲に時事的なものを煎じ出しているのであり、昨日と今日[2]の多くの監督たちの場合に、ブラックホールがスクリーンそれ自体[3]となっているのとはまったく逆である……。
(できればJPにシェレールの文章を渡してもらえますか。アイフォーヌ[4]では読みにくいので)
友情を込めて、今日[5]の前線に立つ親愛なる昨日の生者へ、JL

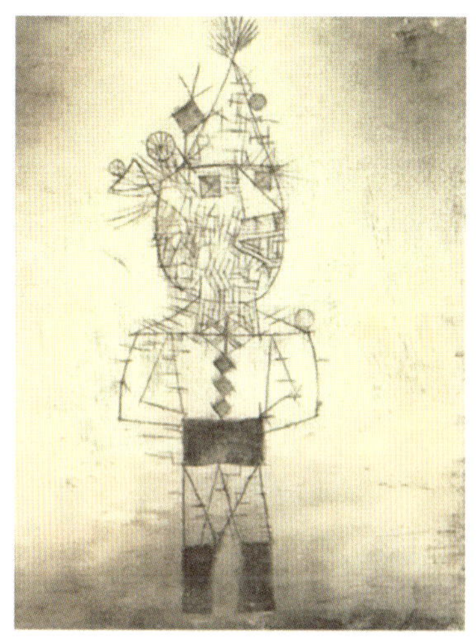

差出人：**JL G**
件名：よく頑張った（ナイス・エフォート）……
日付：2018年11月7日　13時21分
宛先：NB

……〔解決不可能な〕円積問題をついに解決するために、写真と映画の大いなる努力がなされたが、ダゲールはその発見を盗み、嘆かわしいことに、その発見を誰も望んでいない青白い評価へともたらした。

（映画[1]の歴史のあまり知られていない物語の脚註）

差出人：**JL G**
件名：ジルは……
日付：2018年11月25日　08時21分
宛先：NB
Cc　：JPB

……黄色い(ジョーヌ)！[1]

［原註：2018年11月、フランス——黄色いベスト(ジレ・ジョーヌ)運動の始まり］

差出人：**JL G**
件名：……する権利を持つためには
日付：2019年1月13日　19時59分
宛先：NB
Cc　：FA

……写真学校を立ち去る〔権利を持つためには〕、学生たちは沈黙のイメージを生みださなければならないが、それができたのは3人だけだった。1人目は見知らぬ男、2人目は貧しい農家の息子、3人目は文芸の狐だった。

差出人：**JL G**

件名：……と談判する

日付：2019年1月29日　12時00分

宛先：JPB

Cc　：NB

……狂人〔と談判すること〕は、掛け替えのない特権であり、妖精たちとの談判も同じである。

差出人：**JL G**
件名：君の作品をまた磨き、さらに再び磨きたまえ
日付：2019年3月20日　10時47分
宛先：NB

以下の通り！

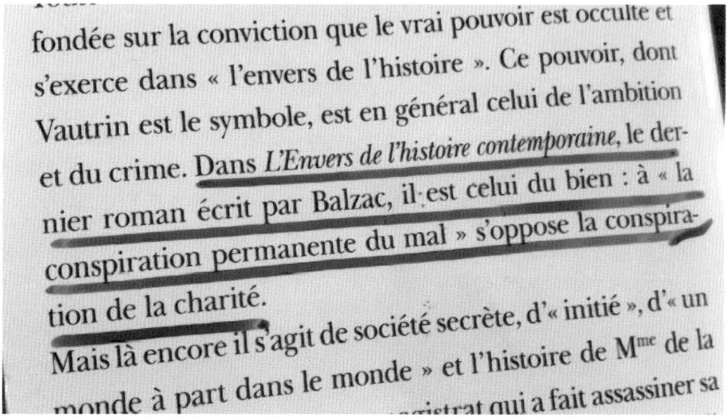

fondée sur la conviction que le vrai pouvoir est occulte et s'exerce dans « l'envers de l'histoire ». Ce pouvoir, dont Vautrin est le symbole, est en général celui de l'ambition et du crime. Dans *L'Envers de l'histoire contemporaine*, le dernier roman écrit par Balzac, il est celui du bien : à « la conspiration permanente du mal » s'oppose la conspiration de la charité.

Mais là encore il s'agit de société secrète, d'« initié », d'« un monde à part dans le monde » et l'histoire de Mme de la
…gistrat qui a fait assassiner sa

差出人：**JL G**

件名：昔のバカロレア試験・哲学[1]

日付：2019年8月5日　14時24分

宛先：NB

Cc　：JPB

…fant

Voltaire et Diderot ne s'écrivent plus qu'une ou deux fois par an, et encore… ▬▬▬ e ». ▬▬▬ n ▬▬▬ r. Voltaire avait écrit à Diderot, « le 14e auguste 1776, à Ferney » : « La saine philosophie gagne du terrain, ▬▬▬, mais nos ennemis ont toujours pour eux la rosée du ciel, la graisse de la terre, ▬▬▬, le coffre-fort, le glaive et la canaille. Tout ce que nous avons pu faire s'est borné à faire dire dans toute l'Europe, aux honnêtes gens, que nous avons raison, et peut-être à rendre les mœurs un peu plus douces et plus honnêtes. ▬▬▬. Ce qu'il y a d'affreux, c'est que les philosophes ne sont point unis, et que les persécuteurs le seront toujours. ▬

差出人：**JL G**

件名：？？？？？？？？？？？？？？

日付：2019年9月4日　14時22分

宛先：JPB

Cc　：NB

差出人：**JL G**
件名：デジタル[1]は従う……
日付：2019年9月19日　12時12分
宛先：JPB
Cc　：NB

本の秩序に！！！！

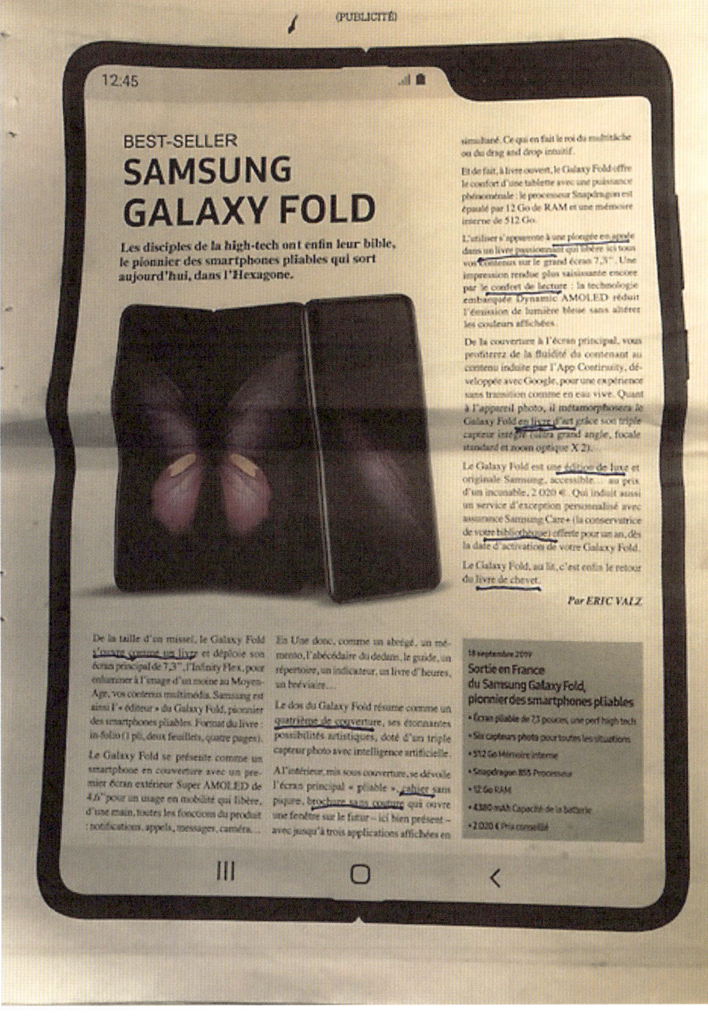

(PUBLICITÉ)

12:45

BEST-SELLER

SAMSUNG GALAXY FOLD

Les disciples de la high-tech ont enfin leur bible, le pionnier des smartphones pliables qui sort aujourd'hui, dans l'Hexagone.

De la taille d'un missel, le Galaxy Fold s'ouvre comme un livre et déploie son écran principal de 7,3", l'Infinity Flex, pour enluminer à l'image d'un moine au Moyen-Âge, vos contenus multimédia. Samsung est ainsi l'« éditeur » du Galaxy Fold, pionnier des smartphones pliables. Format du livre : in-folio (1 pli, deux feuillets, quatre pages).

Le Galaxy Fold se présente comme un smartphone en couverture avec un premier écran extérieur Super AMOLED de 4,6" pour un usage en mobilité qui libère, d'une main, toutes les fonctions du produit : notifications, appels, messages, caméra…

En Une donc, comme un abrégé, un mémento, l'abécédaire du dedans, le guide, un répertoire, un indicateur, un livre d'heures, un bréviaire…

Le dos du Galaxy Fold résume comme un quatrième de couverture, ses étonnantes possibilités artistiques, doté d'un triple capteur photo avec intelligence artificielle.

A l'intérieur, mis sous couverture, se dévoile l'écran principal « pliable », cahier sans piqûre, brochure sans couture qui ouvre une fenêtre sur le futur – ici bien présent – avec jusqu'à trois applications affichées en simultané. Ce qui en fait le roi du multitâche ou du drag and drop intuitif.

Et de fait, à livre ouvert, le Galaxy Fold offre le confort d'une tablette avec une puissance phénoménale : le processeur Snapdragon est épaulé par 12 Go de RAM et une mémoire interne de 512 Go.

L'utiliser s'apparente à une plongée en apnée dans un livre passionnant qui libère ici tous vos contenus sur le grand écran 7,3". Une impression rendue plus saisissante encore par le confort de lecture : la technologie embarquée Dynamic AMOLED réduit l'émission de lumière bleue sans altérer les couleurs affichées.

De la couverture à l'écran principal, vous profiterez de la fluidité du contenant au contenu induite par l'App Continuity, développée avec Google, pour une expérience sans transition comme en eau vive. Quant à l'appareil photo, il métamorphosera le Galaxy Fold en livre d'art grâce son triple capteur intégré (ultra grand angle, focale standard et zoom optique X 2).

Le Galaxy Fold est une édition de luxe et originale Samsung, accessible… au prix d'un incunable, 2 020 €. Qui induit aussi un service d'exception personnalisé avec assurance Samsung Care+ (la conservatrice de votre bibliothèque) offerte pour un an, dès la date d'activation de votre Galaxy Fold.

Le Galaxy Fold, au lit, c'est enfin le retour du livre de chevet.

Par ERIC VALZ

18 septembre 2019

Sortie en France du Samsung Galaxy Fold, pionnier des smartphones pliables

- Écran pliable de 7,3 pouces, une perf high tech
- Six capteurs photo pour toutes les situations
- 512 Go Mémoire interne
- Snapdragon 855 Processeur
- 12 Go RAM
- 4 380 mAh Capacité de la batterie
- 2 020 € Prix conseillé

差出人：**JL G**

件名：〔なし〕

日付：2019年10月3日　19時27分

宛先：NB

POUR MIEUX MANGER,

APPRENEZ CETTE LISTE PAR CŒUR

ET ÉVITEZ CES ADDITIFS DANS VOTRE ASSIETTE...

Riboflavines, Tartrazine, Jaune de quinoléine, Sunset Yellow FCF/Jaune orange S, Cochenille, Acide carminique, carmins, Azorubine, Carmoisine, Amarante, Ponceau 4R, Rouge cochenille A, Erythrosine, Rouge allura AC, Bleu patenté V, Indigotine, Carmin d'indigo, Bleu brillant FCF, Chlorophylles et chlorophyllines, Complexes cuivre-chlorophylles et cuivre-chlorophyllines, Vert S, Caramel ordinaire, Caramel de sulfite caustique, Caramel ammoniacal, Caramel au sulfite d'ammonium, Noir brillant PN, Brun HT, Caroténoïdes, Extrait de paprika, Capsanthine, Capsorubine, Lycopène, -apocaroténal-8' (C 30), Lutéine, Rouge de betterave, Bétanine, Anthocyanes, Dioxyde de titane, Oxyde et hydroxyde de fer, Aluminium, Argent, Or, Lithol-rubine BK, Sorbitols, Mannitol, Acésulfame-K, Aspartame, Cyclamates, Isomalt, Saccharines, Sucralose, Thaumatine, Néohespéridine DC, Glycosides de stéviol, Néotame, Sel d'aspartame-acésulfame, Sirop de polyglycitol, Maltitols, Lactitol, Xylitol, Advantame, Oxydes et hydroxydes de fer, Acide sorbique, Sorbate de potassium, Acide benzoïque, Benzoate de sodium, Benzoate de potassium, Benzoate de calcium, P-hydroxybenzoate d'éthyle, Dérivé sodique de l'ester éthylique de l'acide p-hydroxybenzoïque, P-hydroxybenzoate de méthyle, Dérivé sodique de l'ester méthylique de l'acide p-hydroxybenzoïque, Sulfite de sodium, Sulfite acide de sodium, Sulfite de calcium, Sulfite acide de calcium, Sulfite acide de potassium, Nisine, Natamycine, Hexaméthylènetétramine, Dicarbonate de diméthyle, Éthyl Lauroyl Arginate, Nitrite de potassium, Nitrate de sodium, Acide acétique, Acétates de potassium, Acétates de sodium, Acétate de calcium, Acide propionique, Propionate de sodium, Propionate de calcium, Propionate de potassium, Acide borique, Tétraborate de sodium (borax), Acide fumarique, Ascorbate de calcium, Esters d'acides gras de l'acide ascorbique, Alpha-tocophérol, Gamma-tocophérol, Delta-tocophérol, Gallate de propyle, Acide érythorbique, Érythorbate de sodium, Butylhydro-quinone tertiaire (BHQT), Butylhydroxy-anisol (BHA), Butylhydroxy-toluène (BHT), Lactate de potassium, Lactate de calcium, Citrates de potassium, Tartrate double de sodium et de potassium, Curcumine, Acide phosphorique, Phosphates de sodium, Phosphates de potassium, Phosphates de magnésium, Malates de sodium, Malate de potassium, Malates de calcium, Acide [illegible]rique, [illegible]dium, Acide adipique, Adipate de sodium, Adipate de potassium, Acide succinique, Citrate de tri[illegible], Éthylène-diamine-tétracétate [illegible]dium (calcium disodium EDTA), Alginate d'ammonium, Alginate de calcium, Alginate [illegible] propane[illegible] [illegible]ques [illegible] transformées, Gomme adragante, Gomme Karaya, Gomme Tara, Gomme arabique modifiée à l'acide octé[illegible]cinique (OSA), Konjac, Hémicellulose de soja, Gomme cassia, Stéarate de polyoxyéthylène (40), Monolaurate de polyoxyéthylène de sorbitane (polysorbate 20), Monooléate de polyoxyéthylène de sorbitane (polysorbate 80), Monopalmitate de polyoxyéthylène de sorbitane (polysorbate 40), Monostéarate de polyoxyéthylène de sorbitane (polysorbate 60), Tristéarate de polyoxyéthylène de sorbitane (polysorbate 65), Phosphatides d'ammonium, Acétate isobutyrate de saccharose, Esters glycériques de résine de bois, Diphosphates, Triphosphates, Polyphosphates, Polyaspartate de potassium, Bêta-cyclodextrine, Cellulose, Mé[illegible]cellulose, Hydroxypropylcellulose faiblement substituée (L-HPC), Méthyléthylcellulose, [illegible]yméthyl-cellulose sodique, gomme cellulose, Carboxyméthylcellulose de sodium réticulée, gomme de cellulose réticulée, Carboxyméthylcellulose hydrolysée de manière enzymatique, Gomme de cellulose hydrolysée de manière enzymatique, Sels de sodium, de potassium et de calcium d'acides gras, Sels de magnésium d'acides gras, Mono- et diglycérides d'acides gras, Esters acétiques des mono- et diglycérides d'acides gras, Esters lactiques des mono- et diglycérides d'acides gras, Esters citriques des mono- et diglycérides d'acides gras, Esters tartriques des mono- et diglycérides d'acides gras, Esters monoacétyltartriques et diacétyltartriques des mono- et diglycérides d'acides gras, Esters mixtes acétiques et tartriques des mono- et diglycérides d'acides gras, Sucroesters d'acides gras, Sucroglycérides, Esters polyglycériques d'acides gras, Polyricinoléate de polyglycérol, Esters de propane-1,2-diol d'acides gras, Huile de soja oxydée par chauffage ayant réagi avec des mono- et diglycé rides d'acides gras, Stéaroyl-2-lactylate de sodium, Stéaroyl-2-lactylate de calcium, Tartrate de stéaryle, Monostéarate de sorbitane, Tristéarate de sorbitane, Monolaurate de sorbitane, Monooléate de sorbitane, Monopalmitate de sorbitane, Phytostérols riches en stigmastérol, Acide chlorhydrique, Chlorure de potassium, Chlorure de magnésium, Chlorure d'étain, Acide sulfurique, Sulfates de sodium, Sulfates de potassium, Sulfate d'ammonium, Sulfate d'aluminium, Sulfate d'aluminium sodique, Sulfate d'aluminium potassique, Sulfate d'aluminium ammonique, Hydroxyde de potassium, Hydroxyde de calcium, Hydroxyde d'ammonium, Hydroxyde de magnésium, Oxyde de calcium, Oxyde de magnésium, Tartrate de fer, Ferrocyanure de sodium, Ferrocyanure de potassium, Ferrocyanure de calcium, Phosphate d'aluminium sodique acide, Silicate de calcium, Silicate de magnésium, Silicate alumino-sodique, Bentonite, Acides gras, Acide gluconique, Glucono-delta-lactone, Gluconate de sodium, Gluconate de potassium, Gluconate de calcium, Gluconate ferreux, Lactate ferreux, 4-Hexylrésorcinol, Acide glutamique, Glutamate monosodique, Glutamate monopotassique, Diglutamate de calcium, Glutamate d'ammonium, Diglutamate de magnésium, Acide guanylique, Guanylate disodique, Guanylate dipotassique, Guanylate de calcium, Acide inosinique, Inosinate disodique, Inosinate dipotassique, Inosinate de calcium, 5 -ribonucléotide calcique, 5 -ribonucléotide disodique, Glycine et son sel de sodium, L-leucine, Acétate de zinc, Diméthylpolysiloxane, Cire de candelilla, Shellac, Cire microcristalline, Poly-1-décène hydrogéné, Cire de polyéthylène oxydée, L-cystéine, Carbamide, Protoxyde d'azote, Butane, Isobutane, Propane, Hydrogène, Extraits de quillaia, Invertase, Lysozyme, Polydextrose, Polyvinylpyrrolidone, Polyvinylpolypyrrolidone, Alcool polyvinylique (APV), Pullulan, Copolymère méthacrylate basique, Copolymère de méthacrylate neutre, Copolymère de méthacrylate anionique, Copolymère d'acétate de vinyle et de polyvinylpyrrolidone, Copolymère greffé d'alcool polyvinylique et de polyéthylèneglycol, Amidon oxydé, Phosphate de monoamidon, Phosphate de diamidon, Phosphate de diamidon phosphaté, Phosphate de diamidon acétylé, Amidon acétylé, Adipate de diamidon acétylé, Amidon hydroxypropylé, Phosphate de diamidon hydroxypropylé, Octényle succinate d'amidon sodique, Amidon oxydé acétylé, Octényl succinate d'amidon d'aluminium, Citrate de triéthyle, Diacétate de glycéryle (diacétine), Triacétate de glycéryle (triacétine), Alcool benzylique, Propanediol-1,2 (propylène glycol), Polyéthylène glycol.

qu'est-ce que
la littérature?

差出人：**JL G**
件名：……だろうか
日付：2019年12月5日　12時00分
宛先：MI、JPB、FA
Cc　：NB

映画館はストライキをする〔だろうか〕
テレビのコメンテーターは
サッカー[1]の試合は
売春宿は
フェミス[2]は
屠殺場は
社会の葦[3]は
羽etc

差出人：**JL G**
件名：こん にちは、友よ……
日付：2020年2月24日　10時22分
宛先：NB、JPB、FA

ニコル、隊長のJPは、私が宿題をやらないと、メリー、ロッテ、アンリ[1]の孫たちに立ち向かうあなたにも付帯的損害が及ぶことになる、と言うんだが、風はおのれの望むところになお吹いているし[2]、ドヴィニー司令官の脱獄に関してあなたに話すつもりだった[3]鍵も錠も見出しておらず、自分の犬小屋に戻る哀れなアーベル[4]や、余白の足りない判事フェルマー[5]と同じ状態にとどまっている[6]──彼らは私自身の愛すべき死刑囚[7]、すなわち呪われた存在[8]。足元にひれ伏します、やさしいシフォンへ[*1]。
JL

＊1　ヴァルター・ベンヤミンにおける〈屑拾い〉〔Chiffonier〕の形象が、クロード・オータン＝ララの『シフォンの結婚』（1942）と混ざりあって参照されている。シネマテーク・フランセーズでのジャン＝リュック・ゴダールの回顧上映（2020年1月—3月）の準備。ジャン＝リュック・ゴダールは現地には行かず、代わりに作品を送るつもりだった。

差出人：**JL G**
件名：絵葉書の数々
日付：2020年2月28日　13時52分
宛先：NB、JPB、FA

親愛なるシフォン、
私は諦める。[1] いくぶん機械に裏切られ、ド、レ、ミ、疲労(ファティーグ)のせいで。でも、同様にやるだけはやってみた。[2] JL

cartes postales

差出人：**JL G**
件名：ぼくらは……
日付：2020年3月11日　13時56分
宛先：NB、JPB、FA

……生きる　ぼくらの変身への忘却のなかで（P・エリュアール）。

差出人：**JL G**
件名：大いなる感謝を……[1]
日付：2020年3月25日　16時08分
宛先：NB、MI、JPB、FA

……オテロ・ヴィルガールへ。アマンディエをくまなく踏破してくれたことに関して[*1]。
愛情を込めて。JL

＊1　オテロ・ヴィルガールは、ナンテール・アマンディエ劇場でのジャン＝リュック・ゴダール作品の展覧会《イメージの本の踏破》についての映画『Iter』（2020年、59分）を監督した。

差出人：**JL G**

件名：願わくば……[1]

日付：2020年3月30日　8時32分

宛先：NB

……O・ヴィルガールの見事な踏破に対する私の感謝と祝福の意を伝えることができていればよいのですが。愛情を込めて。JL

差出人：**JL G**
件名：ああ、人生を誤って[1]
日付：2020年4月23日　17時14分
宛先：NB、JPB、FA

差出人：**JL G**
件名：イポリットの3つの人生
日付：2020年5月13日　11時42分
宛先：NB、JPB、FA

バヤール（怖れと非難を込めて）。

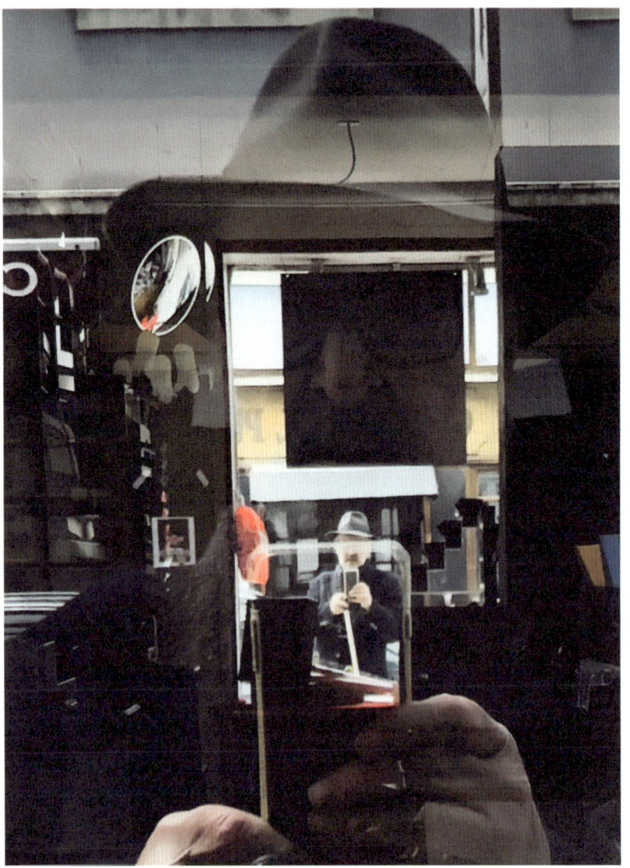

差出人：**JL G**
件名：彼は……
日付：2020年5月22日　10時52分
宛先：NB、JPB、FA

……とても孤独で、誰も傷つけることなく夜に生き、水晶の輪のように丸まって密猟者から身を守る。絶滅危惧種のリストに記載されている。

［原註：2019年12月に〔新型コロナウイルス感染症の〕世界的な大流行（パンデミック）が発生し、センザンコウがウイルスを媒介したと非難された。］

差出人：**JL G**
件名：〔なし〕
日付：2020年7月7日　17時26分
宛先：NB、JPB、FA

ある男がカフェに入ってきて「僕だよ！」と
叫ぶんだが、実のところ彼ではなかった。

差出人：**JL G**
件名：穏やかな日曜日[1]……
日付：2020年7月19日　19時35分
宛先：NB

……と美しき自然。愛情を込めて。JL

［原註：映画館のラ・クレを1年間にわたって占拠していた〈ホーム・シネマ〉の活動家たちは訴訟対応の準備中であり、ジャン＝リュック・ゴダールに、最後の自由な週になるかもしれない1週間に上映するプログラムを支援のしるしとして構想してくれないかと頼んだ。］

2020年9月28日のショートメッセージ

「我々[1]は鍵（クレ）をなくしたが、嗚呼[2]、錠は保っているので、以下が締め棒の下にいる7人のマフィアです。青い青い海、雨月物語、偉大なるアンバーソン家の人々、線と色の即興詩、商船テナシチー、ヒットラーなんか知らないよ、空気の底は赤い。

（アルファベットの脱走兵より）」

差出人：**JL G**
件名：悲しみよこんにちは……
日付：2020年11月6日　20時16分
宛先：NB、JPB、FA

……世界中がたった1人の選挙に際して宙吊りになる。

［原註：2020年11月3日、アメリカ合衆国の大統領選挙。］

差出人：**JL G**

件名：愛の尺度は……

日付：2020年11月27日　18時24分

宛先：NB、JPB、FA

……尺度なき愛のことである（聖アウグスティヌス）。

差出人：**JL G**
件名：メリークリスマス、君たちの……
日付：2020年12月25日　17時12分
宛先：NB、JPB
Cc　：FA

……装備一式をまとめよ、優しいアリさんたちよ。

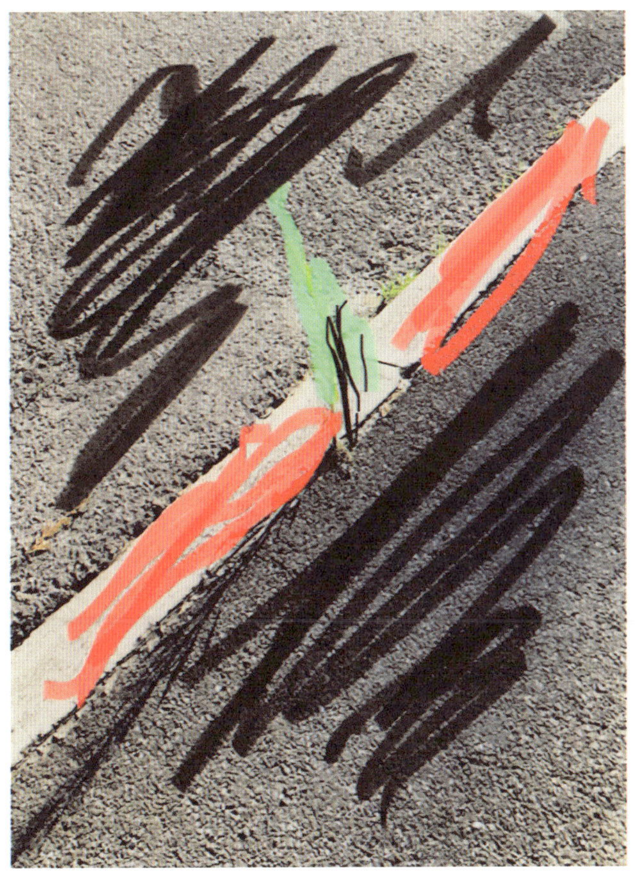

差出人：**JL G**
件名：人々は忘れているが……
日付：2020年12月31日　18時34分
宛先：NB、JPB、FA

……赤い帽子をかぶっていたのは、ベルンの将校たちに抵抗したシャトーヴィユー〔ジュネーヴにも近いアヌシー近郊の街〕のヴォー州出身の兵士たちだ。それから、彼らが懲罰を受けた後、帽子はパリに上京するブルターニュの革命家たちに受け継がれた。

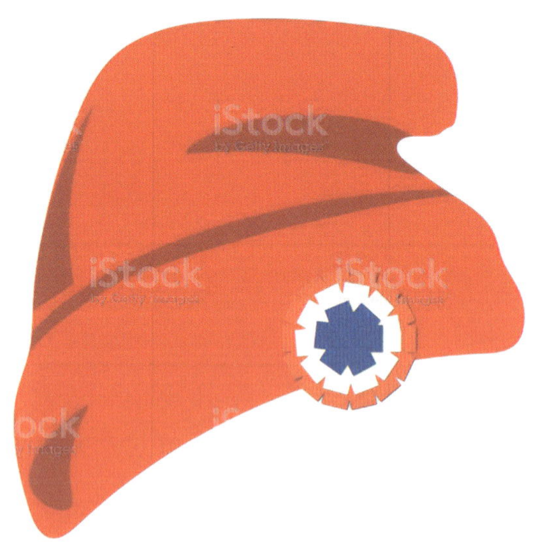

差出人：**JL G**
件名：なるようになれ
日付：2022年4月8日　11時22分
宛先：ES
Cc　：NB

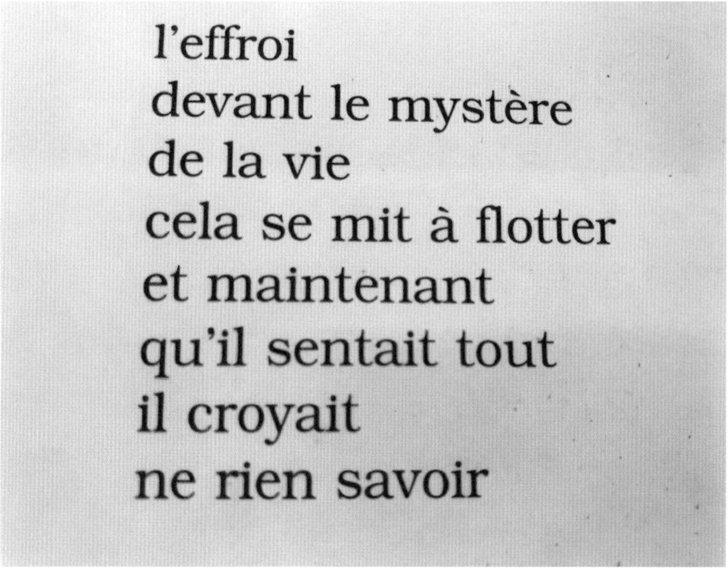

l'effroi
devant le mystère
de la vie
cela se mit à flotter
et maintenant
qu'il sentait tout
il croyait
ne rien savoir

差出人：**JL G**
件名：アリアドネは……
日付：2022年4月18日　14時43分
宛先：NB

……さっぱり訳がわからなくなっている。

差出人：**JL G**
件名：ニューヨークとモスクワが……
日付：2022年4月18日　19時06分
宛先：ES
Cc　：NB

……レースの先頭に立っている。

［原註：2022年2月24日、ロシアによるウクライナ侵攻。］

差出人：**JL G**
件名：この最後の……
日付：2022年5月5日　16時02分
宛先：NB

……写真によって、イポリット・バヤールは一人の人物と一つの状況を同時に示している。そのことは、(エプシュタイン以来の) 現在の映画が決して成し遂げられず、望みもせず、成し遂げる術も知らないことだった。いつも聞いてくれてどうもありがとう。[1]

差出人：**JL G**
件名：ヴォルスだけが考えてくれた……
日付：2022年5月6日　10時31分
宛先：ES
Cc　：NB

……私こと一角獣のことを。

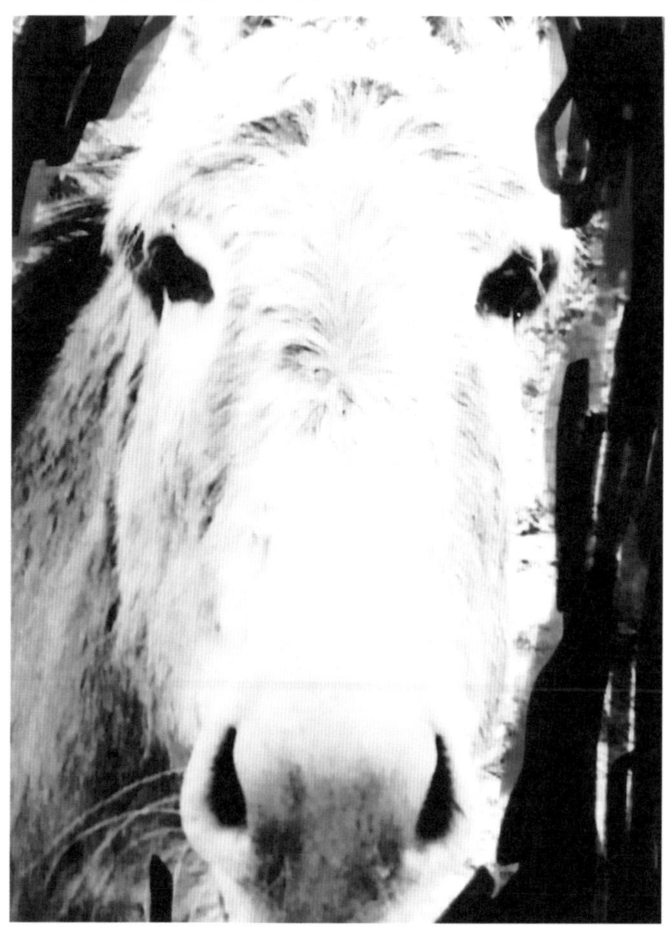

差出人：**JL G**
件名：フェイクニュース
日付：2022年5月17日　10時55分
宛先：NB

信じられるでしょうか、とアリアドネはテセウスに言う。ミノス／トールが何ら抵抗しなかったなんて。

差出人：**JL G**
件名：おお
日付：2022年6月3日　13時35分
宛先：NB

わがかくも美しきアナーキストにして自由なるウクライナの王妃よ、君はいつオンデーヌの大きな木靴をなくしたの？

差出人：**JL G**
件名：ボルヘスによれば……
日付：2022年6月14日　18時56分
宛先：NB

……トレーンの国には、真理[1]も真理らしきものもなく、ただ驚異[2]だけがあった。

差出人：**JL G**
件名：ニコラウス・クザーヌスによれば
日付：2022年6月15日　21時05分
宛先：NB

あらゆる直線は無限の円の弧である。その証明となるのは、週末の長い移動撮影[1]だった。

差出人：**JL G**
件名：お好みで
日付：2022年6月20日　18時46分
宛先：NB、FA
Cc　：JPB

ニコルが忘れる術を心得ていたその国の名前はどうでもよく、その地域では真理も真理らしきものも重要ではなく、ただ驚異だけが重要であることを知っておいて。友情を込めて、JL。

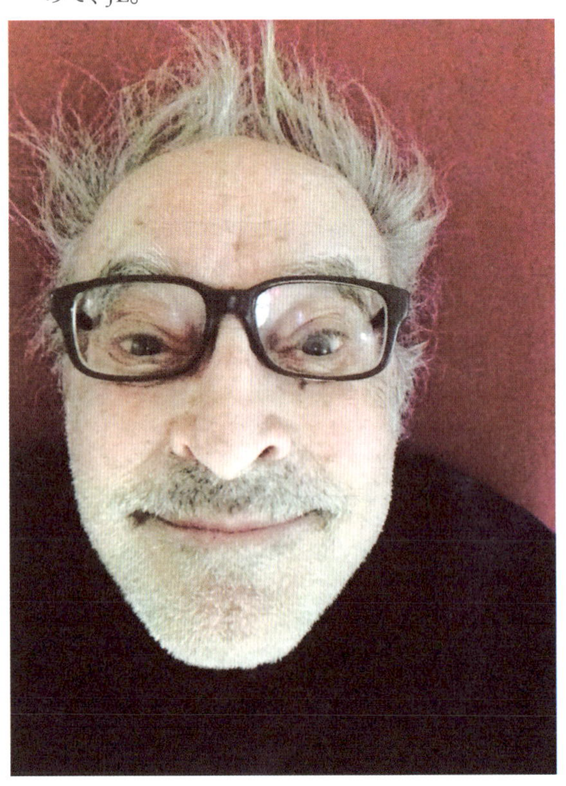

差出人：**JL G**
件名：ピランデッロはこう言った……
日付：2022年7月4日　12時05分
宛先：NB、FA、JPB
Cc　：ES

……『エンリーコ四世』で。

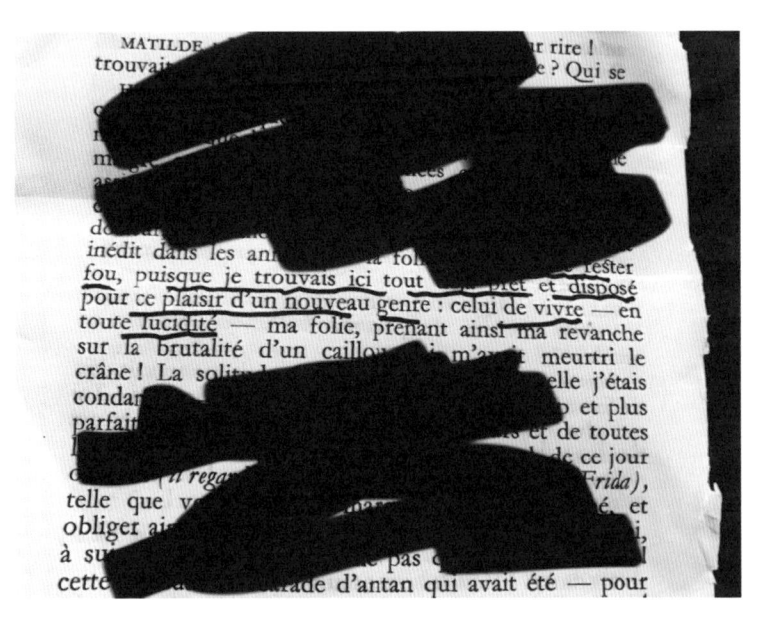

MATILDE … r rire !
trouvai… e ? Qui se
…
inédit dans les ann… fol… rester
fou, puisque je trouvais ici tout … prêt et disposé
pour ce plaisir d'un nouveau genre : celui de vivre — en
toute lucidité — ma folie, prenant ainsi ma revanche
sur la brutalité d'un caillou … m'avait meurtri le
crâne ! La soli… elle j'étais
condam… et plus
parfait… et de toutes
… de ce jour
… (il regar… Frida),
telle que … é, et
obliger ai…
à su… pas …
cette … ade d'antan qui avait été — pour

訳註一覧

件名：見えないもの（197頁）

メール本文の「見えないということを描く」という文句は、『さらば、愛の言葉よ』（2014）後半のある箇所にもすでに登場していた。そこでは、水面に反映する木々の映像に合わせて、この一節を含むより長い断章が読まれている。

あたかも印象派の画家クロード・モネの言葉であるかのように紹介されているこの一節は、実はプルーストの未完の自伝的小説『ジャン・サントゥイユ』（1895–99年）からの引用である。「レヴェイヨン侯爵のモネ」と題された章で、主人公のジャンは侯爵の家に誘われ、モネの絵（《ジヴェルニー近郊のセーヌ川支流》連作の一枚だと思われる）を見せられる。そのとき、小説では以下のように絵の描写（エクフラシス）がなされ、ゴダールが『さらば、愛の言葉よ』で引いていたのはこのくだりのほぼ全体である。『イメージの本』での使用も検討していたのかもしれない。

「太陽はとうから差しているが、川はまだ朝霧の夢のなかで眠っているとき、川に川自体が見えないようにわれわれにも川は見えない。ここはすでに川だ。しかし視界はそこでさえぎられている。見えるものはただ虚無と、もっと遠くを見るのをはばんでいる霧ばかりだ。カンバスのこの個所では、何も見えないのだから眼に見えるものを描いているのでもない。また見えるものだけを描くべきであるのだから見えないものを描いているのでもない。見えないということを描いていて、霧の上を漂うことのできない眼の衰弱がカンバスにも川の上にも加えられている。それがまったくすばらしい」（『プルースト全集13　ジャン・サントゥイユⅢ』保苅瑞穂訳、筑摩書房、1985年、372頁、傍点引用者）。

件名：リテイク（198頁）

このメールは、ブルネーズが『イメージの本』パイロット版を見ながら書き留めたメモ（本書187–194頁）に対する返答である。ゴダールが彼女の意見を取り入れて、シャルル・フェルディナン・ラミュの小説『徴は至る所に』（1919年）——『映画史』4Bのタイトルもここから取られている——の表紙の映像を、A・E・ヴァン・ヴォークトのSF小説『非Aの終焉』（1985年）の表紙に差し替える一方で、「南米の映画」——フェルナンド・ビリの『ティレ・ディエ』——を引用することはやんわりと拒むなど、『イメージの本』の生成過程の一端が分かって興味深い。

なお、2枚の画像で示されている、ヴァン・ヴォークトの小説の表紙からルイス・ブニュエルの『糧なき土地』（1932）への連鎖は、『イメージの本』完成版の「4　法の精神」でそのまま使われている。

[1]　「merci beaucoup（どうもありがとう）」の代わりに「merci much」と綴られている。

[2]　ヴァン・ヴォークトの言う「非A」とは非アリストテレス的思考体系を意味するが、ここでゴダールはおそらく、「Ā」という記号を端末で出せないことを嘆いている。

[3]　ピエール・カスト（1920–1984）。映画批評家・映画監督。1950年代の『カイエ・デュ・シネマ』誌などに執筆し、映画監督としては『ポケットに入る恋』（1957）、『青春時代』（1959）などを手掛けた。『青春時代』公開時には、ゴダールもインタビューを行っている（『ゴダール全評論・全発言Ⅰ』奥村昭夫訳、筑摩書房、1998年、369–373頁）。

[4]　ウルグアイの極左武装組織。1962年に結成。

[5]　カルロス・マリゲーラ（1911–1969）。ブラジルで都市ゲリラを率いた。都市ゲリラのさまざまな戦術を指南した実践的なパンフレット『都市ゲリラ教程』（日本・キューバ文化交流研究所編訳、三一新書、1970年）の著者でもある。

[6]　「愚か者は笑う（le sot rit）」は、爆弾をぶっ放す、お祭り騒ぎをするというコノテーションを持つ「sauterie」との言葉遊びであるとも考えられる（ブルネーズ氏のご教示による）。

[7]　ジネット・ラヴィーニュ監督が映画史家シルヴィ・リンドペールの協力を得て制作した2015年のドキュメンタリー映画『映画に撮られたレジスタンスの痕跡（Traces filmées de la Résistance）』を指す。同作は、終戦時のレジスタンスや解放のフッテージを解読したものである（結局、『イメージの本』では使用されていない）。なお、ゴダールは「Résistance」の語を「Rési Stances」と綴り、「Stances（スタンス、同型の詩節からなる叙情詩のこと）」の語を取り出すことで、抵抗の闘いと詩を結びつけている。

件名：ジュデックス（200頁）

『イメージの本』に含めた映像の出典を確認している文脈であると思われる。ジョルジュ・フランジュ『ジュデックス』（1963）の鳥仮面は、『映画史』4B「徴は至る所に」の冒頭付近に引用され、『イメージの本』にも同じ映像が引用されている。

[1]　ガリマール／ゴーモンから1998年に刊行された『映画史』の4巻の函入書籍版を指す（その後、2006年にペーパーバックの合冊版も刊行された）。

件名：精神よ、そこにいる？（201頁）

この文章はアンリ・ベルクソン『物質と記憶』（1896年）の末尾の一節に基づく。2000年代以降のゴダールに頻出する文句で、展覧会《ユートピアの旅》（2006）では床に大きく貼り付けられていたし、『ゴダール・ソシアリスム』(2010)でも哲学者アラン・バディウの傍らにいる少年が口にしていた。

丸括弧内の固有名詞はゴダールが付け加えたものである。ベルクソンの一節は、文中のキーワードを介して、科学哲学者ジョルジュ・カンギレム、『地の糧』を書いた小説家アンドレ・ジッド、『贈与論』のマルセル・モース、理論物理学者のヴェルナー・ハイゼンベルク、印刷術の発明者ヨハネス・グーテンベルクと結び付けられている。ゴダールがお気に入りの文句を、元々のコンテクストを度外視して多彩なコンテクストへと自由に接続していく手つきが見て取れる。

なお、写真はゴダールとミエヴィルの飼い犬のルル（ブルネーズ氏のご教示による)。

件名：不平分子に味方して(202頁)

件名は、「profondeur（奥行き)」をもじって、「pro frondeur（不平分子に味方して」と綴ったもの。「frondeur（不平分子)」は、ルイ14世治下の貴族による反王政のフロンドの乱(1648–1653)に由来する言葉でもある。

左側の画像には、ゴダールの筆跡で、「奥行き（3D）をむなしく置き直そうとして、技術開発者たちは真の奥行きに背を向けた——それが彼らの盲いた目の背後にあるのに〔pourtant derrière leurs yeux aveugles〕」と書かれている。

ゴダールの住居で撮られた右側の画像には、映画のワンショットが映し出されたテレビ画面上に「平ら（薄型)」、テレビの前に「奥行き」、左右のスピーカーに「目を開ける」と記されている。

『さらば、愛の言葉よ』を3Dで撮ったゴダールが、ここでは3D技術に批判的なのが興味深い。

件名：情報(204頁)

ブルネーズに1968年のアメリカ合衆国への旅行について尋ねられ、それに対して返事をしたものと思われる。画像は彫刻家オーギュスト・ロダンの《考え》(1901)で、自身が回想に耽っているさまを示唆しているのかもしれない。

ゴダールはフランスで五月革命が起こった激動の1968年に、アメリカ合衆国を足繁く訪れている。1968年2月から3月にかけて各地の大学で講演旅行を行い(その直前には自費でキューバを訪れている)、4月には『中国女』の封切りに合わせて再びニューヨークを訪れた。メールの最初で思い起こされているのは、この頃の滞在時の出来事だろう。

より重要なのは、メールで「別の滞在時」と言われている同年10月末から11月にかけて、ゴダールが『1AM』(『ワン・アメリカン・ムービー』）という作品に取り組んだことだろう。これはダイレクト・シネマの旗手であるリチャード・リーコックとD・A・ペネベイカーと共同で（彼らは『中国女』などのゴダール作品をアメリカで配給していた）、革命が間近に迫ったアメリカの肖像を描き出そうとする試みだったが、撮影は途中で放棄され、結局、ペネベイカーがラッシュをつなぎ合わせて1971年に『1PM』（『ワン・パラレル・ムービー』ないし『ワン・ペネベイカー・ムービー』）として完成させた（日本では2023年に『1PM－ワン・アメリカン・ムービー』として劇場公開された）。『1PM』を見る限りでは、このメールでの記述と相違して、クリーヴァーはカメラの前に登場し、フォンダへのインタビューは用いられていない。

メールの末尾には、ゴダールと並んでヴィデオを先駆的に用いた映像作家キャロル・ルソプロス（1945–2009）の話題が登場するが、彼女がクリーヴァーと一緒にアルジェに亡命したという事実はない。とはいえ、ルソプロスは『ジュネがアンジェラ・デイヴィスについて語る』（1970）や、エルドリッジ・クリーヴァーの妻に取材した『キャスリーン・クリーヴァー』（1971）という短篇を撮っているので、ここで語られる文脈と関係が深いことはたしかである（なお、ルソプロスについては、ブルネーズの論考も収録されている以下の小著が参考になる。園山三郷『シネマ・ミリタンと女性映像作家』、パド・ウィメンズ・オフィス、2013年）。

［1］ アンジェラ・デイヴィス（1944–）。1960年代より、黒人解放運動、フェミニズム、反ヴェトナム戦争運動などで重要な役割を担ってきた活動家・哲学者。

［2］ アレン・ギンズバーグ（1926–1997）。ビート文学を代表する詩人。代表作に『吠える』（1956）。

［3］ ローレンス・ファーリンゲッティ（1919–2021）。1951年に書店兼出版社の「シティライツ書店」を創設し、ビート文学を推進した。

［4］ アビー・ホフマン（1936–1989）。1967年に青年国際党（YIP）を共同で創設した活動家。ゴダールがジャン＝ピエール・ゴランとともに『ウラジミールとローザ』（1971）で取り上げることになるシカゴ・セブン（1968年にシカゴの民主党全国大会で暴動を扇動したとして起訴された7人）の一人。

［5］ 同じくシカゴ・セブンの一人である活動家ジェリー・ルービン（1938–1994）のマニフェスト的な書物『やっちまえ！』（1970）を指す（『DO IT!――革命のシナリオ』田村隆一・岩本隼訳、都市出版社、1971年）。

［6］ リロイ・ジョーンズ（1934–2014）。アミリ・バラカの筆名でも知られる詩人。『1PM』ではシロホンを使った即興的な路上パフォーマンスをする姿を見ることができる。

［7］ ジェーン・フォンダ（1937–）。俳優。1970年頃から反ヴェトナム戦争運動に深く関わり、ゴダールとゴランの『万事快調』（1972）に出演。2人が続けざまに作った中篇『ジェーンへの手紙』（1972）では、フォンダがヴェトナム

を訪問した際の報道写真の作為性に徹底した批判的分析が施された。

[8] トム・ヘイデン（1939–2016）。アメリカの新左翼の一人で、民主社会学生同盟（SDS）の指導者。1968年にシカゴ・セブンの一人として起訴された。反戦運動を主導した人物で、1973年にジェーン・フォンダと結婚（90年に離婚）。1982年から20年ほど、カリフォルニア州議員を務めた。

[9] エルドリッジ・クリーヴァー（1935–1998）。ブラックパンサー党の情報大臣。1968年、アルジェリアに渡って亡命生活を送り、パリにしばらく滞在した後、1975年に帰国。

[10] ジャン・ジュネ（1910–1986）。フランスの作家・劇作家・活動家。1970年、ブラックパンサー党に招かれ、アメリカ合衆国に密入国し、各地を講演旅行した。

件名：フォト・グラフィ（206頁）

このメールの主題は、写真撮影という行為である。本文に記された「古代の自我の写真（l'antique photographie du moi）」は、ロラン・バルトが『明るい部屋』で引用するニーチェの言葉「古代の自我の至高性（l'antique souveraineté du moi）」（花輪光訳、みすず書房、1985年、15頁）を踏まえた表現であり、平たく言えば「私の昔の写真」という意味にも取れる。

そのため、少し前に撮られたと思われる1枚目のゴダールの肖像写真（自撮り？）と対比するかのように、3枚目にゴダール自身の少年時代の写真（ブルネーズ氏のご教示による）が添えられている（なお、この写真は、『イメージの本』の末尾付近にも登場する）。

間に挟まれた抜粋は、バルトの『明るい部屋』の「撮影される人」の断章から取られたもので、内容は以下の通りである。「ところで、自分がカメラを通して眺められていると感ずるやいなや、事態は一変する。私はしきりに《ポーズをとり》、またたくまに自分のもう一つの肉体をつくりあげ、前もって自分を映像に変身させる。「写真」のこの変換作用は強力である。私は、「写真」が意のままに私の肉体を生み出したり、死なせたりするのを感ずる（死をもたらす「写真」のこの力を物語る話がある。パリ・コミューンに加わったある者たちは、バリケードの上でポーズをとる快感を味わったばかりに、生命を落とした。敗北したとき、彼らは警視総監ティエールの配下の警官たちに顔を識別され、ほとんど全員銃殺されてしまった）」（同書、18–19頁）。

件名：もう一回（208頁）

『イメージの本』の末尾付近を変更して、協力者たちの意見を尋ねている文脈と思われる。メールの文面からは、『イメージの本』を構成する「6つのシークエンス」を手短に振り返ることを検討していたように見受けられるが、完成作では、引用映画のタイトルや、作家や作曲家の名前がおおむね時系列順に並べられたリストが矢継ぎ早に提示される「クレジット場面」となっている。「文章」「映画作品」「絵画」「音楽」という大きなフォントの文字が重ねられ、最後に「彼ら全員（EUX TOUS）」という字幕画面が出る（ちなみに、「彼ら全員」はフォークナーの短篇「南部の葬送——ガス灯」（1954年）に由来するもので、その語句を含む断片は1986年の『映画というささやかな商売の栄華と衰退』にも引かれている）。

添付されている画像は、ゴダールの飼い犬ではなく、インターネット上で見つけた「祈る犬」（ブルネーズ氏のご教示による）。

［1］「encore une fois（もう一回）」の「fois（回）」の語が「foi（信念、信仰）」と綴られている。

［2］「on attends（待つ）」の代わりに「on hâte ans（急ぐ・年）」と綴られている。

件名：新しいラストの編集・作業用プリント（209頁）

前便と関連して、『イメージの本』末尾に入れる「彼ら全員」という文字のサイズを調整しているものと考えられる。完成作での文字のサイズは、一番上の画像に近い。

件名：感謝（210頁）

本文の謎めいた文字列「grill heaume de casro whisky（グリル・兜（オーム）・ド・カスロ・ウィスキー）」は、フランスの詩人ギヨーム・アポリネールの本名グリエルモ・アルベルト・ヴラディミロ・アレッサンドロ・デ・コストロヴィツキを念頭に置いたものと思われる。詩集『アルコール』（1913年）で知られるこの詩人の本名から「ウィスキー」を浮かび上がらせる言葉遊びは、機知（ヴィッツ）の日常的実践の好例と言えよう。

右頁に引用されているのも、『アルコール』所収の「狩の角笛」の末尾の4行である（窪田般彌編訳『アポリネール詩集』、ぽるぷ出版、1982年、74–75頁）。同じ詩の最初の5行は、ルイ・アラゴンの詩（『断腸詩集』の「エルザ、君を愛する」）と組み合わせて、ゴダールの長篇第1作『勝手にしやがれ』（1960）に登場していた。

画像は、ゴダール自身の『リア王』（1987）より、波打ち際のピーター・セラーズ。この画像は『映画史』4A「宇宙のコントロール」などでも用いられている。

件名：「イメージは……（212頁）

ブルネーズが関与した陳情書を『リベラシオン』紙で読んだことを知らせつつ、事務連絡と哲学的な省察と2匹の飼い犬（前出のルルと、『さらば、愛の言葉よ』に「出演」しているロクシー）のスナップ写真が渾然一体となったメールであり、ゴダールの日常的なコミュニケーションの特異さが見て取れる。

冒頭で言及される陳情書（« L'utilisation des images au cœur de l'affaire du quai de Valmy », *Libération*, 28 septembre 2017）は、原註（1）にも簡単な説明があるように、労働法改正に対する全国的な抗議運動が高まっていた2016年5月18日にパリ10区のヴァルミー河岸で警察車両を燃やした疑いで起訴された9名のデモ参加者に対して、検察からきわめて重い求刑がなされたことを受けて公表されたもので、とりわけ、裁判における映像の杜撰な使用法を批判している。

「イメージは言説の一つの部品であり、イメージが私たちに教えてくれるのはむしろ、疑うこと、イメージを批判し、それを他のイメージや他の言説と突き合わせることだ」という、ゴダールが注目した箇所には、彼の「モンタージュ」的な思考法が谺している。

ブルネーズは、最初の署名者20人のうちに名を連ねている。他の署名者に、映画監督のローラン・カンテ、アラン・ギロディ、ニコラ・クロッツ、研究者のジョルジュ・ディディ＝ユベルマン、マリ＝ジョゼ・モンザンなど。

［1］「il y a（〜前に）」の代わりに「île hi ya（島・ヒ・ヤ）」と綴られている。
［2］同上。
［3］映画の前身と見なされる装置の一つ。回転盤に一連の動作を分解した絵が描かれていて、覗き穴から見る装置で、発明者はジョゼフ・プラトー。
［4］「プラトー」には、テレビや映画の撮影をするセットという意味がある。

件名：失われた小教区（214頁）

配給会社ワイルドバンチと距離を取りつつあるものの（おそらく『イメージの本』に出資してくれなくなったため）、作業は進めていると伝える業務連絡のようなメールだが、とりわけ後半部分での綴り字の分解が著しく、異形のテクストとなっている。

画像には「寓意、寓話、アルゴリズム、隠喩、象徴」と書かれている。

［1］ここで「語り部（continière）」と訳した語句は、「食堂の経営者（cantinière）」と「お話（conte）」を組み合わせた造語と思われ、さまざまなアイデアや素材を（食堂のようにテキパキと？）提供してくれるブルネーズに対する親しみが感じられる。彼女はこの呼び名を、後にゴダールへのメールでみずから用いている（328頁参照）。
［2］「on se débarrasse（手を切る）」の代わりに「on se dé bar as（人は・自身を・さいころ・バー・エース）」と綴られている。
［3］「en étalonnage et remix（微調整とリミックス）」の代わりに「on étale aune

âge hèle euh mix（広げる・オーヌ尺・年・呼ぶ・えーと・ミックス）」と綴られている。

[4]「je vous embrasse affectueusement（心からのキスを送ります）」という定型表現の代わりに「je vous ambre as affec tu eux z'aimant（私・あなた・琥珀・エース・アフェク・キミ・彼ら・愛する）」と綴られている。

件名：おおい！　おおい！（215頁）

添付されている画像は、20世紀の労働者運動と反ファシズム闘争をめぐるペーター・ヴァイスの3巻にわたる長篇小説『抵抗の美学』（1975–81年）の一部。ゴダールが珍しく通読したというこの本からは、締め括りの箇所が『イメージの本』の末尾で彼自身の声によって読まれることになる。この抜粋ではヨーロッパの共産主義者たちの連携による対ファシズム抵抗運動の組織化が模索されており、『奇妙な戦争』の「原作」であるシャルル・プリニエの小説『偽旅券』（1937年）とも関連が深い。抜粋の内容は以下の通り。

「しかしながら、本質的なのは大量の人間を虐殺するためにいくつもの力が働いたということではなく、何人かがそのような行為と闘いはじめたということだった。だから重要なのは、そのことについて人々がほとんど何も気付かなかったこと、それがかくも目立たなかったことではなく、そういう何人かが存在したこと、彼らが迫害を逃れたこと、彼らが罠にはまらなかったこと、彼らが同じ意見に達し、落ち合って計画を立てるための秘密の通路を見つけていたことなのだ。決定的なのは、いまこの瞬間にも、何百人もの犠牲者が——すでに役立たずになっているからという理由で——穴に落とされていることではなく、数少ない何人かの人物が一つの組織と、これから発展していくはずのいくつもの小さな細胞を手中に収めていたことだったのだ。すべてを影で覆うほどに重要なことは、絶えず粉々に砕け散り、崩壊するものではなく、喧噪や、叫びや、瀕死のあえぎ声のなかで持ちこたえるためになされた努力だった。絶え間なく瓦礫の山を片付け、動けるように小さな空間を作らなければならなかった。雪崩が起こるときも、地面が揺れるときも、それが不条理に見えることは決してなかったはずだ。というのも、不条理に見えたとしても、破壊はすでにあなたの中に入り込み、すでにあなたを跪かせていただろうから。いまこの瞬間ほど有利な状況はかつてなかったと、いかなる損失も敵に対する勝利を遅らせることはできないと思わなければならなかった。しかしながら、多くのことが矛盾していた」（Peter Weiss, *Esthétique de la résistance,* tome 3, Éditions Klincksieck, 1993, p. 55.）。

件名：勝利まで？（216頁）

このメールの文章は、前便に続いてペーター・ヴァイスの『抵抗の美学』の一節

（第1巻の終盤）で、スペイン内戦終盤の1938年9月に、共和国政府により国際旅団（外国人義勇兵）の解散が命じられ、共産党の指令で撤退を余儀なくされるくだりから引かれている（『イメージの本』の第2セクション「サン・ペテルスブルグの夜話」でも読まれている）。2枚目の画像には、引用元の『抵抗の美学』のフランス語訳（第2巻）の表紙が見える。

1枚目の画像は、サラエヴォで砲弾を受けて血塗れになった少女ビリヤナ・ヴルホヴァツの写真で、フランスの写真家リュック・ドラエが1992年7月20日に撮ったものである。『フォーエヴァー・モーツアルト』（1996）、『映画史』3A「絶対の貨幣」（1996）、『真の偽造パスポート』（2006）などで繰り返し用いられるこの写真は、極限的な状況をとらえる報道写真の倫理的ジレンマを見る者に突きつけるものとして、四半世紀にわたってゴダールに取り憑いている。

なお、このメールと次のメールの間におよそ5ヶ月の空白期間があるが、その間の2018年5月には『イメージの本』がカンヌ国際映画祭で上映されている。したがって、このメールまでが、『イメージの本』の生成過程の一端を示していると考えてよいだろう。

件名：探偵（218頁）

ゴダールが過去を振り返って、さまざまな記憶の断片が意識の表層に浮上してくるのをそのまま表出したかのような文章である。その「意識の流れ」をくまなく再現するのは困難だが、少しでもそれに迫れるように、いくつかのコンテクストを確認しておこう。

まず事の発端には、原註にあるように、撮影監督として知られるピエール＝ウィリアム・グレンからの依頼がある。監督作としてドキュメンタリー映画『ジョニーの沈黙』を仕上げたばかりの彼が、それをゴダールに見てもらうように頼んだのである。フランスの国民的な歌手・俳優ジョニー・アリデー（1943–2017）を追悼するべく、どちらかと言えば過小評価されている彼の「俳優」としてのキャリアに焦点を合わせた同作では、アリデーが主演の一人として出演しているゴダールの『探偵』（1985）も扱われているので、それを踏まえた依頼だったと思われる（ちなみに、グレン自身はゴダールと一緒に仕事をしたことはない）。

ところが、ゴダールはこの作品については「言うべきことはほとんどない」と素っ気なく、グレンとアリデーをめぐる自身の記憶に沈潜していく。まず召喚されるのは、『中国女』（1967）で印象的な役を演じたジュリエット・ベルトである。彼女の出演作にはグレンが撮影監督として携わった作品も多く、クロード・ミレールの短篇『パリのジュリエット』（1967）、ピーター・エマニュエル・ゴールドマン『灰の車輪』（1968）、マリン・カルミッツ『同志たち』（1970）、ジャック・リヴェット『アウト・ワン』（1971）などがゴダールの脳裏に浮かんだのかもしれない。続いて、「良き人(ジャン)アンリ」という言葉遊びで映画作家ジャン＝アンリ・ロジェに連想が及ぶのは、彼がベルトの伴侶だったからだろう。ロジェはジガ・ヴェルトフ集団の一員として、ゴダールと組んでイギリスで『ブリティッシュ・サウンズ』(1969)を、プラハで『プラウダ』(1969)を撮ることによってキャリアを開始した人物であり、後にゴダールの『愛の世紀』(2001)にも出演している。

話題は『探偵』の撮影時のエピソードに移行する。この箇所の理解にあたっては、同作でアリデーが当時のパートナーだったナタリー・バイと共演していること、撮影監督のブリュノ・ニュイッテンとゴダールが激しい対立関係にあったことを踏まえておけば十分だろう。

『映画史』の1B「ただ一つの歴史」には、開始後4分くらいに(「1Bの章」という字幕画面が出るあたり)、ライターで煙草に火を点ける『探偵』のアリデーと、エイゼンシュテインの『イワン雷帝』第1部(1944)のイワン——死の床に伏せ、蝋燭を手に、終油の秘跡を受けている——が交互に明滅するかのようにモンタージュされる箇所があり、ゴダールがここでその箇所を思い起こしているのは明らかだ。ただし、管見の限りでは、『イメージの本』には『イワン雷帝』のショットはたしかに登場するが、『探偵』のこのショットは見当たらない。

なお、ここで往年の性格俳優サチュルナン・ファーブルの名前が出てくるのは、『マリー＝マルティーヌ』(アルベール・ヴァランタン、1943年)の有名な台詞「蝋燭をまっすぐに持て！」を踏まえているからだ。彼が扮する変わり者の叔父は、家に電気も引いておらず、それぞれ蝋燭を手にしながら音楽家の甥(ベルナール・ブリエ)と会話を交わしている。しかし、甥は話を聞いているうちにいつも蝋燭を徐々に傾けてしまう。そのたびごとに、叔父は「蝋燭を……まっすぐに持て！」(Tiens ta bougie...droite !)とたしなめる。数分のシーンのうちに何度も繰り返され、最後にはまったく違ったトーンで発せられるこの台詞は、たしかに一度聞いただけでも忘れがたい。

ゴダールの思念は続いて『探偵』の末尾付近、アリデー扮する作中人物のジムが撃たれてあっけなく倒れてしまうシーンへと向かう。その時、彼が手に持っていたジョゼフ・コンラッドの小説『ロード・ジム』から、ジムの性格を形容する「空想的(ロマネスク)、空想的(ロマネスク)」という文句を含む一節(同書の第43章に基づく)が、アリデーとバイのオフの声で、二重奏のように読まれる。

メールの末尾でゴダールが、ニセフォール・ニエプスによる最初の写真を引き合いに出すのは、その不鮮明さを介して、自身の記憶がおぼろげであることを自嘲しているかのようである。

[1]　「souviens(憶えている)」の代わりに「souvi hein(スヴィ・アン)」と綴られている。「hein」は「ねえ、さあ」など会話をつなぐ際に使われる間投詞。

[2] 「époque（時代）」の代わりに「hé pok（エ・ポック）」と綴られている。「hé」は「おい、ねえ」など呼びかける際に使われる間投詞。

[3] 「また入れた（repris）」の後に「de justice」を追加し、「repris de justice（前科者）」という慣用表現を入れ込んでいる。

[4] 直接的にはナタリー・バイ（Nathalie Baye）を指すと思われるが、フランス語での発音も類似している「バイバイ（bye-bye）」の意味も重ね合わせているのかもしれない。

[5] 「祈祷のように読んで（en guise d'oraison）」の代わりに「おお！理性を持って（en guise d'oh raison）」と綴られている。

[6] 「psalmodient（一本調子に朗唱する）」を分解して「psal mendient」と綴り、「mendier（物乞いする）」という動詞を入れ込んでいる。

[7] 「passer le temps（時間をつぶす）」の「passer」を「trépasser（他界する）」に置き換えている。

[8] 「複写への偏愛（la décalque manie）」には、「デカルコマニー」（偶然性を用いて不定形のイメージを取得しようとするシュルレアリスムの技法）の意味合いも重ねられていると思われる。「début（始まり）」の語を「dés buts（さいころ・目的）」と綴っているのも、「偶然性」を強調するためなのかもしれない。

件名：もうすぐクリスマス！（220頁）

7月に送られたメールだが、力強く生えている雑草がクリスマスツリーに使われるモミの木に見立てられている。これも機知（ヴィッツ）の日常的実践と言えよう。

件名：おやすみなさい（221頁）

画像は、ヴァン・ヴォークトの小説『非Aの傀儡』（1956年）の第21章より。この小説は、ヴァン・ヴォークトの『非Aの世界』（1948年）に続くもので、「リテイク」（198頁）に表紙の画像が出てきた『非Aの終焉』（1985年）は第3作にあたる。

内容は以下の通り。「非A摘要——非Aの諸訓練技術を知るだけでは充分ではない。これら技術を自動的なレベル、つまり〈無意識〉の領域で身につけなければならない。〈話し合う〉段階は、〈行なう〉段階にとって代わられなければならない。目標は、いかなる事件に対しても、言語以前の層において柔軟な態度でのぞむことにある。一般意味論は、各人に方向感覚をあたえることを狙いとしているのであり、あらたな杓子定規を植えつけたりするものではない」（A・E・ヴァン・ヴォークト『非Aの傀儡』沼沢洽治訳、創元SF文庫、2016年、351頁）。

件名：新しい最終版DVD（NDF）（222頁）

業務連絡の色合いの濃いメール。「小さな画家」（原文は「petite peintre」と女性形）のショットとは、『イメージの本』の別ヴァージョンにのみ含まれるショットを指し、末尾の『快楽』からの引用の直前に、お絵描きをする子供たちの情景が挿入されていたという（ブルネーズ氏のご教示による）。

DVD/Blu-rayの送り先として挙げられているのは、各地の映画祭やテレビ局（アルテ、RTSR）である。実際、『イメージの本』は、2018年5月のカンヌ国際映画祭で上映された後、リヨンのリュミエール映画祭（10月）、チュニジアのカルタゴ映画祭（11月）、ウィーン国際映画祭（10月）、ロッテルダム国際映画祭（1月）などで立て続けに上映されることになる。『イメージの本』の後半を占める「幸福なアラビア」のセクションでアラビアの（映画的）表象を扱っていることを意識したのか、カルタゴ映画祭がラインナップに入っているのが目を引く。

また、もう一つ注目すべきは、ゴダールの住居兼アトリエのあるロールからもほど近い、ローザンヌのヴィディ劇場での上映だろう。この小劇場では、絨毯や家具やテレビやソファーなどがゴダールの自宅から運び込まれ、親密で家庭的な空間内で『イメージの本』を上映することが目論まれた（2018年11月16日から30日まで、1日数回ずつ上映された）。翌年10月にはスイスのラ・ショー・ド・フォンでも類似のコンセプトに基づく上映が行われた。

件名：「すべての読まれたページの上に」（224頁）

件名は、ポール・エリュアールの詩集『詩と真実1942』（1942年）に収められた有名なレジスタンス詩「自由」の第2連より（『エリュアール詩集』嶋岡晨訳、飯塚書店、1964年、94頁）。「すべての読まれたページの上に／すべての白いページの上に／石や血や紙や灰にも／きみの名前をぼくは書く（J'écris ton nom）」。最終連以外のすべての連を締め括る「きみの名前をぼくは書く」（ここでの「きみの名前」とはもちろん「自由」を指す）というリフレインは、『映画史』1A「すべての歴史」後半でレジスタンスが扱われるくだりでも画面上の文字として登場していた。

こうした脈絡をたどれば、メール本文で、ジュリアン・デュヴィヴィエ監督の『商船テナシチー』（1934）から「自由」をめぐる台詞が引かれているのも自然な流れである。ル・アーヴルの港で雑用をこなしながら気ままに生きる老人イドゥー（ピエール・ローレル）が、カナダへの脱出を目論む主人公のバスティアン（アルベール・プレジャン）に、「絶対的な自由」などないと忠告するシーンからの引用である（ただし、実際の台詞は多少異なる）。

なお、切り抜きは、アルジェリアのジャーナリスト・小説家のカメル・ダーウドが、カミュの『異邦人』で主人公ムルソーに殺された「アラブ人」の弟を語り手に設定した小説『もうひとつの『異邦人』　ムルソー再捜査』（2014年）の最終章より。「今日、僕はこんなにも老いてしまって、（……）人がこんなに長いこと生きているというのは、きっと何か見つけ出すべきものがあるんじゃないかって。（……）その果てには、何としても、ある種の根本的な啓示があるべきなんだ。僕に衝撃を与えているのは、僕の無意味さと世界の果てしなさのあいだのこの不均衡なんだ」(鵜戸聡訳、水声社、2019年、182頁)。ひょっとしたら、『イメージの本』の後半「幸福のアラビア」のセクションでこの小説を用いることが検討されていたのかもしれない。

件名:「彼はいま……(226頁)

オーソン・ウェルズの『偉大なるアンバーソン家の人々』(1942)で、年老いたアンバーソン家の当主(リチャード・ベネット)が深い瞑想にふけるシーンのナレーションより。『映画史』2B「命がけの美」の中ほどにも、この台詞を含むシーンが引用されている。ここでは、駅のホームに紛れ込んだカラスの画像とのユーモラスな関連づけが施されている。

件名:同時に(227頁)

エリック・ロメールの『三重スパイ』(2004)の感想を述べたメール。ゴダールは『ゴダール・ソシアリスム』(2010)の第1楽章で、豪華客船に乗り込んだスパイがスペイン内戦の時代の出来事を調査するという物語を構築しているので、第二次世界大戦前夜のスパイの暗躍を背景とするこのロメール作品に関心を示すのは当然だろう。他方、ゴダールはしばしば若きロメールの映画論「映画、空間の芸術」(1948年)を称賛しており、ここでも『三重スパイ』を「政治的な空間」の導入という観点で読み解こうとしている点が興味深い。

なお、『ゴダール・ソシアリスム』は2010年公開なので、『三重スパイ』と「同時に作られた」とは言い難いかもしれないが、ブローデル的な「長期持続」の観点からは「ほとんど同時」ということだろう。

[1] 実際は『ラ・ルヴュ・デュ・シネマ』14号(1948年6月)に本名のシェレール名義で掲載。ロメールの批評を集成した『美の味わい』(梅本洋一・武田潔訳、勁草書房、1988年)にも収録されている。
[2] 「merci(よろしくお願いします)」の代わりに英語の「mercy(慈悲)」が使われている。

件名:あの時代に……(228頁)

前便に引き続き、ロメール『三重スパイ』について思いを巡らせたメール。かつてコルネリュウス・カストリアディスとともに「社会主義か野蛮か」というグループを結成し、同名の雑誌(1949–65)を発行していた政治哲学者クロード・ルフォールの文章が引き合いに出されている。ちなみに晩年のゴダールは、インタビューでたびたびこの文章に言及していた。

なお、添付されている画像は、『カラミティ・ジェーン』（デイヴィッド・バトラー、1953年）のドリス・デイと、パウル・クレー《棘のある道化師》（1931年）。

［1］「Barbarie（野蛮）」の代わりに「Barba rit」と綴ることで、「野蛮」のなかの「笑う（rit）」という要素を際立たせている。

［2］「aujourd'hui（今日）」の代わりに「aux jours d'oui（〈はい〉の日々に）」と綴られている。

［3］「lui-même（それ自身）」の代わりに「lui m'M（それ・エム'エム）」と綴られいる。

［4］「iPhone」の代わりに「I faune（アイ・牧神（フォーヌ））」と綴られている。

［5］こちらの「aujourd'hui（今日）」は、「oh jour d'oui（おお、〈はい〉の日よ）」と綴られている。

件名：よく頑張った（ナイス・エフォート）……（230頁）

写真術の発明者の一人であるニセフォール・ニエプスの名前は、すでに「探偵」と題されたメールの末尾でも言及されていたが、ここでは件名によって彼の名前が暗示されている。「よく頑張った（nice effort）」はフランス語風に読めば「ニス・エフォール」となるからだ。また、『シナリオ：予告篇の構想』では、構想中の長篇映画のある章が「ニセフォール・ニエプス／ハムレット」と題されている。

ゴダールはどうやら写真の（複数の）起源に関心を抱いていたようだ。メール本文で言及されるルイ・ジャック・マンデ・ダゲールはダゲレオタイプの発明者として知られる人物だが、イポリット・バヤールという人物も自分が先に同様の写真術を発明していたと主張した。ここで念頭に置かれているのは、その文脈であると思われる。バヤールについては、「イポリットの3つの人生」（250頁）と「この最後の……」（262頁）のメールでも話題に上っている。

このダゲールとバヤールの確執に加えて、さらにもう一人のパイオニア的な写真家が召喚されている。画像で添付されているのは、19世紀半ばに活躍した画家・写真家のギュスターヴ・ル・グレーによる1848年のセルフポートレートであり、皮肉なことに、彼はダゲレオタイプの傍らに腰を下ろしている。

また、ここでの「青白い評価へと（en pâles estime）」に、「パレスチナに（en Palestine）」の発音上の類似を感じ取ることもできるかもしれない。実際、『ゴダール・ソシアリスム』の第1楽章では、ダゲールの写真技術の公開とともに、写真家たちがこぞってパレスチナに赴いてキリスト教の「聖地」を写真に収めようとしたことがエリアス・サンバールによって皮肉を込めて語られていた（「バルフォア卿の宣言よりもはるか前」に、つまり1917年のイギリス政府によるシオニズムへの支援の約束に先立って、写真の発明によって西洋人たちがこの地に押しかけていた、というわけである)。

[1]「cinéma(映画)」の代わりに「si n'aima(もし・愛したら)」と綴られている。

件名:ジルは……(232頁)

原註にあるように、燃料税の増税への抗議に端を発し、瞬く間にマクロン政権に対する大規模な抗議活動へと発展した「黄色いベスト運動」——参加者が黄色い蛍光色のベストを身に着けてデモをすることからそう呼ばれる——がちょうど本格化し始めた頃のメール。「ジルは黄色い(Gilles est jaune)」と「黄色いベスト(Gilets jaunes)」は、フランス語では同音である。

画像の一番左には、ロココの画家ジャン゠アントワーヌ・ヴァトーの描くピエロ(=ジル)が黄色っぽい服装で浮かび上がっている。まさに「ジルは黄色い」わけで、文章と画像によるゴダール流のギャグであろう。画像全体はもともと『映画史』3B「新たな波」に出てくるもので、ハワード・ホークスの『暗黒街の顔役』(1932)のスチル写真と、ヴァトーの《アルルカン、ピエロ、スカパン》(1719年)のヴァリアントが組み合わされている。

件名:……する権利を持つためには(233頁)

写真をめぐる考察の続き。文章も画像も何らかの引用だと思われるが、委細は不詳。

件名:……と談判する(234頁)

謎めいたメッセージだが、ゴダール自身を「狂人」、バタジアやブルネーズを「妖精たち」になぞらえていると考えることもできるだろう。

件名:君の作品をまた磨き、さらに再び磨きたまえ(235頁)

画像は、バルザック『現代史の裏面』文庫版(フォリオ/ガリマール社)の裏表紙に書かれた紹介文。下線を引かれた箇所には、「バルザックが書いた最後の小説『現代史の裏面』では、この力は善の力である。「悪の尽きることのない陰謀」は愛徳の陰謀と対立する」と書かれている。

ここでのバルザックへの言及は、バルザックの小説『アルシの代議士』に基づくパートを『シナリオ』に含める構想があったらしいことを思い起こさせる。『カイエ・デュ・シネマ』2019年10月号で紹介されている『シナリオ』の構成案には、「①イクナートン、②物の本質について(ルクレティウス)、③アルシの代議士(バルザック)、④フェイクニュース、⑤固定観念、⑥ベレニスとともに(ラシーヌ)」(丸数字は訳者補足）とある（*Cahiers du cinéma*, n° 759, octobre 2019, p. 16）。

また、件名はニコラ・ボワローが古典主義的な文学理論の精髄を説いた『詩法』（1674年）第1篇の有名な一節「君の作品を二十度（たび）も仕事台の上にのせたまえ。たえずそれを磨き、また磨きたまえ」（小波瀬卓三訳、『世界大思想全集　哲学・文芸思想篇21』所収、河出書房新社、1960年、98頁）を踏まえている。

件名：昔のバカロレア試験・哲学（236頁）

バカロレア試験に出題されそうな文章、ということだろうか。切り抜きは、作家・歴史家のクロード・マンスロンが、500人近くの人物を登場させながら、フランス革命に至るまでの歴史の流れを克明に書き綴った5巻にわたる大著『自由の人間たち』の第1巻より（Claude Manceron, *Les Hommes de la Liberté : Les Vingt Ans du Roi 1774–1778*, tome 1, Paris, Robert Laffont, 1972, p. 405. ただし、ゴダールが参照しているのは文庫版だと思われる）。

内容は以下の通り。「ヴォルテールとディドロはいまでは年に1、2回しか手紙を交換していない。いや、それも怪しい。（……）ヴォルテールはディドロにこう書き送っていた、「1776年8月14日、フェルネーにて」。「健全なフィロゾフィーが（……）領土を拡げましたが、わが敵どもはつねに天の露、地の油、（……）金庫、法剣、ごろつきどもを味方につけています。私たちがやりえたすべては、私たちは正しいのだ、と全ヨーロッパで誠実な人びとに言わせること、おそらく習俗を少しく柔和、誠実にさせることに尽きるでしょう。（……）恐ろしいのは、フィロゾーフたちが団結していないのに、迫害者たちはつねに団結するであろう、ということです」」（ヴォルテールの書簡の部分は、『ヴォルテール書簡集1704–1778』高橋安光編訳、法政大学出版局、2008年、1246頁より）。

［1］「philo（哲学）」の代わりに「filo」（この語には特に意味はない）と綴られている。

件名：???????????????（237頁）

画像はおそらく、ネオニコチノイド系農薬によるミツバチの大量死についての新聞記事（欧州委員会は2018年に、ネオニコチノイド系農薬の屋外での使用禁止を決定している）。ゴダールは、死んだミツバチ（abeille／アベイユ）の写真の上に一種の語呂合わせで「アー！　バイ（ah! bye）」と書き加えている。

件名：デジタルは従う（238頁）

添付されているのは、最初の折りたたみ式スマートフォンとして発売されたサムソンのギャラクシー・フォールドについての広告記事。この端末に関して、「本のように開く」、「裏表紙」、「豪華版」、「枕頭の書」のように「本」のアナロジーで語られている箇所に下線が引かれている。

[1] 「numérique（デジタル機器）」の代わりに「nu mère hic（裸・母・難題）」と綴られている。

件名：〔なし〕（240頁）

添付されている切り抜きは、オーガニック食品（いわゆる「ビオ」）についての意見広告。「より良い食のために、このリストを暗記してください。あなたの料理に添加物を使わないようにしましょう」というリード文に続いて、食品添加物のリストが掲げられている。ゴダールはそれに手書きで「文学とは何か？」と書き込んでいる。

件名：……だろうか（241頁）

ちょうどこの日、2019年12月5日から、マクロン大統領の年金改革に反対する大規模なストライキが始まる。大部分の列車が運休するなど、その規模は大統領就任以来、最大のものだったと言われる。

2018年秋以降の「黄色いベスト運動」はこの頃にはすでに収束していたが、それに言及した2018年11月25日の「ジルは……」と題されたメール（232頁）に添付されていたのと同じ画像が添付されている（ただし、ジルの衣裳はより目立つかたちに黄色く着色されている）。

なお、このメールで初めて宛先に名前が加わっているマティルド・アンセルティは、パブリシストとして作家系の作品を多数手掛けている人物で、『愛の世紀』（2001）から『イメージの本』に至るまでのゴダール作品も担当している。

[1] 「foot（サッカー）」の代わりに「foute」（この語に特に意味はない）と綴られている。
[2] 国立高等映像音響芸術学校。1986年創立。前身は1943年に設立されたIDHEC（高等映画学院）。
[3] 「réseaux sociaux（ソーシャル・ネットワーク、SNS）」をもじって「roseaux sociaux（社会の葦）」と綴られている。

件名：こん にちは、友よ……（242頁）

原註にあるように、ゴダールはシネマテーク・フランセーズで開催されていたゴダール回顧上映（2020年1月8日から3月1日まで）のために新作を作ることになっていたようだが、その準備がはかばかしくないことをユーモラスに告げるメールである（なお、この回顧上映のためにブルネーズが書いた文章が、本書所収の「あなたのエゴに敬意を、ゴダールさん」である）。

なお、1枚目の画像は出典は不明だが、『奇妙な戦争』（2022）のショット29にも登場し、革命的女性一般を象徴するものと考えられる。2枚目の画像では、木の洞を大きく開けた口に見立てて、ピエロの顔のようなものを出現させている。

[1]　シネマテーク・フランセーズの創設者の一人アンリ・ラングロワとその伴侶のメリー・メールソン、初期の重要な協力者ロッテ・アイスナーを指す。

[2]　ロベール・ブレッソンの『抵抗』（1956）の副題「風はおのれの望むところに吹く」への目配せ。同作はレジスタンスに加わっていたアンドレ・ドヴィニーの自伝的物語を翻案している。原題の「死刑囚は逃げた」も後半で暗に参照されている。

[3]　「je comptais（私はそのつもりだった）」の代わりに「jeu comptais（遊戯・つもりだった）」と綴られている。

[4]　ノルウェーの早逝した数学者で、生前にはその業績が十分には認められていなかったニールス・ヘンリック・アーベルを指すと思われる（ブルネーズ氏のご教示による）。

[5]　司法官として働いていた数学者のフェルマーは、古代ギリシャの数学者ディオファントスの『算術』の余白に書き込みをし、いわゆる「フェルマーの最終定理」の箇所に、証明を見出したがそれを書くには余白が狭すぎる、と記している。

[6]　「je reste（私はとどまっている）」の代わりに「jeu reste（遊戯・とどまる）」と綴られている。

[7]　「condamné à mort（死刑囚）」の代わりに「con damné amor（ともに・地獄に落ちた・愛）」と綴られている（発音はまったく同じ）。ここでは「愛すべき死刑囚」とした。

[8]　「un être maudit（呪われた存在）」の代わりに「un h/être mots dits（ブナ／存在・言葉で・言われた）」と綴られている。

件名：絵葉書の数々（244頁）

前便で準備が難航していることを伝えていた新作を放棄することを伝えるメール。せめてもの言い訳に制作過程の写真を撮って送ったものと思われるが、この2枚の写真からは、床に並べられた大量の絵葉書を1枚ずつ撮ることで作品にしようとしていた様子が窺える（『ジャン＝リュック・ゴダール／遺言 奇妙な戦争』はそれに似た方法で撮られることになる）。1枚目には、「絵葉書の数々」と書き込まれたまさしく絵葉書のようなイメージを、ハンディなヴィデオカメラで撮影しているさまが捉えられており、件名の「絵葉書の数々」はもしかしたら作品のタイトルだったのかもしれない。

[1] 「j'abandonne（私は諦める）」の代わりに「jeu abandonne（遊戯・放棄する）」と綴られている。
[2] 「de même（同様に）」の代わりに「d'M」、「ai-je essayé（やるだけはやってみた）」の代わりに「hé jeu essai yé（おい・遊戯・試す・イェ）」と綴られている。

件名：ぼくらは……（246頁）

ポール・エリュアールの詩集『耐え続けることへのかたくなな願い（Le Dur désire de durer）』（1946年）に収められた「ぼくらの動き（Notre mouvement）」の冒頭の一節（『エリュアール詩集』嶋岡晨訳、飯塚書店、1964年、131頁）。

自撮りした写真に落書きのようなペイントを施したこの画像のヴァリアントが、短篇『シナリオ』の冒頭にも登場する。

件名：大いなる感謝を……（247頁）

ゴダールは『イメージの本』を映画館での通常の興行とは別の仕方で世に出したいと考えていた。その要望に応じるかたちで、パリ郊外のナンテール・アマンディエ劇場は、2019年10月4日から20日まで、展覧会《イメージの本の踏破（Parcours Livre d'Image）》を開催する。この展覧会は、楽屋なども含めた劇場の空間全体を使って、『イメージの本』をはじめとする近作を上映するほか、1980年代以降の短篇を中心とする多数のゴダール作品を会場のあちこちでループ上映するものだった。原註にあるように、オテロ・ヴィルガールはその記録映像を撮影した。

なお、画像は『シナリオ』の準備ノートの一部だと思われる。左頁には「フェイクニュース」と書かれ、哲学者アランの『感情、表徴、情念』の表紙が目に入る（2020年にニヨンで、2022年にベルリンで開催されたゴダールの展覧会のタイトルも《感情、表徴、情念》だった）。

右頁の写真の女性は、ガブリエル・リュシエ（1937–1969）であるという（ブルネーズ氏のご教示による）。彼女はマルセイユの高校で教鞭を執っていたとき、五月革命の最中に教え子の少年と相思相愛の仲になるが、少年の両親に訴えられて懲役1年の有罪判決を受け、新学期が始まる直前の1969年9月1日に自殺した（詳しくは以下が参考になる。ガブリエル・リュシエ『愛と死の手紙』杉山毅訳、二見書房、1971年）。事件はただちに世間の関心の的となり、セルジュ・レジアニやシャルル・アズナヴールがシャンソンを作り、アンドレ・カイヤット監督によるアニー・ジラルド主演の映画『愛のために死す』（1971）も大ヒットした。ゴダールは写真の下に「情報によって死ぬ」、「自分の人生を生きる」（後者は『女と男のいる舗道』の原題でもある）と書き込んでいる。

［1］「merci（感謝）」の代わりに英語の「mercy（慈悲）」が使われている。

件名：願わくば……（248頁）

前便に引き続き、ヴィルガールへの謝意を伝えるメール。

［1］「j'espère（願わくば）」の代わりに「jess père（ジェス・父）」と綴られている。

件名：ああ、人生を誤って（249頁）

件名の「ah vie à tort（ああ、人生を誤って）」が言葉遊びのようになっており、「ah vie」は「avis（意見）」と同音であり、全体を続けて読むと「aviateur（飛行士）」と似た発音となる。それを踏まえると、ゴダールが自分の写真に落書きをした画像は、ゴーグルを装着した飛行士のようにも見える。

件名：イポリットの3つの人生（250頁）

「よく頑張った（ナイス・エフォート）……」（230頁）、および「この最後の……」（262頁）のメールと関連する。写真家イポリット・バヤールは、先述のように、ダゲレオタイプに先立って写真撮影法を発明していたと主張し、写真の発明の公式な栄誉がもっぱらダゲールに与えられたことに抗議した。その一環として発表した《溺死者に扮したセルフ・ポートレート》（1840年）が有名（「この最後の……」のメールに添付されている）。なお、ここに掲載されているゴダールの複雑な自撮り写真は、『奇妙な戦争』のショット2Aでも用いられている。

件名：彼は……（251頁）

原註に説明されているとおりだが、人間以外の存在への注目という点で、たびたび添付される飼い犬たちの写真や、2019年9月4日のメール（237頁）に添付されたミツバチの死骸と系列をなしているとも考えられよう。

件名：〔なし〕（252頁）

「ある男がカフェに入ってきて……」は、これからジョーク（小咄）を言うときの、よくある開始パターンの一つ。この文章全体も、一般に流布しているナンセンス・ジョークの一形態である。

画像は、動く彫刻（モビール）で知られるアメリカ合衆国の彫刻家アレクサンダー・カルダーの絵画《ランプウェー（Rampe）》（1933年）。

件名：穏やかな日曜日……（253頁）

コロナ禍の真っ最中の日常。ひょっとしたら、フランスで7月20日から公共空間でのマスク着用が義務付けられるようになることを受けたメッセージなのかもしれない。

［1］「dimanche（日曜日）」の代わりに「dit manche（言われる・袖／柄／木偶の坊）」と綴られている。

2020年9月28日のショートメッセージ（254頁）

パリのカルチエ・ラタンにある映画館ラ・クレは、1973年の開館以来、独立系映画の拠点の一つとして半世紀近くにわたって多彩な活動を続けてきたが、2018年4月に所有者が建物の売却と映画館の閉鎖を決めてしまう。その決定を覆させ、映画館を存続させるために、元従業員たちを中心とする有志が立ち上がり、買い戻しも含めたさまざまな方策が試みられる。しかし交渉はうまく行かず、2019年9月20日に、映画館を不法に占拠し、自主管理によって毎晩の上映を（カンパ制で）続けるという実力行使に出る。元従業員や映画作家、シネフィル、学生、地元住民などからなる〈ホーム・シネマ〉は、それを担うために作られた団体である。

司法からの明け渡し命令にもかかわらず占拠は続き、2020年3月半ばからはコロナ禍による中断を余儀なくされるが、4月からは映画館の外壁を使った野外上映を開始し、メディアからも注目を集める。

2020年9月に白紙委任状を与えられたゴダールが選定した映画（それぞれ、ボリス・バルネット、溝口健二、オーソン・ウェルズ、ノーマン・マクラーレン、ジュリアン・デュヴィヴィエ、ベルトラン・ブリエ、クリス・マルケルの監督作）の上映は、10月15日から21日にかけて行われた。

ゴダールは（おそらくブルネーズ経由で）早くからこの運動を支援し、彼のラングロワ宛書簡の一節（本書302–303頁で引用されている箇所）は2020年2月以来、赤白青の三色で拡大され、映画館の外壁に大きく貼り出されていた。

映画館を含む建物は結局、寄付によって集めた資金で2024年6月に買い戻され、改修工事を経て2025年に再開する見込みとなっている。

［1］「nous（私たち）」の代わりに「nounous（ばあやたち）」と綴られている。
［2］「hélas（嗚呼）」の代わりに英単語を用いて「hell as（地獄・として）」と綴られている。

件名：悲しみよこんにちは……（255頁）

2020年11月3日にアメリカ合衆国大統領選挙の投票が行われた。2期目の当選を目指す共和党候補のドナルド・トランプは、翌日、接戦州での集計がまだ続いている最中に一方的な勝利宣言を行うが、主要メディアは7日に民主党候補のジョー・バイデンの当選確実を報じた。このメールが書かれた6日は、旗色が悪くなってきたトランプがしきりに「不正選挙」の主張を展開しているタイミングにあたる。

画像は、嘆き悲しむ天使像の写真（有名な作品ではなく、おそらくネットで拾った画像であると思われる）。

件名：愛の尺度は……（256頁）

アウグスティヌスに由来するとされる有名な文句で、ゴダールの『愛の世紀』（2001）の末尾付近でも、セシル・カン演じる「彼女」が発する台詞の中に登場する。

なお、実際の出典は、クレルヴォーのベルナルドゥス（1090–1153）の『神を愛することについて』であると思われる（「神を愛する理由は神なのである。その限度は限度なしに愛することである」、『キリスト教神秘主義著作集　第2巻ベルナール』金子晴勇訳、教文館、2005年、8頁）。

件名：メリークリスマス、君たちの……（257頁）

言葉遊びのようなクリスマスのメッセージ。冒頭の原文は「joyeux, faites votre fourbi」で、「メリークリスマス（joyeux fêtes）」と、「ジョワイユー、お前の装備一式をまとめよ（Joyeux, fais ton fourbi）」が重ね合わされている。後者は、フランスの作家ジュリアン・ブランが1947年に出版した自伝的な物語の第2巻のタイトルである。

末尾の「優しいアリさんたちよ（fourmis gentilles）」も、「装備一式（fourbi）」との頭韻によって導かれている。

件名：人々は忘れているが……（258頁）

赤い帽子はフランス革命の際にサン・キュロットがかぶったいわゆるフリジア帽がよく知られており、添付画像も三色帽章をあしらったその種の帽子である。

だが、ここではさらに、ルイ14世治下の1675年にブルターニュで起こった印紙税一揆（赤帽子の乱とも言われる）や、2013年に同地で盛り上がったトラック税に対する反対運動（彼らも赤い帽子をかぶった）が念頭に置かれている。

また、ゴダールの住むスイスのヴォー州は、もともとベルン領で、1798年にナポレオン・ボナパルトの支援を受けて独立した経緯がある。

ゴダールは、帽子を通じて、叛乱の歴史のモンタージュを試みようとしているかのようである。

件名：なるようになれ（259頁）

画像には、「人生の神秘を前にしての恐怖。それが漂い始めた。そしていまそれはすべてを感じていたが、何も知らないと思っていた」と書かれている。

これは『映画史』4A「宇宙のコントロール」の後半でアラン・キュニーが重々しく朗読する文章の一部であり、美術史家エリー・フォールがレンブラントを論じた文章に多少の改変を加えて、「映画」について語ったものとみなして用いている（『ゴダール　映画史　テクスト』堀潤之・橋本一径訳、愛育社、2000年、77頁、およびエリー・フォール『美術史4　近代美術［I］』谷川渥・水野千依訳、国書刊行会、2007年、84–85頁を参照）。

この画像そのものも、ガリマール社から刊行された『映画史』書籍版の第4巻からそのまま取られている（Jean-Luc Godard, *Histoire(s) du cinéma*, t. 4, Gallimard, 1998, p. 97）。

なお、メールの宛先のエリアス・サンバールは、ゴダールが『勝利まで』と題された企画のために1970年にパレスチナに赴いて以来の知人で、『アワーミュージック』（2004）に協力し（サンバールは同作に出演したパレスチナの詩人マフムード・ダルウィーシュの仏訳者でもある）、『ゴダール・ソシアリスム』（2010）に出演するなど、21世紀に入ってから再び密接な交流が続いていた。

件名：アリアドネは……（260頁）

画像に示されている文字「私を強く抱きしめて（Serre moi fort）」は、その配色やフォントなどから判断して、マチュー・アマルリック監督作『彼女のいない部屋』（2021）の原題を指していると思われる。実際、同作のBlu-rayには画像と寸分たがわぬ用紙が封入されており、QRコードをスキャンするとプレスキットをダウンロードできる。

ゴダールは、アマルリックの監督第1作『スープをお飲み』（1997）を高く評価しており（たとえば、四方田犬彦・堀潤之編『ゴダール・映像・歴史』、産業図書、2001年、102–103頁を参照）、彼の監督作への関心を持ち続けていたことが窺える。

件名：ニューヨークとモスクワが……（261頁）

画像は、ゴヤの版画集『ロス・カプリーチョス』43番の《理性の眠りは怪物を生む》（1799年）。ゴダールはそこに、ウクライナへの連帯を示すべく、黄色と青色でペイントを施している。

件名：この最後の……（262頁）

「イポリットの3つの人生」のメール（2020年5月13日）と関連し、写真家イポリット・バヤールの《溺死者に扮したセルフ・ポートレート》（1840年）が添付されている（ただし、これは彼の最後の写真ではない）。

［1］「merci（ありがとう）」の代わりに英語の「mercys（慈悲）」が使われ、「écoute（聞くこと）」の代わりに「hé coûte（おい・費用）」と綴られている。

件名：ヴォルスだけが考えてくれた……（263頁）

ヴォルス（1913–51）は、フランスで活躍したドイツ出身の画家で、アンフォルメルの先駆けとも言われ、サルトルが高く評価した。ゴダールはブルネーズへの別のメールでもサルトルのヴォルス論に言及しており（本書338頁）、ユニコーンに見立てた白馬の画像が添付されているのも、おそらくその文脈と関連している。なお、この画像は短篇『シナリオ』でも使用されている。

件名：フェイクニュース（264頁）

この文章は、ボルヘスの短篇「アステリオーンの家」の最後の一節を踏まえたものである。無限を内包する迷宮の中で孤独に暮らすアステリオーン（怪物ミノタウロス）は、自分を迷宮から解放してくれる「救い主」を待ち望んでいることを一人称で語り、最後の一節だけ、ミノタウロスを退治したテセウスの台詞となる。「「信じられるだろうか、アリアドネ？」とテセウスは言った。「ミノタウロスは、ほとんど逆らわなかった」」（『アレフ』鼓直訳、岩波文庫、2017年、91頁）。ゴダールは、テセウスがアリアドネに語りかけている構図を反転させている。

なお、「ミノス／トール（le Minos Thor）」は、ミノタウロス（Minotaure）、アリアドネの父のミノス王、北欧神話の神トールをかけあわせた表記であろう。

件名：おお（265頁）

前半部分の原文は、「ma si temps belle anar schi te et libre ouk reine（わが・かくも・時間・美しい・アナーシット・そして・自由な・ウク・王妃（レーヌ））」。謎めいたテクストだが、途中までを「ma si tant belle anarchiste（わがかくも美しきアナーキスト）」と解した。「ouk reine」は「ウクライナ（Ukraine）」の中に「王妃（reine）」があることを強調したものと思われる。

後半の「grands sabots d'ondaine（オンデーヌの大きな木靴）」に関しては、フランス民謡の《ロレーヌを通って（En passant par la Lorraine）》の歌詞に、「木靴を履いて、ドンデーヌ（Dondaine）、おお、おお、おお」という箇所があり、それを踏まえているのかもしれない（この場合の「ドンデーヌ」は囃子言葉で、特に意味はない）。

なお、図版はロバート・キャパがスペイン内戦下で撮ったゲルダ・タローの写真（1936年）で、『奇妙な戦争』のショット8でも用いられている。

件名：ボルヘスによれば……（266頁）

再びボルヘスからの引用。短篇「トレーン、ウクバール、オルビス・テルティウス」に、「トレーンの哲学者たちは真理を、いや真理らしきものをさえ探求しない。彼らが求めるのは驚異である。哲学は幻想的な文学の一部門である、と彼らは考える」という箇所がある（『伝奇集』鼓直訳、岩波文庫、1993年、25–26頁）。

[1] 「vérité（真理）」の代わりに「véry thé（とても・お茶）」と綴られている。
[2] 「l'étonnement（驚異）」の代わりに「l'hé tonne ment（おい・トン・マン）」と綴られている。

件名：ニコラウス・クザーヌスによれば（267頁）

前便に引き続き、ボルヘス関連のメール。「あらゆる直線は無限の円の弧である」は、彼の別の短篇「アベンハカン・エル・ボハリー、おのが迷宮に死す。」からの引用である。

この短篇では、ダンレイヴンとアンウィンという2人の人物が、かつてある事件が起こった迷宮を訪れるが、たどり着いて間近から見るとそれは「一枚の壁のような感じ」がする。それに続く以下の部分が参照されている。「ダンレイヴンは、壁は円の形をしているが、その面積が広すぎて湾曲しているのが分からないのだ、と言った。アンウィンはニコラス・デ・クザーヌスの名を持ち出したが、この人物にとっては、あらゆる直線は無限の円の弧であり……。真夜中ごろになって、二人は崩れかけた扉を発見した」（『アレフ』、前掲書、161頁）。

[1] 「week-end（週末）」の代わりに「ouik end」と、「travelling（移動撮影）」の代わりに「travel in（旅路・～の中の）」と綴られている。また、「週末の長い移動撮影」は、ゴダールの『ウイークエンド』（1967）で主人公の夫婦が車で妻の実家に行く途中、田園地帯の一本道ですさまじい渋滞に巻き込まれるさまが長大な移動撮影で撮られていたことを思い起こさせる。

件名：お好みで（268頁）

直前の「ボルヘスによれば……」のメールと関連したものと思われる。なお、添付されている自撮り写真は「……と談判する」（234頁）のメールと同じである。

件名：ピランデッロはこう言った……（269頁）

画像で掲げられている切り抜きは、ルイージ・ピランデッロの3幕から成る戯曲『エンリーコ四世』の一部分。仮装パレードの最中に落馬によって頭を打ち、自分をエンリーコ四世（ハインリッヒ四世）だと思い込むようになってしまった主人公が、最終幕で、自分が正気に戻っていたことを明かす箇所である。

下線部を含む一節は以下の通り。「僕は気違いのままでいることを選んだ——この館には、この新しい劇の楽しみのために、すべての舞台装置が備えられていたからね。それは、僕が自分の狂気を生きること——しかも最も明晰な意識を持って——自分の狂気を生きることだった。こうして僕は、僕の頭を傷つけた石の残酷な仕打ちに復讐することにしたんだ！」（『ピランデッロ戯曲集Ⅱ』斎藤泰弘訳、水声社、2022年、138頁）

実験映画作家ジャン=リュック・ゴダール

スイスその他で表明し、あるいは夢見た考察、理性が私たちに一般化しないようにしているところの[*1]

いかにして1本の映画（『イメージの本』、2018年）の中で「革命が必要だ」と宣言すればよいのか、そして音声が明瞭ではないだけにいっそうそれを聞き取れるようにしなければならないと宣言すればよいのか？

映画は革命的にならなければならない——科学的モデル

ジャン=リュック・ゴダールは、映画を実験科学のモデルに変えることを要求する。『たのしい知識——テレビと映画の諸要素』（1968）はまさにそのように進む。「化学の問題であれ、政治的な問題であれ、その解法を見出すには溶解=解散〔dissoudre〕させなければならない。水素を溶解させる、議会を解散させる。ここでは映像と音を溶解させることにしよう」。

続いて、『たのしい知識』の教育的なユニットは、エイゼンシュテインの教育の綱領に倣って、以下のように展開する。

1年目には、「映像を集める、音を録音する、ばらばらのまま実験を行う」。

2年目には、すべてを批判する。

3年目には、「音と映像の2、3のモデルをこしらえることになるだろう」。

なぜこのように展開するのか？　そこにある目的は何なのか？「自由な映像と音を作り出すこと」がそれである。

実験の最良の証拠は、試験（テスト）という段階に対応している。つまり、

＊1　ジョゼ・マリア・ベルゾーサの映画のタイトル『ブルターニュで見聞きした（あるいは夢見た）事柄、それに基づいて神が私たちに一般化しないようにしているところの（Des choses vues et entendues (ou rêvées) en Bretagne, à partir desquelles Dieu nous garde de généraliser)』（1978）へのオマージュ。

機能しないユニットをこしらえて、下書き、抹消線、素描、未完成、再考、訂正……といった段階に特権を与えること。反省の過程の数々の論理的操作が、美学的な諸形式となるのである。

Cf.『ダルティ報告』(1989) におけるゴダールの人物像は、もう機能しなくなった古いロボットである。

ある寸言が、結果よりも実験の過程に特権が付与されるという事態を手短に言い表している。『6×2』(1976) のエピソード6a「以前と以後」では、すでに10時間にわたってテレビの実験が実現されているというのに、次のような総括が引き出されるのだ。「私たちはまだゼロにすら至っていない」、と。

全体の軌道

ジャン＝リュック・ゴダールがたどった全般的な道のりの特徴は、古典的な『コンクリート作戦』(1954年に撮られた) から、現時点での最新の長篇『イメージの本』(2018) に至るまで、ますます実験的になっていくということだ〔本章の初出は2019年〕。この最新作はもはや登場人物も物語もなく、視覚的な図式 (すなわち、手) に沿って組み立てられ、主として再利用される映像に基づき、途中まではマルチスクリーンで構想され、最終的には商業的な映画館を除くあらゆる手段とあらゆる経路で上映された。

系統だった実験としては、次の3つの大きな局面がある。

- 〈革命〉への参画：68年5月の前後、ジガ・ヴェルトフ集団の時代。
- 〈コミュニケーション〉の脱構築：『パート2』(1975) に始まる、ヴィデオを用いた十数年間。とりわけ、『6×2』(1976) と『二人の子供フランス漫遊記』(1979) のシリーズによって特徴づけられる。
- 〈歴史〉の練り上げ：1988年の『映画史』以降の十数年間。ここでJLGのスタイルは再利用の、つまりあらかじめ存在する映像素材に基づいてなされる作業の実験的伝統にはっきりと繋がっている。

こうした集中的で系統立った実験の3つの局面があるとはいえ、

どの時代でも、至るところで実験は行われている――それがモンタージュ、映画作品の構造、登場人物の構築、映像と音の関係、彩色、俳優の演技……のいずれに関わるものであれ。

二種類の実験

このような絶え間ない、拡散的な実験的探究がそれぞれの映画作品でなされているだけでなく、事実の次元に属するもう一つの現象がみられる。というのも、実験といっても以下の二種類を説明できるようにしておくべきだからである。

- 作品内で目に見え、耳に聞こえ、証明することができたり、さらには演繹可能であるような実験。
- 加えて、上記に当てはまらないか、もはや当てはまらなくなった、あらゆる独創性（イニシアティヴ）がある。それはつまり、映画作品の生成や積み上げの過程で、突風のごとく現れる複数の着想のことだ。打ち捨てられ、忘れられたりするような、はかなく、実効性を持たない着想でありながら、映画作家たちの多くの作品にその痕跡が見出されるときには、しばしば完成作よりも重要なものとなる。

数あるそうした事例から2つを挙げておこう。

a）最初の事例は、『ありきたりの映画』（1968）の〈生成過程〉に関わるものである。

以下は、映画作家のミシェル・アンドリューとジャック・ケバディアンの貴重な証言である。2人は当時、ARC（映画探究アトリエ）集団の枠内で仕事をしていた。

> 1968年6月の始め、私たちはジャン＝リュック・ゴダールを待っていた。17区の庶民的なエリアにあるドーレル・ド・パラディーヌ大通りの高等映画学院（IDHEC）の中庭で待ち合わせをしていたのだ。学院は、サイレント期に建造されたかつての撮影所

――今では外環状線に飲み込まれて消失してしまった――を再利用していた。

5月17日以来、高等映画学院はストに入り、建物も占拠されていた。経営陣はいなくなり、学院は生徒たちによって自主管理されていた。ジャックと私は2人とも、4年前に学院の生徒だった。

ジャン゠リュック・ゴダールが到着する。付き添いの助手が鞄を持って一歩後ろに佇んでいる。

「君たちが撮った映像と音が欲しいんだ」とジャン゠リュックは私たちに告げる。

私たちの世代は、まさしく彼によって目覚めさせられ、彼こそが映画において範とすべき人物の一人だった。

「あなたに代わって映像を選ぶのは気が引けます。結局のところ、「五月の映像」とはあなたのことなのですから」。

彼は言葉を継いだ。「GTC現像所に行って、君たちの撮ったラッシュのリールをほどいて、ネガの抜粋を繋ぎ合わせてくれ。10分ごとに1分だ。見なくていい。その抜粋を私のプロダクションに届けてくれないか」。

こう言ってジャン゠リュックは助手の方を向き、鞄を受け取ると、そこから札束を取り出す。現像所への支払いのためでもあり、私たちが撮影を続けるのを助けるためでもある。

このときに届けた抜粋は、JLGの映画『ありきたりの映画』で使われている。

見ずに選べというジャン゠リュック・ゴダールの要求に、私たちは声も出なかった。私たちにとって、それはウィリアム・バロウズのカットアップを映画芸術に導入することだった。[*2]

この選択にそなわる恣意的でセリー的な性格は純然たる実験の領

＊2 « Vivre et filmer Mai 68. Un projet de Michel Andrieu et Jacques Kébadian », février 2017 (inédit).

域に属しているが、映像の一つの概念形成――とりわけ、集合的な〈歴史〉を前にしたときの映像に当てはまる概念形成――を切り開くものでもある。すなわち、あらゆるものがサンプルであり、すべてが近似値、徴候であり、しかも意義深いものである、ということだ。映画の映像が前提としているのは、ゴダールの作品群が絶えず再利用し、見直している次のような二重の力学である。それはつまり、現実を説明するには何事も十分ではない一方で、あらゆるものが徴をなす、という力学にほかならない。

それゆえに、映像と音を練り上げて、同時にその限界とアポリアを指し示すことが重要なのである。

b）もう一つの事例は、当初は《コラージュ・ド・フランス》と呼ばれていた2006年の展覧会、《ユートピアへの旅　ジャン＝リュック・ゴダール、1946–2006年　失われた定理を求めて》の生成過程に関わるものである。

ゴダールによるさまざまな提案のなかでも、次の提案はとりわけ挑発的なものであることが明らかとなった。当時ポンピドゥー・センターに沿って、ストラヴィンスキーの泉の近くに住んでいたホームレスたちに給料を支払って、彼らが展覧会の一部であるかのようにしてはどうか、という提案だった。

これはポンピドゥー・センターの行政に対する挑発であると同時に――ジャン＝リュック・ゴダールは絶えず提案を投げかけて、どこまでが許容範囲なのかを探ろうとする――、とりわけ、展覧会にありがちな、我慢のならない静寂を木っ端微塵にするためのものでもある。作品たるもの、〈現実〉に勝っているべきなのである。

この着想は直接的に状況に由来するものだが、批判的な視覚の歴史の到達点でもある。この話を聞くと、フローベールに思いを馳せずにはいられないのだ。たとえば『ボヴァリー夫人』（1857年）でも『十一月』（1842年）でも、飢えた者たちがガラス越しに食事中の「幸せな人々」の姿を眺めている〔本書「素描の力学（ディナミック）」を参照〕。

一冊の書物が書かれなければならない。ジャン＝リュック・ゴダールの実現不可能な、あるいは実現に至っていない着想をまとめた事典がそれである。

映画はそれ自体で革命的である

ゴダールは書くだろう、ラングロワは「映写機（プロジェクター）の中で映画を作っていた」、と。そのとき彼は、〈投影（プロジェクション）〉に関して3つの意味を展開している。

1）物質的な装置としての映画、つまり「機械の知性」（ジャン・エプシュタイン）という意味において。

2）世界の投影としての映画という意味において。これはしたがって、映画の幻視的（ヴィジオネール）な性格、あるいはアラン・ジュフロワが1974年の本で言う形容詞を用いるなら「先見の明のある〔pré-voyant〕」性格に基づくものでもある（アラン・ジュフロワに関しては、その美しい文章が『中国女』のプレス資料としても使われた）。これはもう一人の革命的映画作家エドゥアール・ド・ローロが用いた形容詞と比較すべきもので、彼はアヴァンギャルド映画にとっての「予示的〔proleptique〕」な力を主張した。それは、外見の再生産であるところの自動作用（オトマティスム）とは対照的に、現在における生成を明るみに出し、豊かなものとするアヴァンギャルド映画の能力のことを指す。

3）決して止まらずに繰り広げられていくべきものとしての映画という意味において。Cf. アンリ・ラングロワ宛の196X年（？）4月9日付けの手紙。

> いずれにせよ私の慰めとなるのは、つねに世界のどこかで、どんな時間でも、東京で中断されれば今度はニューヨークで、モスクワで、パリで、カラカスで再び始まるのを知っているということだ。つまり、単調だけれどもその単調さにおいて頑なな小さな物

> 音がつねにあるわけだ。その物音とは、フィルムを映写している最中のプロジェクターが発する物音のことだ。私たちの義務は、この物音が決して止まらないようにすることなのだ。[1]

手紙のこの最終パラグラフは、単に映画の歴史叙述のプロセスだけでなく、映画それ自体の歴史的な継続のプロセスにゴダールを引き入れるものだ。この世代にとって、映画は死のうとしていた。決定的な日時である1953年のある日、ローマでロベルト・ロッセリーニが、映画はテレビのせいで死ぬことになると宣言したのだ。映画は決して死んではならないということを、ゴダールは絶えずあらゆる支持体——ヴィデオ、デジタル、思考——で訴え続けることになる。映画はいかなる定義による限定、とりわけ物質的な限定からも逃れ、決して消滅することがあってはならないのだ。

それにはどのようにすればよいのか？

映画が決して消滅しないようにするには、映画を移し替え、消去し、ハイブリッド化しなければならない。

1）移し替える——1970年代のヴィデオの衝撃から、『愛の世紀』（2001）の末尾や『ゴダール・ソシアリスム』（2010）や『イメージの本』におけるテクスチャーの絡み合いで頂点に達するまでになされていたのは、以下の事柄である。

- ある支持体〔support〕を別の支持体のなかに移し替えること（正確な用語を使うならば、表象の物質的な支持体を表す基底材〔subjectile〕という用語になるだろう）。
- 映像と音のテクスチャーが発揮する力を増大させること（フィルムの／ヴィデオの／デジタルのテクスチャー）。
- 移し替える際に、元の映像との違いを目立たせること。ヴィデオによる「劣化」、次いでデジタルによる「圧縮」が、それ自体として

[1] この手紙は以下に複製されている。Jean-Luc Godard, « Deux lettres à Henri Langlois », *Jean-Luc Godard Documents*, Paris, Centre Pompidou, 2006, p. 251. なお、この一節はパリの独立系映画館ラ・クレの支援活動の一環として用いられた（本書290頁参照）。

造形的な資源となるようにすること。
• 可感的な生地の中に、モチーフとテクスチャーを材料として溶け合わせること。⇒それこそが真に映画の起伏、時間の作用をなす。複数の基底材の造形的な共存は、視聴覚産業によって計画されたテクノロジーの置き換えに反論を加えるものである。

再利用をめぐる造形的な実験は、そもそもの最初から作動していた全般的な引用の論理の延長線上にあるが、それと同時に、映像のリサイクルという実験映画の偉大な伝統の一つに通じるものでもある（もはや物語の図式や、視覚的な図式や、文章ないし絵画の引用だけにはとどまらない）。ジャン＝リュック・ゴダールはその際、再利用の巨匠たちとすれ違う。ステファン＆フランシスカ・テマーソン、ケン・ジェイコブス、マルコム・レグライス、ペーター・チェルカスキー等々、そして何よりも『視覚的エッセイ —— 映画の起源』（1973–84）の作者であるアル・ラズティスがいる。この作品は、映像と音からなる「真の」歴史を作り出すという、ジャン＝リュック・ゴダールのものと似たような企図に捧げられている。アル・ラズティス自身も、『真の偽造パスポート』（2006）を皮切りに、ゴダールに再利用される対象となる。

2) 第二の力学 —— 接ぎ木する、制限を外す

映画は他の諸芸術や職人仕事、さらには人間のあらゆる職能を吸収することになるという見通しを、カヌード、ガンス、レルビエ、エプシュタインといった人々はしばしば指し示していた。ゴダールにとっては、そのような原則を図像学的な形態で物質化することが重要である。そのため、『映画史』には、映画作品と同じくらい絵画も組み込まれている —— もっとも、映画作品それ自体もすでに絵画によって育まれているのだが。とはいえ逆もまた然りで、映画的なものは他の諸芸術のなかにも、たとえば文学のなかにも煎じ出ている

のであり、映画の側から文学的形態の世界を征服しなければならないのだ。4巻からなる書籍版の『映画史』（1998）は、かつて存在したことがなかったような、イメージと文章のモンタージュからなる書籍を差し出している。

外函にはガリマール／ゴーモン〔老舗の文芸出版社と映画会社〕という記載が前代未聞の組み合わせ、歴史的な征服を形作っている。4巻本の表紙にはハイブリッドなイメージが配される。本の中ではイメージとキャプションが平等であり、両者の関係に応じて複数のレイアウトがなされている。

ゴダールはラングロワを映画作家に仕立て上げたが、それとはまた逆に、みずから歴史家、博物館員、映画館の番組編成者（プログラマー）であるかのように振る舞うのである。

映画の〈歴史〉に関するJLGの仕事は、ドライヤーの『奇跡』の登場人物ヨハンネスを思い起こさせる。一人の女性を蘇らせることができると信じるほどに愛すること。映画を蘇らせることに人生をまるごと費やすほどに映画を愛すること。ここではあらゆる言葉遊びが可能である――引用すること〔citer〕、蘇らせること〔ressusciter〕、朗唱すること〔réciter〕、等々。肝心なのは、これが信仰の行い、献身と比類なき愛の行いであるということだ。

ゴダールの企ては、〈映画〉それ自体に、その実存とその可能性の全体において関わるものであるから、〈映画〉のあらゆるパラメーターを怯むことなく再び基礎づけるものとなる。

したがって、意味、指向対象、構図、技術、経済、等々との関係の根拠が問い直されるのである。

実験の対象となるのは映画作品とその兵站業務（ロジスティック）のあらゆる場であり、その際の原則は、もはや文章によるシノプシスではなく、コラージュからなる視覚的なシナリオに基づいて考えるということである。この原則は、しだいに根本的な土台となり、ますます際立つものとなっている。

ところで、ジャン・エプシュタインが思い出させてくれるように、これは回帰でもある。

「適切な伝達手段と社会的な効率を欠いているため、昔からある根本的な視覚的思考は、言語的思考に抑え込まれた。まさにそのような行動手段を、視覚的思考はついに映画から受け取るのである」(「人間文化における映画の役割」、未刊行[2])。

解放するタブロー

ゴダールの構築主義的な企てのただ中にあって、『パッション』を中心に形成される星座は、絵画を頼りとするという特徴をもつ。ただしここでの絵画とは、具象的なモデルとしての絵画ではなく、イメージが浮かび上がってくるのを目の当たりにする可能性としての絵画のことを指している。そのときタブローは、伝統的な文学的シナリオの圧政に終止符を打ち、表象の誕生に生体内(イン・ヴィーヴォ)で立ち会うためのパラダイムの役割を果たすことになる。「物事を、それについて語る前に見るのは難しいことではないか？」(映画作家ジェルジーが協力者たちに言う台詞)。この企ては4本の映画に分散している。そのうちの3本は1982年に作られた『パッション、労働と愛──映画『パッション』のためのシナリオの第三段階』(ヴィデオ、30分)、『パッション』(35ミリ、87分)、そして『『パッション』のためのシナリオ』(ヴィデオ、53分)であり、4本目の『雑役女中』(ヴィデオ、8分)は1981年にロサンゼルスで撮影され、ようやく2006年に《ユートピアへの旅》で披露された。

最後に、『パッション』準備中のゴダールに協力を請われた画家ベルナール・デュフールは、今日に至るまで未発表のヴィデオ・テストの存在について証言している。

[2] 1950年3月15日付けのジャン・ブノワ＝レヴィ宛書簡。その後、以下に収録された。Jean Epstein, *Écrits complets*, volume VI, sous la direction de Nicole Brenez, Joël Daire et Cyril Neyrat, Les Éditions de l'œil, 2020, p. 73.

そういうわけで私は、ゴダールがヴィデオスタジオ／ラボとして使っていて、作動させるのがきわめて難しい電子機器が山と積まれた仕事場に、ペンと多少のくるみ染料を持って来ていた。インクを作るためにゴダールがコップと水を見つけ、私はプッサンに基づくデッサンを描き始めた。ゴダールはヴィデオの目となり、［ロマン・］グーピルがフォーカスを担当していた。数分後、ゴダールはヴィデオを撮りながらこう言った。「目を閉じたまま描いてみてくれないか？」［……］ゴダールは一挙に、その要求をしたまさにその瞬間のうちに、「すみずみまで身に付いた知」の習得にかかる果てしない時間を白日のもとに曝し、「〔外的状況によって〕私はできない」という状態ではなく、「私はその技能を備えていない」という状態の発見に行き着くのである。*3

『イメージの本』の生成過程で用いられたタイトルには、「青の試み」、「再生（ルネサンス）」、「大きな黒板〔黒い絵（タブロー）〕」などがあった。

『イメージの本』が地政学に対してもつ関係は、『映画史』が〈時間〉に対してもつ関係と同じである。

手の形に応じて1本の映画を構造化する

ジャン・エプシュタイン「シネマトグラフは存在物を別の仕方で表象する。シネマトグラフにとって、手は往々にして、それが属していると私たちが言うところの人間よりも特徴的な個物であり、その個物はとかく、非常に活動的な小さな個体性の共和国として、一種の精神的な小集団としてのみスクリーン上に現れるのである」（「レンズそれ自体」、『シネア＝シネ・プール・トゥース』、1926年1月15日）[3]。

これは『恋人たちのいる時間』（1964）における愛撫についての探究を公理化したものではないだろうか？

＊3　Bernard Dufour, « Les peintures et Godard », in *Artpress* « Spécial Godard », Dominique Païni et Guy Scarpetta (dir.), hors-série nº 4, décembre 1984-février 1985, p. 59–60.

[3]　Jean Epstein, *Écrits complets*, volume II, sous la direction de Nicole Brenez, Joël Daire et Cyril Neyrat, Les Éditions de l'œil, 2019, p. 242.

• 構造、cf.『イメージの本』の構造
– それぞれの指：「非A」の（非アリストテレス的な）叙述（レシ）の可能性の条件。
– 次いで、手：アルベール・コスリーの『砂漠の中の野望』（1984）の忠実な翻案。

1本目の指「リメイク」：再利用（映像の使用の条件）。
2本目の指「サン・ペテルスブルグの夜話」：一般化された戦争（不正義の世界、毀損された人生、考察の全体的な条件にして文脈）。
3本目の指「線路の間の花々は旅の迷い風に揺れて」：集合的な歴史の意味、列車に乗ることのなかった者たちすべてを起き上がらせること（目に見えるものの諸条件としての、シルエット、遠ざけられたもの、押しつぶされたもの、特定できないもの──こうした原則は、編集（モンタージュ）の以前のヴァージョンでより明瞭に現れていた）。
4本目の指「法の精神」：敵対する者たち、法典（コデックス）と書物（ビブロス） 対 映像。
5本目の指「中央地帯」：一つの世界を再び練り上げること。
⇒手、全体としての：ある叙述（レシ）へのアクセス。偽の革命と真の革命を区別すること。

エストラパード広場のカフェのウェイター──リルケ、それともゴダール？

パリのカフェの給仕係（ギャルソン）のことをもう悪く言わないでほしい。私たち──ミトラ〔・ファラハニ〕、ジャン＝ポール〔・バタジア〕と私──が『イメージの本』に関する作業をしているときに、「リルケ、それともゴダール？」と尋ねてきた人がいたのだから。

「そしていま書物から眼をあげるなら
何ひとつといぶかしいものはなく　すべては偉大であるだろう

この内部にわたしが生きるもの　それは戸外にもある
ここでも　かしこでも　すべては限界をなくしている」
R・M・リルケ「読む人」、『形象詩集』所収（1899–1905年、ポール・ド・マン訳[4]）

執筆すべきこと——JLGとジョゼフ・デジャック

ジョゼフ・デジャック〔1821–1865。無政府共産主義の先駆者とみなされているフランスのジャーナリスト・詩人〕はニューオーリンズに亡命した。
ジャン＝リュックがロールに避難したように。
前者は産業資本主義の中心地に、
後者は金融資本主義の中心地へ。

ジョゼフ・デジャック《あなた方は何が不満なのか？》、1857年〔デジャックがニューオーリンズで書いた歌〕
「〔必要なのは〕〈法典〉と〈聖書〉を下水道に捨てること、
王笏と革の鞭を踏みつけることだ」。

さらに、『ラザロ的な女たち』（J・ラマール印刷所、ニューオーリンズ、1857年）の166頁の「諸世紀の声」では、抑圧は「〈法典〉と〈聖書〉」に由来すると書かれている。

実験場

I　絶え間ない構築主義
• 叙述（レシ）
• 役柄（cf. エキストラを定義するような名前のエキストラたち、『気狂いピエロ』（1965）の「エテ・アンドレ」や、『ゴダール・ソシアリスム』で自分の役柄の説明書きを読み上げるカトリーヌ・タンヴィエ）
• 造形的パラメーター：3Dも含む

[4]　リルケの『形象詩集（Das Buch der Bilder）』のタイトルは、ゴダールの『イメージの本（Le Livre d'image）』のタイトルとほとんど同じである。ここでの訳文は、生野幸吉訳（『リルケ全集　第1巻』、彌生書房、1961年、220頁）を借りた。

• 装置

II　兵站学（ロジスティクス）── 産業映画から根源的な自律へ
• チームから集団への移行
• 集団から孤独への移行：『パート2』
• 孤独から自律への移行：ロール
⇒素描の諸形態の増殖

『アエネーイス』をベル・レットル刊行のジャック・ペレ訳で読むのと、ガリマール刊行のピエール・クロソウスキー訳で読むのが同じことではないように、『イメージの本』を伝統的な映画館のスクリーンで見るのと、劇場の舞台に設置された薄型テレビで見るのは同じことではない。そこでは色調（パレット）も違えば、視覚面ないし音響面で空間を満たす際の効果も異なる。しかるに、もはやどちらかのヴァージョンがもう一方よりも「忠実」であったり「真実に近い」ということもなく、映画はそのようなありうる提示の諸形態の総体によって構成されている。

ルイ・アラゴン以来、ジャン＝リュック・ゴダールは正当にもパブロ・ピカソと比べられることが多いが（cf. ドミニク・パイーニがモンマジュール修道院で行った展覧会〔アルル近郊の修道院で2018年に開催された《ゴダール／ピカソ　（複数の）コラージュ》展を指す〕）、ゴダールはピカソよりずっと多くのものを表しているとも言えないだろうか。というのも、ピカソは生産のイデオロギー装置全体に抗ってつねに闘う必要もなければ、おのれに固有の創作手段を絶えず作り出し、それを作品の構成要素とする必要もなかった。ピカソは共産党が最大の権勢を誇っていたときにその機構の恩恵に浴していたのに対して、ジャン＝リュック・ゴダールはどんな可視性の構造も自由に使うことができない── 自分で勝ち取った構造、すなわち自身の芸術家としての名声を除いて。芸術史によって後世に残された多くの天才たちは、王侯貴族や、教皇や、大小の独裁者の庇護下で、物質面の気がかりから解放されていたからこそ活動できたのであり、おそらく、実際的な理由からも人類学的な理由からも、自分の作品の可視性を気にかける必要はなかっただろう。ジャン＝リュック・ゴダールは、政治家にして近代人、策略家にして戦士として、形式の歴史とロジスティクスの歴史の両面で同時に刷新を行った。だからこそ、一本一本の映画と同じく、つねにより自由で根源的な方向に向かっていく軌跡の全体に感嘆しなくてはならない。そこには唯一無二で崇高な何かがあり、私たちはもちろん、その重要性をまだ十分には認識していないのだ。

III　賭けられているもの

『イメージの本』は、〈本〉の宗教に、すなわち神秘的な書物（ビブロス）だけでなく、〈法〉の法典（コデックス）にも逆らう〈映画〉である。誰もが指図し、法律を定め、禁止し、往々にして死を引き起こす一方で、〈イメージ〉は定義したり、範囲を定めたり、碁盤の目のように分けたり、閉じ込めたりする代わりに、解放し、現象を再び開かれたものにし、価値を高め、複雑化を施すのだ。『イメージの本』は、映画がおのれに可能であることを誇示するような、ありとあらゆる形態の解放――その筆頭には、映画がそれ自身の絶望からおのれを解放するということが挙げられる――の見事な称賛でもある。

パリ／ナント、2014–2019年

資料

ジャン＝リュック・ゴダールが再読したがっていた文章

2018年9月、ジャン＝リュック・ゴダールは、自分がかつて『アール』誌に寄せた記事のうちの一本を再読することを望んだ。著作集成にも収められていないため、もう見つからないのだった。シネマテーク・フランセーズで収蔵品部門を率いているジョエル・デールが正確な出典を突き止め、その原稿の署名者は紙の原本を手にした。1956年6月に出たこの文章はめったに目にすることもなく、内容も豊かなので、以下に転載する。ここには、当時のジャン＝リュック・ゴダールが現代映画を定義づけることに熱中し、それに役立てるべく、さまざまな比喩形象（イメージ）や学問領域（ディシプリン）を名人芸的に往来させているさまが見て取れる。その行き着く先は『映画史』であり、とりわけ、1B「ただ一つの歴史」(1988) はこの若き日の文章と包み隠さぬ対話をしているように思われる。[*1]

＊1　「写真の相続人、その通りだ。だが、この歴史を受け継ぐとき、映画は単に現実の一部分を再現するという写真の権利を相続しただけでなく、とりわけその義務をも相続したのだ。例えば、映画がゾラを継承したなら、『居酒屋』や『獣人』ではなく、何よりも家族アルバムなのだ。つまり、プルーストとマネを受け継いだのだ」。〔『ゴダール　映画史　テクスト』堀潤之・橋本一径訳、愛育社、2000年、29頁〕

「マネ家のほうへ」

マネの《笛〔を吹く少年〕》と、ダヴィッドによるシャルロット・デュ・ヴァル・ドーニュの肖像というモナ・リザの最後の照り返しとの間には、程度の差異ではなく本性の差異がある。先駆者たちが何よりもまず魂と性格を当てにしていたところを、現代生活の画家たちはまずもって外観に賭けた。美とは真なるものの壮麗さである、とは『パイドン』の教えだったが、現代芸術はその命題を反転させて、実際のところ、深遠な感情が長続きすることよりも、すばやい情熱の束の間の輝きを好んでいる。背中を向けてひざまずくルオーの娘〔エンマ〕をじっくりと眺めるシャルル・ボヴァリーと、〔バルザックの『谷間の百合』で〕ド・モルソフ伯爵夫人の肩の白さに陶然とするフェリックス・ド・ヴァンドネスの間に穿たれた溝は、セザンヌとアングル、シューマンとモーツァルト、イタリアから帰国したゲーテとヴァイマール時代のゲーテの間の溝と同じである。つまり、ニコラス・レイとセルゲイ・エイゼンシュテイン、オットー・プレミンジャーとF・W・ムルナウの間に穿たれた溝と同じである。結局のところ、『イタリア旅行』と『散り行く花』を分け隔てるものは、ピカソの《花束を持つピエロ〔に扮したパウロ〕》と〔ジョシュア・〕レノルズの《いちご摘みの少女》を分け隔てるものでもあるのだ。現代映画もまた、映画作家たちがもはや「詮索すること」よりも「見ること」に専念した日に、そして写真術を信じることをやめて、雰囲気よりも風景に、動きの効用よりもその優美さに、筋立てそれ自体よりも筋立ての結び目〔山場〕に、眼差しよりも目に没頭した日に誕生した。今日、ニコラス・レイのような人がフリッツ・ラングに対して持つ関係は、昨日のマネがフェルメールに対して持っていた関係と同じである。ターバンを巻いた少女の目に私たちが読み取っていたものを、フォリー・ベルジェールの女給（バーメイド）の目に見出すことは不可能だ。同様に、『夜の人々』のキャシー・オドネルはもはや、『暗黒街の弾痕』でシルヴィア・シドニーが演じた柔和で優しい愚かな女ではないのである。

映画作家たちはあまりにも動きを信じすぎたので、写真家たちに続いて、今度はみずから瞬間写真を発見した。そして、台詞によって沈黙を見出したのと同じように、〔動きがもたらす〕狂乱によってついには不動性への好みを獲得した。だが、写真には活用することのできなかったもの――ちなみにマルローによれば、写真の歴史はナダールからカルティエ＝ブレッソンに至るまで、写真がそこから誕生したところの3世紀にわたる絵画的伝統の忠実な写し（コピー）である――を、映画は新たに素材とするすべを心得ていた。したがって逆説的にも、写真家たちのもとにある何か、それでいて彼らがそれを梃子にして〔画家から〕遠ざかりたいと望んでいたその何かを我が物とすることによって、近年の映画作家たちは再び画家となったのである。ではその何かとは、いったい何なのか？

それは造形的な効果でもフレームでもなければ、色彩ですらない。そうではなく、さらに別の、より感知しがたく、より秘められた何か、つまり芸術家に、おのれの選んだ対象に拘りをみせ、「快楽を長引かせる」べくおのれの熟視を引き延ばすよう駆り立てる、奥深いものでありながら同時に表面的な感情がそれである。ある日、ルノワールはこう言った。「もしレスリー・キャロンと知り合っていたら、父はほとんどの時間を彼女を描くことに費やしたでしょう」。

こうして瞬間写真の獲得は、しまいにはポーズの発見へと至ったのである。俳優はモデルとなった。ルノワールのカメラは、マネの鉛筆がベルト・モリゾの顔にこだわったように、〔『黄金の馬車』でアンナ・マニャーニが演じた〕カミーラにこだわっている。ベルリンで片足跳びをする子供を撮るように〔『ドイツ零年』の〕ロッセリーニを突き動かした心の動きは、バレエシューズを締める踊り子を描くようにドガを駆り立てた動きとまったく同じである。〔マックス・オフュルスの『歴史は女で作られる』において〕ローラ・モンテスが去っていったばかりの扉をバイエルンの王が見つめるとき、そこで表明される情動（エモーション）は、ボナールによる人影のない大邸宅を前にして感じられる情動と同じ次元にある。現代の映画作家たちによる強い瞬間は、往々にして、古典的な映画作家であればおのれの弱い瞬間に仕立てるような瞬間である。そもそも、〔プレミンジャーの〕『天使の顔』は、〔ムルナウの〕『サンライズ』のちょっとしたシーンのうちに、すでにほの見えていたかもしれない——ちょうど〔ジョルジュ・〕ブラックがシャルダンのある一枚の絵の片隅にほの見えるかもしれないように。プレミンジャーにしてもブレッソンにしても、もし彼らが練習で岸辺に打ち寄せる海を撮らなければならないとしたら、ホークスやドライヤーとは違って、波が立つ瞬間ではなく、波が再び落ちてくる瞬間を選ぶだろうし、満潮よりも干潮を好むだろうと思う。実際、今日の映画作家たちは、主人公が何かをしているときよりも、これから何かをしようとするときを描くことの方を好んでいる。彼らは最大限の「サスペンス」をもたらすために、行為（アクション）が最小限に切り詰められているかにみえる瞬間、意識が不意を打たれて、ハリネズミのように縮こまる瞬間を選んでいる。「女は何もしていなかった。座ったままそこにとどまり、絶対的な不動性のうちにあった。（……）一匹の生き物が自分の弱まっていく臓器の一つ、たとえば心臓の音に（……）耳を傾け、見守ってさえいるような、そのような不動性だった[1]」。フォークナーが『野生の棕櫚』のヒロインに関して行っているこの反バルザック的な描写を、〔プレミンジャーの〕『歩道の終わる所』や〔ニコラス・レイの〕『不屈の男たち』のヒロインにどうして適用せずにいられようか？そう、ここ5年間の最良の映画が私たちに教えてくれたのは、すぐに理解できるわけではないような感情に関心を持つこと、すなわち、顰め面よりも仮面に、憎しみよりも怨恨（ルサンチマン）に、流れる涙よりも嗚咽に、幸福よりも快楽に、興味を抱くことなのである。それらの映画は、

[1]　ウィリアム・フォークナー『野生の棕櫚』加島祥造訳、中公文庫、2023年、11–12頁に該当箇所がある。ここではフランス語訳から訳出した。

張り詰めた意志よりも、緩みつつある意志の検討を好んでいる。「彼女が疲れているときをねらって一杯食わせたんだ」——あまりにも言うことを聞かない女優を相手にして、若き演出家がこう言ったそうである。この告白のなかにその声が聞こえてきそうな画家と言えば、《昼食》、《浴後》、《赤いチョッキの少年》の画家たちである〔それぞれボナール、ドガ、セザンヌを指す〕。彼らもまたすでに、時間の急速な流れというほとんど音楽的な感情を挿入することによって、空間の伝統的な知覚を更新していたのだ。〔ヒッチコックの〕『ハリーの災難』の「サスペンス」はもはや『断崖』のそれではなく、現代の映画作家たちは明らかに、陰謀への関心をますます失いつつあり、それが陰謀の首謀者たちの心にどう響くかということにいっそう興味を示している。色彩の技術が疑いの余地もなく完成に至って以来、現実がフィクションよりもはっきりと優位に立っているのである。実際、推理小説のヒロインが明白に青い目と透き通るような肌を持つようになった日から、映画作家たちが突然、その若い人物の方により大きな関心を抱きたくなり、脚本家がその人物を放り込むこともできた、錯綜した筋書きへの関心を薄めるのはもっともなことなのである。

この突然の方針変更によって——映画作家たちはこれからはみずからの注意をきわめて不連続的な仕方でスペクタクルに向けることになる——、フレーミングもまた、デクパージュともども余波を受ける。それらはより軽やかで、より厳格ではないものとなる。シネマスコープでは、ミリメートル単位でフレーミングすることはまったくナンセンスなことになるし、撮影の最中に登場人物がそのリズムを狂わせることもあるのだから、シーンの時間配分を前もって細かく決めるのも同様にナンセンスである。もちろん、古典的な伝統のこのような放棄は、映画にとって、一つの反作用というよりは移り変わりである。だが、諸芸術のなかで最も現実的な芸術が、革新的なことを行うために、最も古くからあるものを最も現代的に表現することのうちにみずからの財産を見出したということを、しっかりと強調しておくことが大切だったのである。

ジャン゠リュック・ゴダール
『アール』571号、1956年6月6日

補遺

　ジャン＝リュック・ゴダールが再見したがっていたが、私が見つけられなかった映画。

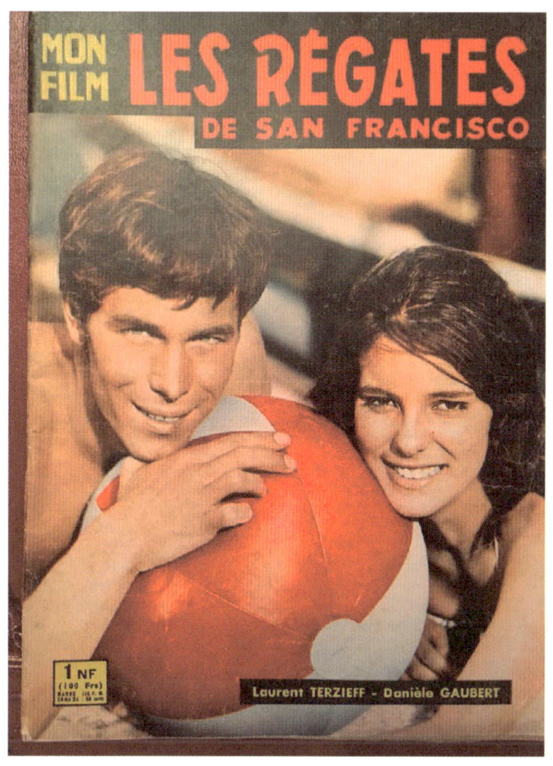

クロード・オータン＝ララ『サンフランシスコのヨットレース』（1960）

「可視のものの前史」[*1]

『映画「奇妙な戦争」の予告篇（第一の撮影）』について

『映画「奇妙な戦争」の予告篇（第一の撮影）』（2022年、20分）[1]は、一つの達成であると同時に、新たに形式面での先鋭化をもたらしている。

• 企画と完成作の融合

『映画「奇妙な戦争」の予告篇（第一の撮影）』（以後、『「奇妙な戦争」予告篇』と略記する）は、〔準備ノートの〕41枚のページを〔静止画像の連なりとして〕順番に並べている。そのおかげで、完成作とその準備ノートが混ざり合っている。

• ページとショットの融合

この映画／手帖の中心には、『アワーミュージック』（2004）から取られた、動きを伴う5つのショットがあるが、それらもページという資格で考慮されている。というのも、直前のショットには20、直後には22という番号が振られているからだ。

静止したショット群は、20秒から50秒くらいの長さで（リュミエールのショットも当初そのくらいの長さだった）、ジャン＝リュック・ゴダールがよくやる造形的身振りに従って、タイプ打ちの文字、手

＊1　Jean-Paul Sartre, « Doigts et non-doigts » [1963], in *Situations IV*, Paris, Gallimard, 1964, p. 417.〔ジャン＝ポール・サルトル「指と指ならざるもの」粟津則雄訳、『サルトル全集第30巻　シチュアシオンIV　肖像集』、人文書院、1964年、350頁。このヴォルス論では、彼にとってもクレーにとっても造形芸術は「存在論的啓示者」の役割を果たしており、2人とも「或る宗教的経験」から出発しているものの、その「《可視のものの前史》」を2人は「同じ眼で見ていない」、と指摘されている。〕

[1]　このタイトル（Film annonce du film « Drôles de Guerres » (1er tournage)）は、最初の画面に手書きで記された文字列に基づくものである。本作については、196頁の訳註を参照のこと。

書きの文字、グワッシュ、そして多数の複製──変換、移転、塗り直し、細分化、再配置を施されたもの──が組み合わされた一連のコラージュを差し出している。

混成的な技法で作られた映画『「奇妙な戦争」予告篇』は、手帖の原理と、複数のイメージやコラージュを組み合わせる展示ボードの原理──ゴダールがとりわけヴィディ劇場の展覧会で示したような[*2]──をうまく結び合わせている。

『「奇妙な戦争」予告篇』の賛嘆すべきミニマリズムは、以下に挙げる諸々の作業の仕上げを施している。

• 〈製造法(ファブリック)〉の表象をめぐる生涯にわたる作業

作品構成に関わる出来事がさまざまに展開されるなかで、ジャン゠リュック・ゴダールが、シャルル・プリニエの『偽旅券』(1937年)から「カルロッタ」の章を借りてくるという選択について、ジャン゠ポール・バタジアに口頭で説明する箇所がある〔映画の中ほどで録音した声が引用される〕。この説明は、たとえば『JLG／自画像』(1995)の冒頭で、映画作家に降りかかってくる課題のリストがオフの声で囁かれるのを思わせる。だが、その説明が本作に刻み込むのは、『ダルティ報告』(1989年、〔企業からの〕映画の注文を演出の対象とする)から『アマチュアのルポルタージュ(展覧会のマケット)』(2006年、ある空間構成(セノグラフィー)の説明書として機能する)に至るのと同じ動きである。すなわち、アレゴリー的な証明から実用的な必要性の飾り気のなさへ、あるいは別の言葉で言えば、古代の〈詩法〉から、その飾り気のなさの最も先鋭的な領域を作り出している現代の〈アルテ・ポーヴェラ〉への移行があるのだ。

ここにみられる諸要素の総体は、ある一つの企画の原理、根拠、技術的な手段、人物像、顔、賭けられているものを立て続けに明示することに専念している。

＊2　展覧会《ジャン゠リュック・ゴダール、イメージの本》、ローザンヌ・ヴィディ劇場、2018年11月16日–30日。

• 素描をめぐる生涯にわたる作業

• 翻案の諸形態をめぐる生涯にわたる作業
「これがシナリオであり（実際にはある古い小説的テクスト［プリニエ］を単に映画に翻案したもの）、カルネやデ・パルマのような手合いによる翻案と比べて沖合に出るものである。というのも、重要なのは、アルファベットによる無数の強制条約（ディクタート）をもはや信用せず、必然的にして真なる言語活動（ランガージュ）の絶え間なき変貌と隠喩に再び自由を与えることだったからだ――過去の撮影地を再訪しながら〔＝再び撮影しながらen re-tournant〕、そして現在という時間を考慮に入れながら〔＝語り続けながら en tenant conte[2]〕」（ショット12〔に貼り付けられているノートの切り抜きに書かれた文章〕）。

• 書体や手書きの文字をめぐる生涯にわたる作業
（『JLG／自画像』は手書きのノートで幕を開け、それが一つの人生のノートとなっていた。「白紙とは人間の真なる鏡である」。）

• 革命をめぐる、とりわけ知識人の責務と役割をめぐる70年におよぶ作業
この映画は、『偽旅券』が描く共産主義の歴戦の闘士たちと、『アワーミュージック』における、2人の登場人物に分割された若い女性の人物像――サラエヴォに「和解の場」を見出しにやって来たジャーナリストのジュディット・レルネールと、イスラエルとパレスチナの和平のために自らを犠牲にして、書物でいっぱいのリュックを背負って偽のテロを企てる若き孤独な映画作家オルガ・ブロツキー――を結びつけている。
政治的理想の数々が、それらを体現するとみなされている指導者や機関によって永遠に踏みにじられていることに対して、70年間に

［2］　原文の「en tenant conte」は、「考慮に入れながら（en tenant compte）」と同じ発音の造語的表現で、「物語（コント）を保つ」という意味に解することができる。

わたって闘いを続けてきたとき、何をなすべきなのか。『ゴダール・ソシアリスム』(2010)は、集団的な闘いを出発点としてその問いを提起していたが、『「奇妙な戦争」予告篇』はプリニエを通じて、自発的に地下活動や日の当たらない場所に潜った何人かの「下部組織の闘士たち」[*3]の特異な軌跡を出発点として作業現場に立ち戻っている。どちらの事例でも、映画は裏切りに取り憑かれている。にもかかわらず、「それでも、68年」[2](ショット9)という字幕画面(カルトン)〔実際には五月革命の写真の下に手書きで書かれた文字〕のおかげで、この〔68年5月という〕革命のエピソード──ジャン゠リュック・ゴダールが最も貢献し、また彼の人生を変えることにもなったエピソード──は、彼がたとえば『21世紀の起源』(2000)ではまだ享受していなかったある種の肯定性を帯びている。

歴史において一般化された裏切りに対しては、諸々の理想への親密な忠実さが応じている。「自分で選んだ悪夢に私が忠実であることは、あらかじめ定められていた」(ジョゼフ・コンラッド『闇の奥』、1899年、ショット13に引用)[3]。

• そこから出発して他の映像を思考しなければならないような、不在の映像をめぐる生涯にわたる作業

ここで、『アワーミュージック』において自殺を明示的に示すものが、『「奇妙な戦争」予告篇』に組み込まれている〔同作からの〕音声の抜粋の直後に登場することに気づかずにいるのは難しい。「私はロシア語を信用していない」(ショット11)という台詞の後で、オルガは実際、「自殺は真に重大な哲学上のただ一つの問題である」という、『シーシュポスの神話』の有名な幕開けを繰り返すのである[*4]。

「生きるか死ぬかに無関心になるとき、自由は完全なものとなる」とオルガは『アワーミュージック』におけるフョードル・ドストエフスキーのキリーロフ〔彼女の叔父という設定の作中人物ラモス・ガルシアを指

＊3　本書に掲載した2018年7月24日のメールを参照(220頁)。

[2]　原文は「Mais, 68」で、「68年5月(mai 68)」と発音はまったく同じ。

[3]　コンラッド『闇の奥』黒原敏行訳、光文社、2009年、159頁に該当箇所がある。

す〕に対して言葉を継いでいた。「おれは、自分がだれにも左右されないということと、新しい、身の毛もよだつような自由とをはっきりと示すために自殺をしてやる」[*5]。

だが、ある一つの不在の形態がここではとりわけ入念な処理を施されている。ある覆い隠しが生み出す形態のことだ。『「奇妙な戦争」予告篇』のショット7から9にかけて『アワーミュージック』の音声が抜粋されているが（「それは一つのイメージ、遠くから到来するイメージのようだ……」）、人はそれに対応するシークエンスを覚えているだろう。そこではオルガが並外れた到来者として映画の中に入ってくる。この若い女性はまずぼやけた状態でカメラに向かって進み、しまいにはカメラを正面から見つめて、サイレント映画のように「それで、あなたは？〔Et vous?〕」と口にする。続くショットで彼女は後ろ向きに去っていくが、それはあたかも彼女がカメラを通り越して、その時以来、私たちの眼差しと一つに合わさったかのようだ。こうして、ここでの呼びかけは二重の覆い隠しの対象となる。つまり、『アワーミュージック』は音声を取り除き、『「奇妙な戦争」予告篇』はイメージを取り除いているのだ。それによって、呼びかけはよりいっそう力強いものとなる。

＊4　「真に重大な哲学上の問題はひとつしかない。自殺ということだ」。Albert Camus, *Le Mythe de Sisyphe. Essai sur l'absurde*, Paris, Gallimard, 1962, p. 15.〔アルベール・カミュ『シーシュポスの神話』清水徹訳、新潮文庫、1969年、11頁〕『フォーエヴァー・モーツアルト』（1996）の冒頭に引かれるこの有名な書き出しは、同作では意義深いことに「『反抗的人間』、第1頁だよ、ママ」と別の文献に帰せられている。『宿命のボレロ』のチームが撮る最初のシノプシスでは、「アルベール・カミュが事故で死んだその車がサラエヴォに向かっていく」と書かれていた。

＊5　Fiodor Dostoïveski, *Les Possédés*, tome 2, tr. Victor Derély, Paris, Librairie Plon, 1886, p. 339.〔フョードル・ドストエフスキー『悪霊（下）』江川卓訳、新潮文庫、1971年、440頁。『シーシュポスの神話』の「キリーロフ」の節にも引かれており、ここでの訳文は同書の邦訳（151頁）から借用した。〕

補遺──『映画「奇妙な戦争」の予告篇（第一の撮影）』の5つのページ／ショットについて

以下に続くやり取りは、『シナリオ』と題された企画のいくつかのヴァージョンに（時には「3」、時には「5」の番号が振られた章として）みられる「フェイクニュース」という章の考古学に材料を提供しようとしたものである。[4]「フェイクニュース」は、次のように要約されていた。「テレビ番組のゲスト／小説の作中人物たち（A・モラヴィア『潰えた野心』）」──ちなみにこの小説についてジャン＝リュック・ゴダールは、翻案が不可能であるだけに美しいと言っていた。

だが、作業現場が異なっていても[5]、このやり取りは『「奇妙な戦争」予告篇』で「1」および「40」と番号が振られ、赤と黒を重ね合わせた2枚の抽象的なグワッシュが登場するページ／ショットと共鳴している。

[4]『シナリオ』という企画の章の構成については、ゴダールからのメール「君の作品をまた磨き、さらに再び磨きたまえ」の訳註（235頁）を参照のこと。

[5] ゴダールがこの時期、『奇妙な戦争』と『シナリオ』という2つの企画を同時に手掛けていたことを踏まえている。

ジャン＝リュック・ゴダール『映画「奇妙な戦争」の予告篇（第一の撮影）』、ショット1

ジャン＝リュック・ゴダール『映画「奇妙な戦争」の予告篇（第一の撮影）』、ショット40

差出人：**ニコル・ブルネーズ**
件名：類似性をめぐる小話、あるいはポール・ドラロッシュの場合
日付：2020年6月29日
宛先：ジャン＝リュック・ゴダール

親愛なるジャン＝リュック、
画像(イメージ)とキャプションからなる小話をお伝えします。
有名な登場人物たちと、あまり知られぬ主人公と、
再び光が当たってしかるべき一つの画像からなる話です。
あなたの語り部[6]より、愛を込めて。

[6] 「語り部（continière）」については、ゴダールからのメール「失われた小教区」の訳註1（276頁）を参照のこと。

ナポレオン・ボナパルトは1800年5月20日にアルプスを越える。
フェイク：

ジャック＝ルイ・ダヴィッド《サン・ベルナール峠を越えるボナパルト》（1801年、2枚目）

この絵は、ボナパルトが画家のジャック＝ルイ・ダヴィッドに注文したものである。

画家は、剣を手にしてマレンゴの戦いに臨む第一執政を不朽のものにしようとするが、ボナパルトは「荒馬を冷静に乗りこなす」姿を描いてもらう方を好む。

ダヴィッドは注文主の意志を尊重し、アルプス横断という英雄的行為を首尾よく描き出す。

第一執政はダヴィッドのためにポーズを取ることに同意せず、次のように言う。「アレクサンドロス大王だってアペレスの前でポーズを取ることなど一度もなかったはずだ。

偉大な人物の肖像画が本物そっくりかどうか問い合わせる人など誰もいない。その人物の精髄が現れていれば十分なのだ」。

それでも、マレンゴの戦いの際にボナパルトが身につけていた制服、二角帽子、剣はダヴィッドの手元に用意されたので、彼は人体模型にそれらを据え付けて、描くときの着想源とする。

およそ50年後、修正が記録にとどめられる。ボナパルトは騾馬に乗ってアルプスを越えていたのだ。

ポール・ドラロッシュ《アルプスを越えるボナパルト》(1848年)

〔この絵の〕作者の絵画の中で作動している正確さという理想を顧慮しつつも、ガストン・ティサンディエ(科学者にして気球乗り)は1874年にポール・ドラロッシュに対して演出を施す。ドラロッシュが最初のダゲレオタイプを見て、「今日を限りに絵画は死んだ」と叫んだというのである(*Les Merveilles de la photographie*, p. 62〔ティサンディエの1874年の著書『写真の驚異』〕)。

皮肉の極みだが、こうしてドラロッシュはフェイクの犠牲となったのである。幸いなことに、彼はすでに亡くなっていた。

というのも、事態はまったく逆で、ポール・ドラロッシュ(1979–1856)に対して、「アカデミー会員の同僚であるアラゴは、ダゲールの発明が視覚芸術の領域で果たす役割について短い論文を執筆するように頼み、その抜粋を1839年〔7月3日〕に下院でダゲレオタイプを紹介する際に引用した」からである。

フランソワ・アラゴは光学の専門家、天文学者、物理学者にして、ラマルティーヌ内閣の陸軍大臣などを務め、実際、科学的な正確さをもった道具としてのダゲレオタイプの構想を擁護する。

そういうわけで、次のように発言して、薄膜〔=フィルム pellicule〕という用語の現代的な意味を定めたのもアラゴだった。

> ダゲール氏の現行の方法が途方もない成功を収めたのは、彼がきわめて薄い物質の層、つまり紛れもない薄膜に働きかけているためでもある。したがって、我々はその薄膜を構成している原料の値段を気にする必要はない。その値段はあまりに安いので定めることすらできないだろう。[7]

「フォトジェニック」の現代的な意味──ルイ・デリュックとジャン・エプシュタインまでをも照らし出すような──についても同様である。

> 以下は、ダゲレオタイプの応用が見込める事例で、私には大いに関心を寄せるに足ると思われる。
>
> 観察が示した結果によれば、太陽スペクトルは連続的ではなく、スペクトルを横切る断絶、完全に黒い線〔フラウンホーファー線〕がある。フォトジェニックな効果〔ここでは光によって生み出される科学的な効果を指す〕を生み出すと思われる暗い光線にも、同様に断絶はあるのだろうか?[8]

[7] François Arago, *Rapport de M. Arago sur le daguerréotype, lu à la séance de la Chambre des députés, le 3 juillet 1839, et à l'Académie des sciences, séance du 19 août*, Paris, Bachelier, 1839, p. 36.
[8] *Ibid.*, p. 44.

ポール・ドラロッシュがアラゴのために執筆したメモに戻ると、それは次のように締め括られている。「要するに、ダゲール氏の感嘆すべき発見は、諸芸術にもたらされた計り知れない奉仕である[9]」。

アラゴは〔下院での〕演説のときに、ポール・ドラロッシュが執筆した元々のメモにある次の一節を引用していない（メモの全文はようやく1930年に公刊された）。

「この手段［ダゲレオタイプ］が知られるようになると、不正確な眺めを世に出すことは許されなくなるだろう。というのも、その暁には、わずかな瞬間のうちに、任意の場所のこの上なく鮮明な画像を得るのが容易になるだろうから」。

[9]　*Ibid.*, p. 34.

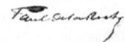

ポール・ドラロッシュがアラゴに宛てたダゲレオタイプをめぐる手書きのメモ（1839年）

このように、ポール・ドラロッシュはダゲレオタイプに懸念を覚えるどころか、写真による複製が認知されることに熱心に手を貸したわけである。

写真による複製によって、ドラロッシュはやがてしっぺ返しを食らうことになる。

彼の作品は、絵画を写真によって複製する、初めての体系的な試みの対象となる。

> 1857年以来、絵画に基づく写真を専門としてきたロバート・ジェファーソン・ビンガム（……）は、ドラロッシュ作品の回顧目録に添えるための86枚の写真乾板を作成する。それらは1858年に発表され、この種の書物として世界初のものとなる。

グーピル商会によって刊行された同書、『ポール・ドラロッシュの作品』には、《アルプスを越えるボナパルト》という絵（タブロー）の「シノプシス」が付されている。

> 第一執政は20日の夜明け前に行動を開始した。彼はサン・ベルナール峠を登るとき、騾馬にまたがり、いつも身に着けていた灰色の覆いをまとい、土地のガイドに率いられ、険しい道筋に差し掛かると心ここにあらずといった様子を示した。

これはティエール（将来、パリ・コミューンの屠殺者となる）の『執政政府と帝政の歴史』（1845–64年）から取られている。

そしていよいよ、全作品目録（カタログ・レゾネ）に載っている、ポール・ドラロッシュの絵のビンガムによる信じがたい写真の登場である。

言い換えれば、事実に関する正確さ（1848年の絵はダヴィッドの絵に対抗して描かれた。ここでそろそろ、ダヴィッドはドラロッシュの師匠だったと述べておこう）に、技術的な正確さ（1858年の写真）が加わった結果が、次の図版なのである。

ポール・ドラロッシュ《アルプスを越えるボナパルト》(1848年)のビンガムによる写真(1858年)

正確さをめぐる闘いが(何度も)折り返されていくうちに、突如、複製が自律した力と化しているこの画像をそのまま公刊するにあたって、写真家、印刷業者、出版社のどれがここで最も天才的だったのかは分からない。

ヴィクトル・ユゴーのインクのように美しく、アントナン・アルトーの油彩画を予期させる。

アントナン・アルトー《此処に眠る》(1948年、細部)

(出典と資料はすべてご用意できます。)

差出人：JLG
件名：主題
日付：2020年7月1日
宛先：NB

あなたの見出した歴史的・哲学的な抜け穴のすべてに千と一つの感謝を。おかげで屑拾いたちには最後の若さがもたらされ、なお[10]息をつくことができる。この哀れなヴォルスのドン・キホーテと同じように。JL

[10]「なお（encore）」の代わりにカンボジアの「アンコール（anghkor）」と綴られている。

この画像は、《アソーヌ（Açone）》（ジョルジュ・マチュー、1948年、アンドレ・マルローが売り込んだ作品）の複製で、心臓に相当する場所の近くにジャン＝リュック・ゴダールが赤い染みを付け加えたものである。〔ヴォルスとマチューを〕混同したわけではなく、重ね合わせが問題となっている。実際、『シナリオ』の手帖では、JLGはこの複製を使って、ジャン＝ポール・サルトルの「指と指ならざるもの」に引用されているヴォルスの以下の文章――すでに『イメージの本』の大きな着想源となっていた――の解説を試みているのだ。

> 指が指でないという事実を示すために指を用いるよりも、指が指でないという事実を示すために指ならざるものを用いるほうが有効である。馬が馬でないという事実を示すために白馬を用いるよりも、馬が馬でないという事実を示すために馬ならざるものを用いるほうが有効である。
> 宇宙は一本の指である。万物は一頭の馬である。[*6]

〈白バラ〉の事例〔本書「「入れ子状に破損した」映画」を参照〕と同じく（イコノグラフィーの面では正反対だが）、こうした画像の事例の数々は、ジャン＝リュック・ゴダールのそれぞれの選択が、どれほどまでに多重的に決定され、培われ、飽和させられ、それゆえに惜しみのないものになっているのかを再度教えてくれる。あらゆる画像は、どれほど単純に見えても、事実と思弁の双方から成る長い歴史の先端部分が顔をのぞかせたものであることが分かる――もっとも、画像を理解するにあたって、その歴史を知っている必要はまったくないのだが。〔補遺の冒頭で触れた〕黒と赤の2枚のグワッシュにしても、それらを必然的なものとして根拠づけるあらゆるもののなかでも、とりわけ、それらの拡張、自律、二重化を可能とするような、正確さをめぐる常軌を逸した歴史を含んでいるのかもしれない。ジャン＝リ

＊6　Jean-Paul Sartre, « Doigts et non-doigts », *op. cit.*, p. 424.〔邦訳356頁。訳文は改変した。なお、ヴォルスは頭陀袋の中にさまざまな書物から写し取った引用文集を携えていて、この引用は荘子に基づく。ゴダールが死の前日にこの一節を読む姿を撮影した映像が短篇『シナリオ』で使われている。〕

ュック・ゴダールが『シナリオ』の準備用手帖(2020年7月)に載せた、似たような黒いグワッシュの延長線上にあるこの2枚のグワッシュは、今度は疑いなく、抹消線と抽象絵画のあいだの単純にして多幸的な融合を保証するものともなっている。抹消線は、何らかの作業の技術的な痕跡から、2010年から2020年にかけてのゴダールの作品や仕事でますます頻繁に用いられる装飾的なモチーフとなった。抽象絵画に関しては、それを、今度はこの上なくありふれた象徴体系のプリズムを通して、「熱い希望」[11]の赤い勝利として感知せずにいることは難しい。

『「奇妙な戦争」予告篇』が仕上げを施している事例の最後のものとして、私たちは「キヤノン」という符号の付された4つの単色の白に行き着く。ショット3、35、37、39がそれに当たり、ショット3は無声、残りは音声を伴っている。それらのショットは、プリンター用の印画紙の技術的な物質性を引き立たせ、印画紙の裏面は、諸々の画像の最も具体的で、慎ましく、不可欠な停泊地となる——ちょうど『フォーエヴァー・モーツアルト』の末尾で、捲られる譜面のページが立てる音が音楽に代わって聞こえてくるように。全体として、この4つのショットは、そのラディカルな視覚的単純さにおいて、白いページと文学と映画という三項の究極的な融合を保証しているのだ。それが成し遂げられるのは、タイトルショットそのものに斜めに載せられ、『偽旅券』の物語性の要約にもなっている、ロベルト・ボラーニョの断片——「スクリーンは陰謀であるかのように真っ白になる」[*7]——のおかげでもある。黒によって、そして赤によって縁取られている断片である。

| キリーロフのピストルの響きが究極的革命を告げるであろう。

[11] 『イメージの本』末尾でゴダールが呟き込みながら朗読する文章(ペーター・ヴァイス『抵抗の美学』の末尾付近の一節)に含まれる語句。

*7 Roberto Bolaño, « Prose de l'automne à Gérone » (1981), in *Œuvres complètes*, volume 1, Paris, éd. de l'Olivier, 2020.

こうして、かれを死へと押しやるものは絶望ではなく、自分自身のための隣人愛なのである。言語に絶する精神の冒険を血の海のなかに完結させるそのまえに、キリーロフは人間の苦悩と同じくらい古い言葉を語る、──「すべてよし」と。
(……)
スタヴローギン──「きみはあの世の永世を信じているのですか？」
キリーロフ──「いや信じません。この世の永世を信じているんです」(『悪霊』第2部第1章[*8])

＊8　Albert Camus, *Le mythe de Sisyphe*, *op. cit.*, p. 145 et 144.〔邦訳154–155頁、訳文一部改変〕

Ⅳ

行商する

3つの上映プログラム

多数のゴダール、1本の映画を裏返すこと

2013年9月〜11月、シネマテーク・フランセーズ

あの第一歌はどこに去ってしまったのか……。
定かにはわからない。
ロートレアモン[1]

1974年、ジョルジュ・ド・ボールガールはジャン＝リュック・ゴダールに『勝手にしやがれ』のリメイクを撮るよう注文する。その企画は『勝手にしやがれ　パート2』と題されたが、そこでは（ジム・マクブライドが1983年に尽力することになるような）1960年の大成功作を再演出することではなく、この作品の基盤を議論することが問題となる——ゴダールは当時『勝手にしやがれ』は『私は白人』なのだと、ジャン・ルーシュの『私は黒人』を置き換えたものなのだと説明していた。

2012年、フランス国立造形芸術センターのパスカル・ボース（写真部門）とパスカル・カサニョー（視聴覚・ビデオ・ニューメディア部門）は、バルセロナのラ・ビレイナ美術館で《パート3　家から工場へ》と題した展覧会を開催した。2人はその展覧会を次のように紹介している。

> 《パート3》は、ジャン＝リュック・ゴダールの『パート2』の原初的イメージを打ち立てている家と工場の融合というモチーフから出発することで、ゴダールが1975年にこの作品を撮るにあたって作り出した形態やアイデアや形象を現在化することを願っている。ゴダールは『パート2』で「家を工場として考えること」

[1]　イジドール・デュカス『ロートレアモン全集』石井洋二郎訳、ちくま文庫、2005年、65頁。

を目的とし、ママを風景と、パパを工場と同一視するまでになる。今日では、工場が依然として風景の中にあるとしても、いまやそれは移転され、機械類は取り除かれている。その機械類を使って他の労働者たちが、よそにおいて――機械類を分解して、コンテナを積み込む巨大貨物船で運搬することを市場が決めた場所で――仕事をしているのである。本展覧会の行程が差し出すのは、都市を横断しながら家から工場へ、親密な場から仕事場へと向かう、絶えず繰り返されてきた軌跡である。すなわち、これほど懸け離れていながらこれほど近しい2つの場の間の軌跡が、家庭生活やら、都市化された領域やら、愛と労働の身振りやらの同時代的な表象を通じて示されるのである――夫婦や家族や経済や社会の構造が根底から変化し、『パート2』で提起された諸問題がグローバリゼーションの影響下でますます際立ち、再定式化されたまさにその時に。[*1]

哲学者・造形作家のジョルディ・ヴィダルはこの展覧会に合わせて映像エッセーを依頼され、それは『ヒストリー・マイナス・ゼロ_ノー・リミット（映画的対話）』となった。彼はこの作品の力学を次のように説明している。「私たちは1975年のゴダールの命題に立ち返りながらそれらを裏返しにすることで、『ヒストリー・マイナス・ゼロ_ノー・リミット』を作った[*2]」。

ジャン＝リュック・ゴダールの試みにこれ以上に忠実であることはできないだろう。ゴダールは映像による議論の基本的手段として、再開、回帰、消去、応答、反復という視覚的な文彩をたえず練り上げてきたからである。こうした文彩の中でも、さまざまなかたちでイメージの連鎖を断ち切ることのできるような文彩が、その明白にして多様な性格によって際立っている。実際のところ、ゴダールによ

＊1　フランス国立造形芸術センターのウェブサイト。

＊2　Jordi Vidal, *Numéro Trois : Variations sur Numéro deux de Jean-Luc Godard*, Pascal Beausse et Pascale Cassagnau (codir.), coffret-DVD, Paris, a.p.r.e.s éditions / Centre national des arts plastiques, 2012.

るイメージは見せたり隠したりすること以上に議論することに取り組んでおり、それは、図表やモチーフや音を連鎖させたり解き放ったりすることの論証的な効力が試されるような、ソクラテス流の果てしない産婆術が結晶した瞬間となる。本特集《多数のゴダール》は、イメージによる議論という原則によって最も明確に構造化されたゴダールの作品のうちの4本を集めている。ソニマージュが撮影したクロード＝ジャン・フィリップとの対話、『パート2』、『ジェーンへの手紙』、『ヒア＆ゼア・こことよそ』である。そして、本特集では、この4作品を、それらに意図的もしくは非意図的に応答した歴史的な作品――往々にして世に認められていない作品――と対比する。たとえば、ハスケル・ウェクスラーとジェーン・フォンダの『敵に対する序論』や、シングル・スパーク・フィルムズの『われらパレスチナ人』である。また、イメージの裏返しに続くのは、ドキュメンタリーの諸形式の刷新に関与するような、現在における反響である。フロランス・ラザールの『木立』は、『彼女について私が知っている二、三の事柄』とともに始まった郊外団地に関する集合的考察の最新の成果である。フレデリック・モゼールとフィリップ・シュヴィンガーの『フランス、迂回』の第2話は、教育による伝達の現状を赤裸々に記録している。集団製作の『アフガニスタンから遠く離れて』は『ベトナムから遠く離れて』の政治的立場と多形性に着想を得ているが、偉大な大島渚による現状確認にさらなる事例を提供するものである。大島は「映画の一世紀」というシリーズ〔映画生誕百周年を記念し、BFIが各国の映画監督に依頼した〕用に作品を撮り下ろした際に次の文章を書いた。なお、ゴダールは同企画内で『フランス映画の2×50年』を監督した。

> ひとつの国が社会的に大きな矛盾をはらみ、人びとが特に若者たちが苦悩をかかえる時、必ずそれを代弁する映画監督はあらわれるのである。それは個人ではなく、集団として層としてあらわれ

るのである。明確なマニフェストを自ら宣言するしないにかかわらず、彼らの映画、いや彼らの存在そのものがマニフェストなのである。そうした存在は決して映画にとどまらないだろう。芸術の他のジャンル、そして風俗に至るまでありとあらゆる局面で革命は求められているのだ。[*3]

＊3　Nagisa Ôshima, « Mes idées actuelles sur le cinéma japonais », *Hokkaido Shim-bun*, 1994, tr. Olivier Kohn, *Positif* nº 407, janvier 1995, pp. 47 sq.〔大島渚「戦後50年　顧みて、いま⑤── 映画の「辺境」拡大／撮影所外に個性入り乱れ」、『北海道新聞』夕刊、1994年9月30日〕

上映プログラム

9月20日（金）19時30分――再開する（ジャン＝リュック・ゴダールとアンヌ＝マリー・ミエヴィル）

『[クロード＝ジャン・フィリップ]』
監督：ジャン＝リュック・ゴダール、アンヌ＝マリー・ミエヴィル
フランス／1976年／17分／ヴィデオ
クロード＝ジャン・フィリップが自身のラジオ番組『映画作家たちの映画』用に行ったインタヴューをソニマージュがヴィデオで記録したものの断片。ジャン＝リュック・ゴダールはなぜ彼の作品をテレビで見せないほうがいいかをここで説明している。

『パート2』
監督：ジャン＝リュック・ゴダール、アンヌ＝マリー・ミエヴィル
フランス／1975年／88分／35ミリ
撮影：ウィリアム・リュプチャンスキー（フィルム）、ジェラール・マルタン（ヴィデオ）
録音：ジャン＝ピエール・リュー
製作：ジョルジュ・ド・ボールガール、ジャン＝ピエール・ラッサム
出演：サンドリーヌ・バッティステラ、ピエール・ウドリ、アレクサンドル・リニョー、ラシェル・ステファノポリ

9月20日（金）21時30分――広げる（ジョルディ・ヴィダル）
登壇者：パスカル・カサニョー、パスカル・ボース、ジョルディ・ヴィダル

『ヒストリー・マイナス・ゼロ_ノー・リミット（映画的対話）』
監督：ジョルディ・ヴィダル
フランス／2012年／86分／HD
「ヴィデオ作家のアンドレイナ・マスティオと協力して作り上げられた『ヒストリー・マイナス・ゼロ_ノー・リミット』は、1975年のゴダールの命題の裏返しと定義することができ、叙述形態や支配的社会モデルまでもがひっくり返されている。映画的装置が諸メディウムの一切合切を利用することでつながりや葛藤を生み出し、弁証法的な比較を生じさせる。したがって、それは一つの視点をもたらすのではなく、世界の複雑さを見させることで批評的関係へと誘うので

ある」(パスカル・ボース、パスカル・カサニョー)。

10月11日(金)19時30分──過小評価する(ジャン=リュック・ゴダールとアンヌ=マリー・ミエヴィル、シングル・スパーク・フィルムズ)

『われらパレスチナ人』
監督:シングル・スパーク・フィルムズ
USA/1973年/55分/16ミリ
1971年、カリフォルニア・ニューズリールという集団はレバノンに赴き、パレスチナ難民キャンプで『勝利までの革命』を撮影した。この作品は撮影したメンバーが除外された後、アメリカ革命的共産党の映画製作組織シングル・スパーク・フィルムズの活動の一環として『われらパレスチナ人』というタイトルで完成した。

『ヒア&ゼア・こことよそ』
監督:ジャン=リュック・ゴダール、アンヌ=マリー・ミエヴィル
フランス/1974年/53分/16ミリ
撮影:ウィリアム・リュブチャンスキー、アルマン・マルコ
『ヒア&ゼア』は映画の企画の挫折を語るが、ジャン=リュック・ゴダールはそれを次のように説明している。「ここに来たのは、こういうことを検討するためだ。学び、教訓を引き出し、可能ならこの教訓を記録すること、そしてここでも、世界の他の場所でもそれを広めること。1年ほど前、私たちのうち2人がパレスチナ解放民主戦線に、別の1人がファタハに調査しに行った。私たちは文献や綱領を読んだ。私たちはフランスの毛沢東主義者としてファタハと一緒に映画を作ろうと決め、『勝利まで』というタイトルを付けた。私たちは作中でパレスチナ人たちが「革命」という言葉を言うにまかせている。しかしこの作品の本当のタイトルは、『パレスチナ解放運動の思考と作業の方法』である」(『マニフェスト』、1970年7月)。

10月11日(金)21時30分──言い返す(ジャン=リュック・ゴダールとジャン=ピエール・ゴラン、ハスケル・ウェクスラーとジェーン・フォンダ)

『ジェーンへの手紙──あるスチール写真に関する調査』
監督:ジャン=リュック・ゴダール、ジャン=ピエール・ゴラン
フランス/1972年/52分/35ミリ
「私たちは写真の下の文章は嘘だと気付かないわけにはいかない。そこにはジェーン・フォンダがハノイの住民と話していると書かれているのだから……」。ジ

ャン＝リュック・ゴダールとジャン＝ピエール・ゴランはヴェトナムにいるジェーン・フォンダを捉えた1枚の報道写真において規定され、賭けられているものを分析しながら、「直接的な回り道」の原則を練り上げ、「ジェーンを通して」観客に話しかけていく。

『敵に対する序論』
監督：ハスケル・ウェクスラー
USA／1974年／60分／HD
「トム・ヘイドンと9ヶ月の私たちの息子トロイと私は、4月1日にハノイに着いた。私には2回目、トムには4回目の滞在だったが、私たち2人にとって最も長い滞在になる予定だった。長期滞在するには最適の時期だった。ヴェトナムは戦争後に再建されている最中で、南部は終わりなき「新しい戦争」に立ち向かわなければならず、その新しい戦争は待望の休戦が実現したのとほぼ同時に始まった。私たちはハノイでトロイを信頼できる人の手に預け、映画作家・撮影監督のハスケル・ウェクスラー、ヴェトナム民主共和国のカメラマン1人と録音技師1人をともない、南部に向かって2週間の旅に出た」（ジェーン・フォンダ「ヴェトナム日記——国民の創生」、1974年）。

11月8日（金）19時30分——迂回する（フレデリック・モゼールとフィリップ・シュヴィンガー、フロランス・ラザール）

『フランス、迂回』第2話「この線が君の道のりだ」
監督：フレデリック・モゼール、フィリップ・シュヴィンガー
フランス／2011年／53分／HD
「ジャン＝リュック・ゴダールとアンヌ＝マリー・ミエヴィルのシリーズ『二人の子供フランス漫遊記』から30年後、私たちは新たに「フランスを問いただす」ことを試み、「共に生きる」という絶えず繰り返される問いについて考察するつもりである。私たちのシリーズ『フランス、迂回』は複数のエピソードから構成されており、連続してはいるがそれぞれが独立して作られている。すべてのエピソードを結ぶ糸は、思春期の人々を観察することである。ピエールフィット＝シュル＝セーヌ〔パリ北部郊外〕のAFPAD（養成・予防・権利獲得のための協会）との出会いが第二のエピソードの出発点になっている。AFPADはギュスターヴ・クールベ高校内で「連続した糸」と呼ばれるプログラムを運営し、懲罰委員会の決定によって義務教育から一時的に除外された10代の子供たちを受け入れている〔フランスの義務教育は6歳から16歳までの10年間。日本でいう高校1年生までが該当する〕」（F・モゼール、P・シュヴィンガー）。

『木立』
監督：フロランス・ラザール
フランス／2011年／47分／HD
「「木立（レ・ボスケ）」とは、モンフェルメイユ〔パリ北部郊外〕にある団地地区の牧歌的な名称である。春が終わる頃、生活は穏やかに見える。荒廃した建物が立ち並び、再開発の工事現場に囲まれるなか、トランプで遊んでいる者たちがいる。向こうでは、女たちが芝生の上で話し合っている。この予想外の穏やかさは幅の広いロングショットに支えられているが、報道によって烙印が押された郊外についての私たちの判断を宙吊りにする」（シルヴァン・メストラッジ）。

11月8日（金）21時30分——移行する（ジョン・ジャンヴィト、ジョン・ジョスト、ミンダ・マーティン、トラヴィス・ウィルカーソン、ユ・スンミ）

『アフガニスタンから遠く離れて』
監督：ジョン・ジャンヴィト、ジョン・ジョスト、ミンダ・マーティン、トラヴィス・ウィルカーソン、ユ・スンミ
USA／2012年／120分／DCP
「映画には何の変化も引き起こすことができないのなら、なぜ多くの国でこんなに大量の映画が検閲されているのか。なぜ『地の塩』を中止させようと、製作の各段階でこんなにも多大な努力が費やされたのか。なぜライムンド・グレイセルを「消失」させるべきなのか。なぜジャファール・パナヒを監視された住居にとどめておくべきなのか。なぜチベットの映画作家トンドゥプ・ワンチェンは投獄され、拷問されたのか」（ジョン・ジャンヴィト）。

あなたのエゴに敬意を、ゴダールさん

2020年1月8日–3月1日、シネマテーク・フランセーズ

ジャン＝リュック・ゴダールの作品はゆうに200本ほどに達し、集合的歴史が受けてきた不当な仕打ちに真っ向から取り組み、他の諸芸術の総体と対話することで、たえずイメージの潜勢力を問いただし、映画を再発明し続けてきた。

「あなたのエゴに敬意を」は、『未来展望』（1967）の世界で「こんにちは」にかわって使われる挨拶である。放射能に蔽われ、管理され、コンピュータ化され、搾取される身体と捕食者たる客に分割された世界であり、そこでは言語が区切りに失調をきたすほど貧しくなっており、またイメージは消費財のカタログ作りに使われるばかりになっている。人間存在は機能に従って専門分化されているため、優雅さは消え失せている——私たちの世界とどんな違いがあるだろうか。それから50年経ち、物象化の最良の道具としてナルシシズムを育んでいる、私たちの世界と。

敬意を

映画がスペクタクルの社会における贅沢産業に相当するような世界から、敬意を受け取ることなどできるだろうか。スペクタクルの社会とは、それ自体が管理社会における偽造の領域である。敬意〔名誉〕とは、ジャン＝リュック・ゴダールが忌避するものすべての先端にあり、したがって、ゴダールが放つ矢の中でも最も鋭く突き刺さる矢が放たれる契機になる。たとえば、1968年、イギリスのナショナル・フィルム・シアターに送られた、次のような電報——「もし私が欠席したら、路上で可能な限り最も貧しい人をつかまえてくださ

い。その人に100ポンドを渡し、映像と音について一緒に話してください。そうすれば、私と話すよりもその人から多くのことが学べるでしょう。なぜなら言語を真に発明するのは貧しい人々だからです──あなたのアノニマス・ゴダール」。たとえば、2015年、スイス連邦参事会に向けた、次のような辞退の言葉──「ではわたしは家に帰ります／『グラムシの遺灰』とともに／パゾリーニの詩です／謙虚な頽廃を語るものです」(『スイス映画名誉賞へのお礼』)。

に──何の役に？

では、どのようなイメージなのか。そして、そのイメージは何の役に立つのか。筆頭に挙げられるのは、批評的サスペンスの黒（いろいろな作品にみられる)、ジェラール・フロマンジェの赤（『シネトラクト 1968番』)、もしくは沈黙の白のどれが選択されるにせよ、闘争態勢にあり攻勢をかけるイメージである──「1分間の沈黙のイメージが不在のあらゆるイメージの代わりとなる。つまり、情報（アンフォルマシオン）と抑圧（レプレシオン）、そして汚物（オルデュール）と文化（キュルチュール）に韻を踏ませるような、西洋化されたすべてのテレビとすべての映画のあらゆる統治機構によって検閲され、売春させられ、批判され、道を踏み外され、カマを掘られ、棍棒で殴られたイメージの代わりとなる」(『たのしい知識』、1968年)。

次に挙げられるのは、工事の真最中の作業現場のイメージである。ゴダールによる映画は、あらゆることが可能な象徴的な領野でありつつ（考察、破壊、行動はいろいろな作品にみられる)、それ以上に有罪である──〔ホロコーストという〕惨劇との正面からの出会いを果たせなかったことで（『映画史』、1988–1998年)、また災厄の後に遅れてやって来たことで（「君は何も見なかった、ヒロシマで、レニングラードで、ドレスデンで、マダガスカルで、ハノイで、サラエヴォで……」、『演出家たちの日記』、2008年)。まさにフリッツ・ラングの『スピオーネ』（1928）でしがない機関士が列車の衝突に際してなすすべがなかったのと同じである。しかし、災厄を予測できたとして、映画は何を救うことができるのだろうか（『ゴダール・ソシアリスム』、2010年）。

その際、イメージは炎のかたちを取って、すべてが消え去った後に夜を照らし（『時間の闇の中で』、2002年）、闘いに敗れたずっと後になっても希望に燃え盛っている（『イメージの本』、2018年）。あるいは、イメージは前代未聞の爆発のかたちを取る。まさしく『未来展望』の登場人物の2人が〔ラストシーンで〕あの光を発する短絡を引き起こすときに——警告音が鳴って、「彼らは言語を操りながら愛を交わし、同時に幸福に浸っています」と言われる——、多幸的なかたちで予示されていたように。

最後に、人民に由来し、人民に属するイメージが挙げられる。というのも、「モーツァルトが村のブランスバンドが演奏する曲から着想を得て作曲した場合でさえも、それはつねに君主のためになされたことなんだ。そして映画はモーツァルトの力とピカソの力を、スイスやアンデスの村だけでなく、ヒマラヤにまでもたらしたわけだ」（「アルフレッド・ヒッチコックが死んだ」、1980年[1]）。だからこれらの貧しいイメージを愛さなくてならない。そのことは、イメージを絶え間なく発掘し、移し替え、生き返らせ、変容させることを前提とする。「目（ヴィジョン）の仕事はすでになされた。これからは君のなかの映像のかたわらで心の仕事をしたまえ」（「ジャン＝リュック・ゴダール「アンヌ＝マリー・ミエヴィル夫人への送られなかった手紙」、1985年[2]」）。

あなたのエゴ

しだいにエゴイストでなくなっていくことは果たして可能だろうか。アノニマス・ゴダールは〈作家主義〉の先駆者として、他の多くの者がそうしたように、自らの栄光を元に資本を築くこともできたが、ジガ・ヴェルトフ集団の一員となり、JLGへと変容し、『映画史』の語り手という審級の中に溶け込んだ。その審級を通してささやき、

[1]「アルフレッド・ヒッチコックが死んだ」、『ゴダール全評論・全発言Ⅱ』奥村昭夫訳、筑摩書房、1998年、233頁。
[2]「『ゴダールの探偵』の撮影期間中に書かれた手紙——ただし名宛人に送られずにおわる」、同書、663頁。

ざわめきを発しているのは「彼ら全員」、つまり忘れられた人々、犠牲者、裸者と死者であり、生者がよりよく守るべき者たちである。自画像(『JLG／自画像』、1995年)や自伝(いろいろな作品でみられる)は、他のかたちをとった主体や意識や人格に到達するための動力学的なプリズムとなるが、それはヘーゲル的な絶対精神よりも、古代の吟遊詩人や、シャルル・フェルディナン・ラミュの語る行商人を受け継ぐものである──「ラミュの小説にこんな物語があった。ある日、一人の行商人がローヌ川のほとりのある村を訪れ、村中のみんなと仲良くなった。千と一の物語を語ることができたからだ。不意に村は嵐に襲われ、来る日も来る日も止まなかった。そこで、行商人はこう語った。この世の終わりだ。だが、ついにまた陽が昇り、村人たちは哀れな行商人を追い出した。この行商人、それが映画だった」(『映画史』4B、1998年[3])

ゴダールさん

彼は映画界に入るやこの〈イメージ〉の国に君臨してきたが、そこではのけ者(パーリア)として、脱走兵として、永遠の反逆者として、しかも完全に自律して生きてきた。彼はあらゆる芸術の側から見られ、論じられてきた。ルイ・アラゴンからアンジュ・レッチアまで、リチャード・ヘル(「1959年以来、ゴダールは世界で最も偉大な映画作家である[*1]」)からフランソワ・トリュフォーに至るまで──「なぜ私は『彼女について私が知っている二、三の事柄』の製作者に加わったのか。それはジャン＝リュックがかれこれ20年来の友人だからか、それともゴダールが世界で最も偉大な映画作家だからか。ジャン＝リュック・ゴダールは呼吸するように映画を撮る唯一の人物ではないが、いちばんうまく呼吸するのが彼なのである。彼はロッセリーニのように速く、サッシャ・ギトリのように茶目っ気があり、オーソン・ウ

[3] 『ゴダール　映画史　テクスト』堀潤之・橋本一径訳、愛育社、2000年、88頁。
＊1 Richard Hell, *Massive Pissed Love. Nonfiction 2001–2014*, New York, Soft Skull Press, 2015, p. 287.

ェルズのように音楽的で、パニョルのように単純で、ニコラス・レイのように傷つき、ヒッチコックのように効率的で、イングマール・ベルイマンのように深く、深く、深く、そして誰よりも大胆不敵である[*2]」。

そう、かくも偉大なのだ。なぜならそれと不可分なかたちで最も批評的であり、最も創意に富み、最も思いやりがあるからだ。

＊2　François Truffaut, in Jean-Luc Godard, *2 ou 3 choses que je sais d'elle, L'Avant-Scène Cinéma* nº 70, 1er mai 1967, p. 45.

上映プログラム

I　ヌーヴェル・ヴァーグ（1954–1965）――「人間のひとかけら、ある種の形態のもとで」

〔『コンクリート作戦』から『気狂いピエロ』まで長短20作品／『ヌーヴェル・ヴァーグによるヌーヴェル・ヴァーグ』（アンドレ・S・ラバルト、ロベール・ヴァレー、『現代の映画作家』シリーズ、1964年）など、関連作3作品〕

II　社会学的寓話（1965–1966）――「マルクスとコカコーラの子供たち」

〔『男性・女性』と『彼女について私が知っている二、三の事柄』の長篇2作品／『恐竜と赤ん坊』（アンドレ・S・ラバルト、1967年）など関連作2作品〕

III　革命の作業（1967–1974）――「勝利まで」

〔『カメラ・アイ』から『ヒア＆ゼア・こことよそ』まで長短22作品／『映画入門――演出とは何か？』（ラッシュ映像、ジャン＝ポール・トロク、1969年）など関連作2作品〕

IV　ヴィデオの実験（1975–1979）――「私は君のことを、君の計画（プログラム）＝組成の話をしている」

〔『パート2』から『二人の子供フランス漫遊記』まで長短5作品（『6×2』の削除されたエピソード「クロード＝ジャン・フィリップ」を含む）〕

V　芸術間の対話（1979–1993）――「マルローの方法を使ってセザンヌを」

〔『勝手に逃げろ／人生』から『ゴダールの決別』まで長短37作品／『ゴダール／ソレルス――対話』（ジャン＝ポール・ファルジエ、1984年）など関連作4作品〕

VI　歴史的省察（1993–2019）――「君のなかの映像のかたわらで心の仕事を」

〔『サラエヴォ、あなたを讃えます』から『イメージの本』まで長短38作品／『フィルム・カタストロフ』（ポール・グリヴァス、2018年）など関連作4作品〕

ジャン＝リュック・ゴダールのプロ＝モーション

予告篇・CM・ミュージックビデオ・企業PR映画

クルタス・ヴィラ・ド・コンデ国際映画祭、2020年10月

ステファヌ・マラルメは歴史上おそらく最も気難しく過激な形式主義詩人だが、注文仕事を好み、アカデミーが「応用芸術」と呼ぶような、重要ではないとみなされた領域に手を出すことを楽しんだ。たとえば、マラルメは1874年の1年間のうちに、多くの筆名を使い分けながら、『最新流行』と題された雑誌を8冊も執筆している。彼は服飾と宝石の紹介から、社交界の報告、同業者とのやりとり、読者のお便りへの返事まで一緒くたに書いたが、そういった文章が、統辞法について、より広くは言語と現象の関係についての創意に溢れた仕事に抵触することはなかった。ジャン＝リュック・ゴダールがマリテ＋フランソワ・ジルボーのために手がけたエッセーやCMのことを考えずにいられるだろうか。そのサウンドトラックは正当にもマラルメの詩を引用しているのだ（『クローズド』、1987–1988年、および『全員が練り歩いた』、1988年）。若きジャン＝リュック・ゴダールが1956年から1958年までしていた映画界での最初の務めの一つがフォックスのプレス担当だったことを思い出しておきたい——ゴダールが執筆したプレス資料やリリース文やキャッチコピーをなんとしても探し出さねばならないだろう。多くの映画作家がこの種の仕事を他人に任せるのに対し、ジャン＝リュック・ゴダールはキャリア全体にわたって、紙の判型からイメージとテクストの関係に至るまで、まったく飽くことなく新しい形式を発明しながら、大抵の場合は自作のプレス資料を自分自身で構想した。多くは明らかにそれ自体が作品である。たとえば『アルファヴィル』（1965）の

公開に合わせて発行された、新聞『フィガロ・プラウダ』の才気煥発な号外、あるいは『イメージの本』（2018）の第1回プレス試写の際にカンヌで配布された、きわめて美しい手作りの『字幕の小冊子』は特筆に値する。

同じく、1本の映画をおのれの宣伝へと変容させる象徴的形式である予告篇は自律化し、それ自体で作品となっている。ジャン・ルノワールの言葉を使った俳優の演技をめぐる概論（『女は女である』の予告篇、1961年)、資本主義と帝国主義と現代世界の搾取についての過激な政治冊子（パンフレ）（『彼女について私が知っている二、三の事柄』の予告篇、1967年)、バッハの『ゴルトベルク変奏曲』に比肩する再編集の実践（『ゴダール・ソシアリスム』の予告篇の連作、2010年）など、至るところで映像と音響による詩が提示されている。では、ジャン゠リュック・ゴダールが自分以外の天才の予告篇を手がけようと決めた時、つまりゴダールがついぞ変わらぬ感嘆を示した一人であるロベール・ブレッソンの『少女ムシェット』（1967）の予告篇についてはどう言うべきだろうか。ゴダールは1分間のうちに、ありうべき最も鋭利で傲慢で思いがけない作品分析を披露し、オマージュにして脱神話化という、それまで誰もやろうとしなかったし、それ以後も誰一人試みていないことを成し遂げた。

『映画というささやかな商売の栄華と衰退』（1986）の作者にとって、あらゆる映画作品が商売＝交流〔commerce〕の管轄にあるのは自明であり、それは信用貨幣の交換と事物間を行き交う知性という二重の意味においてそうである。したがって、長篇映画とミュージッククリップやCMや予告篇やその他企業PR映画などからなる短篇形式とには、いかなる質的相違も存在しない。直接的にせよ間接的にせよ、すべてが社会による注文に応えたものである。ゴダール作品において、この注文という次元は、一方で、その前提と機能において明示的に示され、検討され、解体されることを要求する。だがそれと同時に、乗り越え、昇華されることを求め、コンセンサスの地点や論理がいかなるものであろうと、それを完膚なきまでに批判するために、敵と向き合うことでよりいっそう張りつめて強度を増していく形式的発明を、いっさい何の譲歩もない形式的発明を引き起こすことを要求する。このような力学の働きはジャン＝リュック・ゴダールの全作品を構造化しているが、それが完全に、最も真正面から発揮されているのは企業のPR映画においてである。特に『ダルティ報告』(1989) は、構成主義、脱構成主義、詩、対話、「共同哲学」(すなわち、フリードリヒ・シュレーゲルが練り上げた概念によれば、集合的思考のこと)、アイロニーといった、ゴダール的創造の諸原則をその頂点にまで高めている。

かくして、産業による注文 (生産)、制度による注文 (特にテレビ)、そしてさらに広くいうなら社会による注文 (イデオロギー) が映画作品に対して課されるが、それは一般的な商業映画にあまねくみられるように決定事項としてそうなのではなく、創造のための材料としてそうなのである。注文とは土台であり、そこから出発し、それに反対しながら、作品は練り上げられる。しかしその逆に、注文は時として戒律や道徳的要請といった意味で、愛の、情緒の、連帯の管轄に属する。例えばフランス・ギャルのために撮られた『プリュ・オー！』(1996) がそれにあたる。思いやりに満ちた感動的な詩であり、亡くなった夫ミシェル・ベルジェにオマージュを捧げるアルバムを準備していた歌手の依頼に応えて作られたものだ。いまこの文章を綴っている書き手がそうだったように、それ以外のミュージックビデオやCMが平常通り絶え間なく流れていくなかで、作者の名も何の紹介もなく流されたこのミュージックビデオや連作CMの『クローズド』をテレビで見る幸運と驚きを得た者にとって、これらのささやかな形態は唖然とさせるように現れ、泥や残骸の急流の中で突如輝く何秒か何分かの光のようで、あっと驚く謎だった。それはすぐに解明されるが、その奇跡のような性格は――衆愚政の排水溝の中に真の美しさの一端が現れたのだ――、忘れがたく残った。

こうした出来事のおかげで――ちなみに同列に扱うべきものとしては、かつてはゴダールの映画〔『メイド・イン・USA』〕に出演もしたテレビ・ニュース番組の人気アナウンサー（フィリップ・ラブロ）がフォークランド戦争中の1982年5月のある日、自分が与えている情報について実は何一つ知らないとJLGに対して打ち明けたことや[1]、あるいは、ジャン＝リュック・ゴダールの転覆的な仕事すら凌駕するあのポーランドの観光客の女性、ヴェルサイユ宮殿を1989年以降に訪れて、地元のニュース番組にこの記念建造物を評価するかどうか聞かれたとき、これを建設するために苦しんだ労働者たち全員のことを考えるからまったく評価しないと答えて皆を唖然とさせたあの観光客が挙げられるのだが――、ともかく、こうしたきわめて珍しく束の間のもので、すぐに覆い隠され、たちまち忘れられるような不意の出来事のおかげで、宿命などないのだという考え、ロベルト・ロッセリーニが願ったように（「人間の意識のめざめのときともなり得たことが、サーカス興行に変わってしまったのだ」、『ロッセリーニの〈自伝に近く〉』、1987年[2]）、大いなる商売と大いなる消費が生み出すイメージは美しく、力強く、誠実で、正しいものたりうるし、そうしたイメージとともに、それが私たちに語る世界も同様でありうるという考えが、突如としてよみがえるのである。ジャン＝リュック・ゴダールによるプロモーション用の映画はかくも無頓着かつ具体的に論争を巻き起こすものだが、物事の流れをひっくり返し、逆転させるための梃子を私たちに提供している。

［1］　1982年5月22日、ニュース番組『ミディ2』はカンヌ国際映画祭に参加するゴダールに生中継でインタヴューをしたが、彼はテレビによるフォークランド戦争の報道の仕方を問題視し、「これでは何が起きているのかわからない」と批判した。ゴダールはアナウンサーのラブロにその事実を認めさせ、「私はフォークランドで何が起きているかまったく知りません」と言わせることになった。
［2］　ロベルト・ロッセリーニ『ロッセリーニの〈自伝に近く〉』ステファノ・ロンコローニ編、矢島翠訳、朝日新聞社、1994年、9頁。

上映プログラム

〔断りのない限り、すべて監督はジャン＝リュック・ゴダール、製作国はフランスである〕

Ⅰ　予告篇

『勝手にしやがれ』の予告篇
1960年／2分／モノクロ／35ミリ

『小さな兵隊』の予告篇
1960年／57秒／モノクロ／35ミリ

『女は女である』の予告篇
1961年／1分50秒／カラー／35ミリ

『女と男のいる舗道』の予告篇
1962年／2分／モノクロ／35ミリ

『カラビニエ』の予告篇
1963年／2分10秒／モノクロ／35ミリ

『軽蔑』の予告篇
1963年／2分15秒／カラー／35ミリ

『はなればなれに』の予告篇
1964年／1分50秒／モノクロ／35ミリ

『恋人のいる時間』の予告篇
1964年／1分50秒／モノクロ／35ミリ

『アルファヴィル』の予告篇
1965年／1分58秒／モノクロ／35ミリ

『気狂いピエロ』の予告篇
1965年／1分40秒／カラー／35ミリ

『男性・女性』の予告篇
1966年／1分58秒／モノクロ／35ミリ

『メイド・イン・USA』の予告篇
1966年／1分30秒／カラー／35ミリ

『彼女について私が知っている二、三の事柄』
1966年／1分30秒／カラー／35ミリ

ロベール・ブレッソン『少女ムシェット』の予告篇
1967年／2分／モノクロ／35ミリ

『中国女』の予告篇
1967年／2分40秒／カラー／35ミリ

『ウイークエンド』の予告篇
1967年／48秒／カラー／35ミリ

『万事快調』の予告篇
1972年／5分／カラー／35ミリ／ジャン＝ピエール・ゴランと共同監督

『勝手に逃げろ／人生』の予告篇
1979年／2分／カラー／35ミリ

『パッション』の予告篇
1982年／2分／カラー／35ミリ

『カルメンという名の女』の予告篇
1983年／2分／カラー／35ミリ

『こんにちは、マリア』と『マリーの本』の予告篇
1985年／1分45秒／カラー／35ミリ／アンヌ＝マリー・ミエヴィルと共同監督

『右側に気をつけろ』の予告篇
1987年／2分／カラー／35ミリ

『ヌーヴェルヴァーグ』の予告篇
1990年／58秒／カラー／35ミリ

『ゴダールの決別』の予告篇
1993年／46秒／カラー／35ミリ

『JLG／自画像』の予告篇
1995年／58秒／カラー／35ミリ

『フォーエヴァー・モーツアルト』の予告篇
1996年／50秒／カラー／35ミリ

『愛の世紀』の予告篇
2001年／1分20秒／カラー／35ミリ

『アワーミュージック』の予告篇
2004年／1分6秒／カラー／35ミリ

『ゴダール・ソシアリスム』予告篇1
2010年／スイス／4分25秒／カラー／デジタル

『ゴダール・ソシアリスム』予告篇2
2010年／スイス／4分29秒（冒頭には「4分6秒」と記されている）／カラー／デジタル

『ゴダール・ソシアリスム』予告篇3
2010年／スイス／2分32秒（冒頭には「2分10秒4フレーム」と記されている）／カラー／デジタル

『ゴダール・ソシアリスム』予告篇4
2010年／スイス／2分8秒（冒頭には「1分48秒22フレーム」と記されている）／カラー／デジタル

『ゴダール・ソシアリスム』予告篇5
2010年／スイス／1分34秒（冒頭には「1分11秒」と記されている）／カラー／デジタル

『ゴダール・ソシアリスム』予告篇6
2010年／スイス／1分31秒（冒頭には「1分7秒7フレーム」と記されている）／カラー／デジタル

『さらば、愛の言葉よ』予告篇1
2013年／スイス／3分10秒／カラー／デジタル／英語字幕付き

『さらば、愛の言葉よ』予告篇2
2014年／スイス／1分39秒／カラー／デジタル

『イメージの本』の予告篇
2018年／スイス／1分14秒／カラー／デジタル／3番目のヴァージョンには「特別パルムドール」との追記あり

II　CMとミュージックビデオ

『シック』
1971年／45秒／カラー／16ミリ／ジャン＝ピエール・ゴランと共同監督

『クローズド』
1987–1988年／7分／カラー／ヴィデオ／それぞれ20〜30秒のヴィデオクリップが計17本（2つの種類に分けられる）

『パリジェンヌ・ピープル』
1992年／スイス／45秒／カラー／35ミリ／アンヌ＝マリー・ミエヴィルと共同監督

『プリュ・オー！』
1996年／スイス／6分／カラー／ヴィデオ

III　企業PR映画

『コンクリート作戦』
1954年／スイス／20分／モノクロ／16ミリ

『全員が練り歩いた』
1988年／13分／カラー／ヴィデオ

『言葉の力』
1988年／25分／カラー／ヴィデオ

『ダルティ報告』
1989年／50分／カラー／ヴィデオ／アンヌ＝マリー・ミエヴィルと共同監督

『イフラヴァ映画祭のための予告篇』
2018年／スイス／1分／カラー／デジタル

エピローグ

LAST LEFT AND FAST

〔最後にすばやく（左に）残されて〕

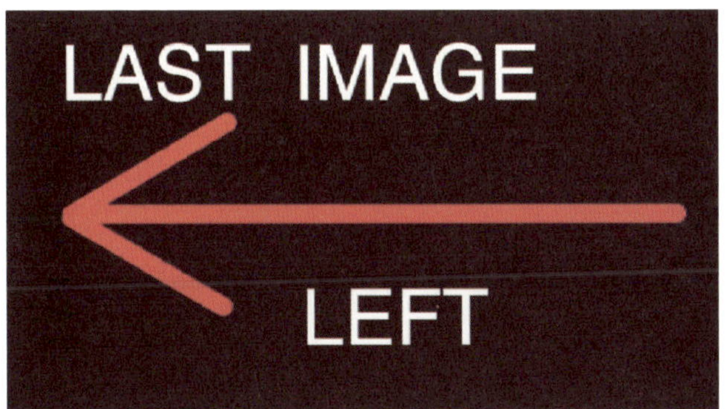

ジャン＝リュック・ゴダール『三つの災厄』（2013）のラストに一瞬挿入されるサブリミナル映像〔画面上の「最後の映像」「左」という文字は、「最後に残された映像」とも解せる〕

初出一覧（発表順）

• « Le film “abymé” (Godard et les philosophies byzantines de l'image) », in *Jean-Luc Godard : Au-delà de l'image*, Marc Cerisuelo (dir.), *Études cinématographiques* n° 194/202, 1993.

• « *Film Tract n° 1968* et *Le Rouge* de Gérard Fromanger et Jean-Luc Godard », émission « Court-Circuit », Arte, mai 2002.

• « Jean-Luc Godard, *Witz* et invention formelle (notes préparatoires sur les rapports entre critique et pouvoir symbolique) », Le Fresnoy, 17 novembre 2004, publié in *Cinémas. Journal of Film Studies*, vol.15, no. 2–3, Montréal, printemps 2005. この文章の最後の部分は別途、以下のタイトルでも発表された。« *Dans le noir du temps* de Jean-Luc Godard, épiphanies de l'inactuel », in *Bref* n° 65, mars-avril 2005.

• « L'art de l'anticipation. *Alphaville* et le GRAV », in *Jean-Luc Godard : Documents* (co-dir. Nicole Brenez, David Faroult, Michael Temple, James S. Williams, Michael Witt), Paris, Centre Pompidou, 2006.

• « Le concept de Critique et qu'en faire. Karl Marx, Ludwig Feuerbach, Jean-Luc Godard (notes de séminaire) », séminaires « Cinéma et Pensée critique », Université Paris 1-Panthéon Sorbonne (2008–2010), « L'Objection visuelle », Université Sorbonne nouvelle (2010–2020).

• « “Tous les arts ont produit leurs merveilles ; l'art de gouverner n'a produit que des monstres” (Saint-Just, 1793). Sur *Film Socialisme* », *Cahiers du cinéma* n° 657, juin 2010. 長文のヴァージョンはフランス語では未発表だが、スペイン語に翻訳された。« Internacional Godard », Francisco Algarín Navarro et Fernando Ganzo (coord.), *Revista Lumière*, Barcelone, 2011.

• « En reconstruction. *Numéro 2* de Jean-Luc Godard », in *Numéro Trois : Variations sur* Numéro Deux *de Jean-Luc Godard*, Pascale Cassagnau et Pascal Beausse (dir.), Paris, a.p.r.e.s éditions/CNAP, 2013.

• « Jean-Luc Godard, dynamiques de l'esquisse. Sur *Reportage amateur (maquette expo)* », Deutsches Filmmuseum, Frankfurt am Main, 10 janvier 2013.

• « Numerous Godard. Retourner un film », Cinémathèque française, septembre-novembre 2013.

• « Notes prises au vol en visionnant *Le Livre d'Image* de Jean-Luc Godard en compagnie de Fabrice Aragno (à gauche) et de Jean-Paul Battaggia (à droite) ». (未発表)

• « Jean-Luc Godard expérimental », *Trafic* n° 112, hiver 2019.
• « Honneur à votre Ego, M. Godard », Cinémathèque française, janvier-mars 2020.
• « Jean-Luc Godard : Pro-Motion. Bandes-annonces - Publicités - Clip - Films d'entreprise », Curtas Vila do Conde, International film festival, octobre 2020.
• « Jean-Luc Godard, jonctions avec le Newsreel (trois brefs témoignages) ».（未発表）
• Document. *Les rois*, un film-tract oublié de Jean-Luc Godard.（未発表）
• Document. Un texte que Jean-Luc Godard souhaitait relire.（未発表）
• « La préhistoire du visible ». Sur *Film annonce du film « Drôles de Guerres » (1er tournage).*（未発表）

上記の文章の一部は、『ジャン＝リュック・ゴダール――イメージの理論家』のタイトルでまとめられた（ローマ、ラ・カメラ・ヴェルデ、2015年）。本書にまとめるにあたって、全体にわたって改訂を行った。

謝辞

ここに収められた講演および原稿に対する出資者や同伴者全員に感謝します——パスカル・ボース、レーモン・ベルール、フレデリック・ボノー、パスカル・カサニョー、マルク・スリジュエロ、ステファヌ・ドゥロルム、アラン・フレシェール、エマニュエル・ジブロー、ヴィンツェンツ・ヘディガー、ジャック・ケルマボン、リュック・ラジエ、シルヴィー・プラ、ジャン＝フランソワ・ロジェ、ヌーニョ・ロドリゲス、ルイ＝ジョルジュ・シュヴァルツ、フィリップ・トリュフォー、マイケル・ウィット、デレク・ウールフェンデン、そして何よりドミニク・パイーニ。また、以下の方々からの助力はなくてはならないものでした——ファブリス・アラーニョ、ジャン＝ポール・バタジア、ベルナール・ブノリエル、ロベール・ボナミー、サブリナ・ボナミー、シャルル＝アントワーヌ・ボッソン、アイヴォラ・キューザック、ジョエル・デール、アガト・ドレフュス、ミトラ・ファハラニ、ダヴィッド・ファルー、フィリップ・グランドリュー、マティルド・アンセルティ、デイヴィッド・E・ジェイムズ、ニコラ・クロッツ、カロリーヌ・マレヴィル、ローラン・マノーニ、ティテュス・ミショー、フレデリック・パポン、エリザベット・ペルスヴァル、ステファニー・プエッシュ、フィリップ・ケーヌ、ジュディット・ルヴォー・ダロンヌ、ジョナサン・ローゼンバウム、ジェイムズ・ジューン・シュナイダー、トマ・シュミット、オテロ・ヴィルガール。

共同製作　オー・コントレール、ラ・ビュット・ルージュ

ジャン＝リュック・ゴダールのために、日の光とともに。

訳者あとがき

本書は、Nicole Brenez, *Jean-Luc Godard : Écrits politiques sur le cinéma et autres arts filmiques*, tome 2, de l'incidence éditeur, 2023の全訳である。91歳のゴダールが2022年9月13日に自殺幇助によりこの世を去った悲しみの中で急遽取りまとめられ、そのわずか数ヶ月後に上梓された本書は、フランスの映画研究を牽引する研究者の一人である著者ニコル・ブルネーズのゴダールとの積年の関わりを凝縮した一冊と言ってよい。ゴダールの『軽蔑』(1963)を基礎に据えて映画をめぐる理論的考察を展開する千頁近い博士論文(「『軽蔑』をめぐって――形象的発明と映画的解決に関する映画の2つの問題」)を1989年に提出した彼女にとって、ゴダール作品はつねに主要な参照項であり続けてきた。だが、彼女はゴダールをはじめとする映画作家たちの研究に邁進する一方で、見過ごされがちなラディカルな映画的実践の数々に光を当て、上映活動を通じてそれらを世に知らしめることにも精力的に携わってきた。さらに、『イメージの本』(2018)以降は、ゴダールの主要な協力者の一人として、彼の創作行為を間近からサポートするという特権的な役割を担うことにもなった。本書はこうしたブルネーズの研究者、上映活動の組織者、そしてゴダールの協力者としての多面的な活動を余すところなく伝える、他に類例のないゴダール論となっている。

ゴダールをめぐる理論的な考察を収めた「I　聖像崇敬、機知、実践」と、個別の作品論をまとめた「II　映画作品の爆発」のパートでは、ブルネーズの卓越した研究者としての力量が遺憾なく発揮されている。その全般的な特徴を見極めるには、本書の原題が『ジャン゠リュック・ゴダール――映画と他の映画的芸術についての政治的著述』第2巻と銘打たれていることに留意する必要がある。未邦訳の第1巻(*Manifestations : Écrits politiques sur le cinéma et autres arts filmiques*, tome 1, de l'incidence éditeur, 2020)は、「文化産業が押し付ける正統化の回路から解き放たれた真の映画史」を打ち立てるべく、(本書に登場する名前だけに限っても)ルネ・ヴォーティエ、エドゥアール・ド・ローロ、足立正生、ジョスリーン・サアブ、キャロル・ルソプロス、大島渚といった数々の革命的映画作家たちとその作品をめぐる論考を集成したものだった。本書をその続篇をなす個別研究(モノグラフィー)として構想するということは、とりもなおさず、ゴダールを美学的かつ政治的にラディカルな映画実践の最も特権的な担い手とみなすという視点を明確に打ち出すことである。つまりブルネーズは、長篇第1作『勝手にしやがれ』(1960)の斬新な演出によって映画史に断絶をもたらしたヌーヴェル・ヴァーグの監督としてゴダールを称揚するというありきたりな挙措から遠く離れて、革命的な映画実践の系譜――「真の映画史」――にゴダールを断固として位置づけることで、この映画作家が単に美学的な水準における革新を成し遂げただけでなく、形式面での革新をたえず現実の変革への政治的な意志と結びつけていたことを浮き彫りにするのである。言い換えれば、ゴダールにあっては、イメージを思考することがイメージを介して行動することと直結しているのであり、日本語版の副題を「思考するイメージ、行動するイメージ」としたのは、その観点を強調するためにほかならない(なお、ブルネーズの前衛映画の捉え方については、以下の邦訳書を参照するとよい。『映画の前衛とは何か』須藤健太郎訳、現代思潮新社、2012年)。

こうしたブルネーズのスタンスは、「I　聖像崇敬、機知、実践」で展開される思弁的な考察においても一貫している。彼女が「「入れ子状に破損した」映画」で、『映画というささやかな商売の栄華と衰退』(1986)、『右側に気をつけろ』(1987)、『ヌーヴェルヴァーグ』(1990)といった1980年代後半から1990年代初頭にかけての作品群の細部をダマスコスのヨアンネスによる聖像擁護論と突き合わせるのは、イコノクラスムをめぐる言説においてはそもそもイメージが単なる表象ではなく、現実に作用を及ぼすものとして捉えられているからだろう(付言すると、この論考はブルネーズが練り上げた映画の「形象的分析」の主要な成果の一つでもあり、彼女の未邦訳の主著『形象一般、とりわけ身体について――映画における形象的発明』[*De la figure en général et du corps en particulier : L'invention figurative au cinéma*, De Boeck Université, 1998]にも収められている)。批判／批評の概念を軸にゴダールとドイツ・ロマン主義の接点を探る「ジャン=リュック・ゴダール、機知、形式的創意」でも、最終的には「映像の行為遂行的(パフォーマティヴ)な力能を解放する」ものとしての「機知」の概念が考察の中心に据えられる。そして「批判的思考とその対処法」ではより直裁に、ゴダールが「〈表象〉を〈行為〉に変えるための手段と目的を説明」した1969年の対談が分析の俎上に載せられることになる。

このように理論が実践となることをつねに見据えながら理論的考察を進めるブルネーズは、個別の作品を扱った「II　映画作品の爆発」においても、ゴダールの美学的かつ政治的なラディカルさを際立たせている。このパートで彼女は、キネティック・アートの集団であるGRAV（視覚芸術研究グループ）の形式的・政治的な試みが『アルファヴィル』（1965）に、さらには政治性を深めていく67年以降のゴダールに及ぼした影響を示唆し、五月革命のさなかに撮られたシネトラクトを掘り起こし、「家庭」をテーマとしたソニマージュ時代の新たな「政治映画」である『パート2』（1975）を、他のさまざまな革命的な映画実践を引き合いに出しながら論じ、『アマチュアのルポルタージュ（展覧会のマケット）』（2006）を出発点として「素描」という観点からゴダールを捉える視点を提示し、締め括りとして『ゴダール・ソシアリスム』（2010）を革命的映画の極致としてきわめて力強く論じている（この作品評は初出時にゴダールも読み、評価していたらしい）。いわゆる「60年代ゴダール」のうちまがりなりにも主題的に扱われるのが『アルファヴィル』だけであることから窺えるように、本書のブルネーズが、実験性をますます深めていく60年代末以降の（相対的に知られざる）ゴダールに照準を合わせているのも特徴的だ。

続く「III　JLGのために仕事をする」は、『イメージの本』の準備期間からゴダールの「考古学者」――埋もれた作品を掘り起こすという意味合いで、そう呼ばれていたという――としてさまざまな素材や着想を提供する務めを果たした彼女にしか書けない貴重なパートである（なお、ゴダールとの協力関係については、以下のインタヴューに詳しい。ニコル・ブルネーズ「ジャン＝リュック・ゴダールを巡って」槻舘南菜子・堀潤之訳、『ユリイカ』2023年1月臨時増刊号、122–128頁）。制作途中の『イメージの本』を見て、ゴダール本人に意見を伝えるという容易ならざる“通過儀礼”を経て、ゴダールとのメールのやり取りが始まる経緯は、本パートの前書きに記されているとおりだ。ゴダールから送られてきた数百通にもおよぶというメッセージのうちここに掲載された58通は、『イメージの本』のみならず、その完成直後から取り組んでいた『奇妙な戦争』と『シナリオ』という2つの企画の生成過程を垣間見せるものであると同時に、それ自体がイメージと言葉の機知に富んだモンタージュの実践となっていて興味が尽きない。この日本語版では章末に1通ごとの解説と訳註を付したので、それらが読者諸賢のメッセージ解読の一助となることを願っている。

最後の「IV　行商する──3つの上映プログラム」では、ブルネーズが番組編成者（プログラマー）として関与したゴダール関連の上映イベントが紹介されている。研究活動と上映活動をいわば車の両輪のように進める彼女は、1990年代半ば以降シネマテーク・フランセーズなどで精力的に上映会を催し、前衛・実験映画の普及と啓蒙に大きく貢献してきた。なかでも、一世紀にわたるフランスの前衛・実験映画を通覧する2000年の大規模な上映プログラム「若く、厳しく、純粋な！」（実験映画作家クリスチャン・ルブラとの共同企画）は、大部のカタログが刊行されたことと相まって（Nicole Brenez et Christian Lebrat (dir.), *Jeune, dure et pure ! Une histoire du cinéma d'avant-garde et expérimental en France*, Cinémathèque française/Mazzotta, 2001）、映画上映の歴史に輝かしい足跡を残したものとなっている。本書で紹介されている3つの催しについて言えば、とりわけ2013年のプログラムに、ゴダール作品を先鋭的な映画実践のより広大なコンテクストへと開こうとする意図を明瞭に見て取れるだろう。

以上、4つのパートに即して本書の読みどころをごく簡潔に紹介してきたが、最後に表紙カバーの2枚の画像にも触れておこう。ゴダールが自分の写真にみずからiPhoneでペイントを施した「自画像」（元々は2020年3月11日のメールに添付されたもの）は、もう1枚の画像にみられる少年ゴダールのメランコリックな表情とは対照的に、デジタル・テクノロジーと戯れる巨匠の若々しい創造性を伝えると同時に、かつて『リア王』（1987）で彼自身が演じた奇矯なプラギー教授の、頭から色とりどりのプラグをぶら下げたイメージとも響き合って、脳内から溢れ出る着想の奔流を指し示しているようでもある。そのような特徴は、ブルネーズ自身のエクリチュールにもそのまま当てはまるだろう。本書に収められた文章も、その思考の若々しさと素早さによって、そして次々に湧き出てくる着想の数々によって、読者を大いに触発するものであるからだ。その意味で、この「自画像」が本書のエンブレムとなっているのはまことに理にかなっていると言うべきだろう。

*

本書の翻訳は、2023年の夏に共訳者の須藤健太郎から誘いを受けたことに始まり、同年秋から本格的に着手した。ひとまず、須藤が「イメージの危険を冒した理論」、「I 聖像崇敬、機知、実践」のうち「「入れ子状に破損した」映画」、「ジャン゠リュック・ゴダール、ニューズリールとの接点(3つの短い証言)」、「II 映画作品の爆発」のうち「素描の力学(ディナミック)」以外の章、「III JLGのために仕事をする」に収められた「ジャン゠リュック・ゴダールから送られてきたいくつかのメッセージ」の前半(「……だろうか」まで)、「IV 行商する——3つの上映プログラム」、「エピローグ」を、それ以外を堀が担当して初稿を作成したうえで、クロスチェックを行って綿密な修訂を施した。「ゴダールから送られてきたいくつかのメッセージ」の訳註は、須藤の協力を得て堀が作成した。なお、『ゴダール・ソシアリスム』を論じた章(173–181頁)には既訳があるが(『映画の前衛とは何か』、前掲書、165–174頁)、本書への再録にあたって全体を見直した。また、ゴダールの「マネ家のほうへ」(314–318頁)にも既訳があるが(「マネ家の方へ」、『ゴダール全評論・全発言III』奥村昭夫訳、筑摩書房、2004年、789–792頁)、本書ではそれも参照しつつ新たに訳出した。

本書の原書は、刊行直後にたまたまパリに赴いていたゼミの学生の牧野光之丞氏に買い求めてきてもらった。同じくゼミの学生の中道愛里氏には、引用文献の邦訳の該当箇所を確認する作業を手伝っていただいた。記して感謝する。訳者たちからの質問に電光石火の速さでご返信くださった原著者のニコル・ブルネーズ氏にも厚く御礼申し上げたい。そして末筆ながら、企画段階から完成に至るまで訳者たちを着実に率いてくださったフィルムアート社の田中竜輔氏と、細部まで行き届いたデザインを施してくださった戸塚泰雄氏(nu)に心より感謝申し上げる。

2025年2月
堀 潤之

人名索引

ア行

カ行

サ行

タ行

ナ行

ハ行

マ行

ヤ行

ラ行

ワ行

映画作品名索引

ア行

カ行

サ行

ナ行

ハ行

マ行

ヤ行

ラ行

ワ行

カバー表1画像：*Jean-Luc Godard, autoportrait*, 2020.
© Ô Contraire.
カバー表4画像：Fabrice Aragno, Jean-Luc Godard, *Quod Erat Demonstrandum*, 2012.
© L'Atelier.

［著者］
ニコル・ブルネーズ（Nicole Brenez）
パリ第三大学映画・視聴覚研究科教授。高等師範学校を卒業後、美術史家ユベール・ダミッシュのもとで、1989年にジャン＝リュック・ゴダールの『軽蔑』に関する博士論文を提出。映画をめぐる理論的考察を展開する一方、1996年よりシネマテーク・フランセーズで前衛映画の上映プログラムを担当している。『イメージの本』（2018）への参加をきっかけに、ゴダール晩年の協力者の一人となった。主な著作に*Shadows de John Cassavetes* (Nathan, 1995)、*De la figure en général et du corps en particulier : L'invention figurative au cinéma* (De Boeck Université, 1998)、*Jeune, dure et pure ! Une histoire du cinéma d'avant-garde et expérimental en France* (codir. avec Christian Lebrat, Cinémathèque française/Mazzotta, 2001)、*Jean-Luc Godard : Documents* (codir. avec David Faroult, Michael Temple, James S. Williams, Michael Witt, Centre Pompidou, 2006)、*Abel Ferrara : Le mal mais sans fleurs* (Cahiers du cinéma, 2008)、*Manifestations : Écrits politiques sur le cinéma et autres arts filmiques*, tome 1 (de l'incidence éditeur, 2020) など多数。邦訳書に『映画の前衛とは何か』（須藤健太郎訳、現代思潮新社、2012）がある。

［訳者］
堀 潤之（ほり・じゅんじ）
1976年東京生まれ。関西大学文学部教授。専門は映画研究・表象文化論。主な著訳書に『映画論の冒険者たち』（共編著、東京大学出版会、2021）、『ゴダール・映像・歴史』（共編著、産業図書、2001）、レフ・マノヴィッチ『ニューメディアの言語』（ちくま学芸文庫、2023）、アンドレ・バザン『オーソン・ウェルズ』（インスクリプト、2015）、ジャック・ランシエール『イメージの運命』（平凡社、2010）、コリン・マッケイブ『ゴダール伝』（みすず書房、2007）など。

須藤健太郎（すどう・けんたろう）
1980年生まれ。映画批評家。著書に『評伝ジャン・ユスターシュ』（共和国、2019）、『作家主義以後』（フィルムアート社、2023）、訳書にニコル・ブルネーズ『映画の前衛とは何か』（現代思潮新社、2012）、『エリー・フォール映画論集 1920–1937』（ソリレス書店、2018）、監修にカイエ・デュ・シネマ編集部編、奥村昭夫訳『作家主義［新装改訂版］』（フィルムアート社、2022）など。

ジャン=リュック・ゴダール

思考するイメージ、行動するイメージ

2025年3月31日　初版発行

著者　ニコル・ブルネーズ
翻訳　堀潤之　須藤健太郎
デザイン　戸塚泰雄（nu）
日本語版編集　田中竜輔（フィルムアート社）

発行者　上原哲郎
発行所　株式会社 フィルムアート社
〒150-0022
東京都渋谷区恵比寿南1丁目20番6号　プレファス恵比寿南
Tel 03-5725-2001
Fax 03-5725-2626
https://www.filmart.co.jp/

印刷・製本　シナノ印刷株式会社

Printed in Japan
ISBN978-4-8459-2324-3　C0074